Guerras Góticas de Roma

Conforme Novo Acordo Ortográfico

Michael Kulikowski

Guerras Góticas de Roma

Conforme Novo Acordo Ortográfico

Tradução:
Glauco Micsik Roberti

MADRAS®

Publicado originalmente em inglês sob o título *Rome's Gothic Wars* por Cambridge University Press.
© 2007, Cambridge University Press.
Direitos de edição e tradução para o Brasil.
Tradução autorizada do inglês.
© 2008, Madras Editora Ltda.

Editor:
Wagner Veneziani Costa

Produção e Capa:
Equipe Técnica Madras

Tradução:
Glauco Micsik Roberti

Revisão da Tradução:
Lívia Oushiro

Revisão:
Wilson Ryoji Imoto
Silvia Massimini Felix
Bianca Rocha

Dados Internacionais de Catalogação na Publicação (CIP)
(Câmara Brasileira do Livro, SP, Brasil)

Kulikowski, Michael
Guerras Góticas de Roma / Michael Kulikowski;
Tradução Glauco Micsik Roberti. – São Paulo: Madras, 2008.
Título original: Rome's Gothic Wars
Bibliografia
ISBN 978-85-370-0437-1
1. Godos – História 2. Roma – História – Império, 284-476 3. Roma – História – Invasões germânicas – Século 3-6 d.C. I. Título.
08-10556 CDD-937.09

Índices para catálogo sistemático:
1. Roma : Guerras Góticas : História 937.09

É proibida a reprodução total ou parcial desta obra, de qualquer forma ou por qualquer meio eletrônico, mecânico, inclusive por meio de processos xerográficos, incluindo ainda o uso da internet, sem a permissão expressa da Madras Editora, na pessoa de seu editor (Lei nº 9.610, de 19.2.98).

Todos os direitos desta edição, em língua portuguesa, reservados pela

MADRAS EDITORA LTDA.
Rua Paulo Gonçalves, 88 – Santana
CEP: 02403-020 – São Paulo/SP
Caixa Postal: 12299 – CEP: 02013-970
Tel.: (11) 2281-5555 – Fax: (11) 2959-3090
www.madras.com.br

Agradecimentos

Dar crédito a Geoffrey Elton, no início do século XXI, pode parecer perverso, até lunático. No entanto, por mais que Elton tenha sido (tomando emprestada uma frase de Averil Cameron) "um dinossauro do positivismo inglês", sua obra *Practice of History* [Prática da História] acertou em um ponto: o historiador tem o dever de fazer com que a história seja inteligível e, por mais complexo que o passado tenha sido, não há nada que não possa ser explicado para qualquer público se as palavras corretas forem escolhidas. Este livro almeja exatamente isto: fazer com que os dois primeiros séculos de relações entre romanos e godos sejam compreendidos por todos – estudante, erudito ou aficionado – e explicar por que, ao menos para o especialista, a história gótica continua sendo uma dolorosa controvérsia. Como auxílio aos leitores não familiarizados com esse material, incluí glossários de pessoas e de autores antigos usados ou citados neste livro e, mesmo que os especialistas possam achar minhas citações de fontes primárias muito extensas, espero ajudar aqueles que estejam iniciando os estudos avançados da Antiguidade tardia a localizar facilmente os textos que usei.

Mesmo em um livro tão curto, acabamos com dívidas de gratidão para com a família, os amigos e colegas. Há muito, confio em meu pai e em minha esposa para as primeiras reações ao meu trabalho. Ambos leram este texto, partes dele repetidas vezes. Andrew Gillett leu o livro inteiro enquanto estava no rascunho; Guy Halsall, Andy Merrills e Philipp von Rummel leram vários capítulos; todos me preveniram de erros e me deram muitas ideias sobre as quais refletir. Sebastian Brather, Florin Curta e Noel Lenski me deram informações sobre pontos específicos, e o dr. Alexandru Popa me forneceu uma cópia de seu trabalho inestimável – e inacessível na América do Norte – sobre a arquitetura em pedra do *barbaricum*. Beatrice Rehl me ofereceu uma solidária diretriz editorial durante todo o processo. O trabalho final neste volume ocorreu enquanto eu possuía uma bolsa Solmsen no *Institute for Research in the Humanities*, na Universidade de Wisconsin, Madison. Os mapas foram feitos pelo *Cartographic Services Laboratory*, na Universidade de Tennessee, sob a direção de Will Fontanez, e sou grato pelos subsídios do Departamento de História que viabilizaram a sua rápida produção.

Devo meu interesse neste tópico às porções gótica e romana de minha formação. Tim Barnes e Walter Goffart me ensinaram diferentes coisas sobre o estudo da Antiguidade tardia. Sem eles eu não seria capaz, tampouco teria a disposição de escrever este volume, que agora dedico a eles.

Índice

Mapas 11

Abreviaturas das Referências 13

Prólogo – Às Portas de Roma.. 17

Capítulo 1 – Os Godos Antes de Constantino 29
    "Citas" e Godos.. 30
    As Primeiras Incursões Góticas 31
    Os Ataques no Mar Negro... 34
    Aureliano e uma Fonte Problemática............................. 35
    Uma Explicação das Invasões do Século III................. 37
    Cidadania e Identidade Romana 39
    Guerra e Retórica das Vitórias Imperiais 41
    Dos Partas aos Persas na Fronteira Oriental 42
    Usurpação, Guerra Civil e Invasões Bárbaras 44
    A Ascensão de Diocleciano... 46
    Diocleciano e os Godos 47

Capítulo 2 – O Império Romano e a Sociedade dos Bárbaros 51
   Os Bárbaros e o Exército Romano 53
   A Política Imperial em Relação aos Reis Bárbaros 54
   Novas Confederações Bárbaras 56
   A Fronteira Dácia e o Levante dos Godos 57

Capítulo 3 – A Busca pelas Origens dos Godos 61
   A Renascença do Norte e o Passado Germânico 62
   O Romantismo e a Ascensão da Historiografia Moderna 63
   Herder, o *Volk* e a Filologia 64
   O Estudo Pré e Pós-Guerra 65
   O Problema de Jordanes 67
   Jordanes e Cassiodoro 68
   "Etnogênese" 70
   O Método Histórico e a História Gótica de Jordanes 72
   Identidade Bárbara: a Etnografia Greco-Romana 74
   Um Espelho Distorcido: *Interpretatio Romana* 76
   Arqueologia, Identidade e Etnicidade 79
   Os Godos e a Cultura Sântana-de-Mureş/Černjachov 81
   Migração Gótica na Evidência Arqueológica 82
   Teorias de Migração *versus* Difusão 83
   Como a Cultura Sântana-de-Mureş/Černjachov
   se Tornou Gótica 86
   O que Criou os Godos e Como Podemos Saber? 87

Capítulo 4 – Política Imperial e a Ascensão do Poder Gótico 91
   O Novo Império Romano de Diocleciano 96
   Os Membros da Tetrarquia e as Fronteiras do Norte 98
   A Queda da Tetrarquia 100
   Constantino e Licínio 102
   Constantino e a Fronteira do Danúbio 103
   A Guerra Gótica de Constantino 104
   A Paz de 332 105
   A Paz e a Economia Gótica 108
   A Sociedade Gótica e a Evidência Arqueológica 109
   A Vida dos Agricultores 111
   O Comércio de Longa Distância 112

A População de Elite 114
O Mundo dos Mortos 116
O Ritual Funerário e o que Ele nos Diz 118
Por que a Cultura Sântana-de-Mureş/Černjachov é Gótica . 120

Capítulo 5 – Godos e Romanos entre 332 e 376 123
A Morte de Constantino e Suas Consequências................... 124
Nossa Fonte Principal: Amiano Marcelino 126
Constâncio no Danúbio 128
Úlfila e a Cristandade Gótica 130
A Bíblia Gótica 133
Tervíngios, Greutungos e Outros Godos 134
Valentiniano e Valente.. 136
A Usurpação de Procópio e o Fim da Paz Gótica 138
As Três Campanhas Góticas de Valente................................ 139
Os Termos da Paz 140
A História de Saba 142
Outros Mártires Góticos e os Motivos da Perseguição........ 145

Capítulo 6 – A Batalha de Adrianópolis 147
Hunos, Alanos e Godos 148
As Derrotas de Ermanarico e Atanarico................................ 150
A Cronologia das Derrotas Góticas 151
O Pedido dos Tervíngios e a Resposta Imperial 152
A Travessia do Danúbio 154
Alateo e Safraco 156
Um Banquete Traiçoeiro 157
A Rebelião Gótica 158
A Disseminação da Rebelião 159
A Resposta Imperial.. 161
A Preparação de Valente para a Guerra................................ 163
A Batalha de Adrianópolis 164

Capítulo 7 – Teodósio e os Godos 169
Júlio e o Massacre Asiático... 171
A Ascensão de Teodósio 173
As Campanhas Góticas de Teodósio 176
A Paz de 382 178

Capítulo 8 – Alarico e o Saque de Roma..................................... 181
    Oficiais Godos no Exército Romano................................. 183
    A Importância de Alarico... 184
    A Usurpação de Magno Máximo e os Problemas nos Bálcãs.... 185
    Uma Fonte Importante: o Poeta Claudiano........................ 187
    O Início da Carreira de Alarico... 188
    A Usurpação de Eugênio... 189
    Estilicão.. 191
    A Revolta de Alarico.. 192
    Estilicão e Rufino... 193
    Alarico e Eutrópio.. 194
    Gainas, Tribigildo e a Corte Oriental.................................. 196
    Alarico na Itália.. 198
    Crise no Império do Ocidente... 199
    O Primeiro Cerco de Roma... 201
    O Segundo Cerco e a Usurpação de Prisco Átalo.............. 203
    O Terceiro Cerco e o Saque de Roma................................ 205

Epílogo – As Consequencias do Saque.. 207

Glossário de Fontes Antigas 215

Glossário Biográfico 221

Leituras Complementares 235

Índice Remissivo 239

Mapas

1. *A Península Itálica*.. 19
2. *O Império Romano na Época de Septímio Severo*..................... 32
3. *O Império Romano de Diocleciano* 92
4. *A Ásia Menor, os Bálcãs e a região do Mar Negro com as cidades romanas e os sítios Sântana-de-Mureș/Černjachov mencionados no texto*... 94

Abreviaturas das Referências

As seguintes abreviaturas e edições são utilizadas nas citações de notas de rodapé ao longo da obra:

AE = *L'Année Epigraphique* (Paris,1888-); citado por ano e número de inscrição.

Ambrose, ***Ep.*** = *Epistulae et acta*, ed. O. Faller e M. Zelzer (4 vols., CSEL 82.1-4). Vienna: 1968-1996.

Ambrose, ***De spir. sanct.*** = *De spiritu sancto*, ed. O. Faller (CSEL 79). Vienna: 1964, p. 1-222.

Ammianus, ***RG*** = *Ammiani Marcellini Rerum Gestarum libri qui supersunt*, ed. W. Seyfarth (2 vols.). Leipzig: 1978.

Aurelius Victor = *Liber de Caesaribus*, ed. F. Pichlmayr, rev. R. Gruendel. Leipzig: 1970.

Auxentius = *Epistula de fide, uita et obitu Vlfilae*, ed. R. Gryson (CCSL 87). Turnhout: 1978, p. 164-165.

Basil, *Ep.* = *Epistulae*, ed. R. J. Deferrari (4 vols.). London: 1926-1939.

Cassius Dio = *Historiarum romanarum quae supersunt*, ed. U. Boissevain (5 vols.). Berlin: 1895-1931.

CCSL = Corpus Christianorum, Series Latina.

Chron. Min. = *Chronica minora, saec. IV, V, VI, VII*, ed. Th. Mommsen (3 vols.). (MGH, Auctores Antiquissimi 9, 11, 13), Berlin: 1892-1898.

CIL = Corpus Inscriptionum Latinarum.

Claudian: *Eutr.* = *In Eutropium*; *Get.* = *De bello Gothico*; *Gild.* = *De bello Gildonico*; *III cons. Hon.* = *Panegyricus de tertio consulatu Honorii augusti*; *IV cons. Hon.* = *Panegyricus de quarto consulatu Honorii augusti*; *VI cons. Hon.* = *Panegyricus de sexto consulatu Honorii augusti*; *Ruf.* = *In Rufinum*; *Stil.* = *De consulatu Stilichonis*, todos in *Claudii Claudiani Carmina*, ed. Th. Birt (MGH, Auctores Antiquissimi 10). Berlin: 1892.

Codex Theodosianus = *Theodosiani libri XVI cum constitutionibus Sirmondianis*, ed. Th. Mommsen (3 vols.). Berlin: 1905.

CSEL = Corpus Scriptorum Ecclesiasticorum Latinorum.

Descriptio consulum = R. W. Burgess, *The Chronicle of Hydatius and the Consularia Constantinopolitana*. Oxford: 1993, p. 214-246.

Dexippus = *Die Fragmente der Griechischen Historiker (FGrH) IIA*, ed. F. Jacoby. Berlin: 1926, p. 452-480.

Epitome de Caesaribus = *Pseudo-Aurélius Victor: Abrégé des Césars*, ed. M. Festy. Paris: 1999.

Eunapius = R. C. Blockley, *The Fragmentary Classicising Historians of the Later Roman Empire. Eunapius, Olympiodorus, Priscus and Malchus, vol. 2: Text, Translation and Historiographical Notes*. Liverpool: 1983, p. 1-151.

Eunapius, *VS* = *Vitae sophistarum*, ed. J. Giangrande. Rome: 1956.

Eusebius, *Vita Const.* = *Eusebius Werke I.1: Über das Leben des Kaisers Konstantin*, 2. ed., ed. F. Winkelmann. Berlin: 1975.

Eutropius = *Eutrope: Abrégé d'Histoire Romaine*, ed. J. Hellegouarc'h. Paris: 1999.

FHG = C. Müller, ed., *Fragmenta Historicorum Graecorum* (5 vols.). Paris: 1841-1938.

Gregory Nazianzen, *Ep.* = *Gregor von Nazianz: Briefe*, ed. P. Gallay. Berlin: 1969.

Historia Augusta: V. Gord. = *Vita Gordiani*; *V. Aurel.* = *Vita Aureliani*; *V. Prob.* = *Vita Probi*; *V. Car.* = *Vitae Cari, Carini, Numeriani*, todos in *Scriptores Historiae Augustae*, ed. E. Hohl, rev. Ch. Samberger e W. Seyfarth (2 vols.). Leipzig: 1971.

ILS = *Inscriptiones Latinae Selectae*, ed. H. Dessau (3 vols.). Berlin: 1892.

Jerome, *Chron.* = *Eusebius Werke 17: Die Chronik des Hieronymus*, ed. R. Helm. Berlin: 1956.

Jordanes, *Getica* = *Iordanis Romana et Getica*, ed. Th. Mommsen (MGH, Auctores Antiquissimi 5.1), Berlin: 1882, p. 53-138.

Julian, *Caes.* = *Caesares*, *Or.* = *Orationes*, todos in *L'empereur Julien: Oeuvres complètes*, ed. J. Bidez e C. Lacombrade (2 vols. em 4). Paris: 1924-1965.

Lactantius, *De mort. pers.* = *De mortibus persecutorum*, ed. J. L. Creed. Oxford: 1984.

Libanius, *Or.* = *Libanii opera, vols. I-IV: Orationes*, ed. R. Foerster. Leipzig: 1903-1908.

MGH = *Monumenta Germanica Historica*.

Notitia Dignitatum = *Notitia Dignitatum accedunt Notitia urbis Constantinopolitanae et latercula provinciarum*, ed. O. Seeck. Berlin: 1876.

Olimpiodorus = R. C. Blockley, *The Fragmentary Classicising Historians of the Later Roman Empire. Eunapius, Olympiodorus, Priscus and Malchus, vol. 2: Text, Translation and Historiographical Notes*. Liverpool: 1983, p. 152-210.

Optatianus, *Carm.* = *Publilii Optatiani Porfyrii Carmina*, ed. G. Polara. Turin: 1973.

Orig. Const. = *Origo Constantini: Anonymus Valesianus, Teil I: Text und Kommentar*, ed. I. König. Trier: 1987.

Orosius, *Hist.* = *Historiarum aduersum paganos libri septem*, ed. K. Zangemeister (CSEL 5). Vienna: 1882.

Pan. Lat. = *XII Panegyrici Latini*, ed. R. Mynors. Oxford: 1964.

Paulinus, *V. Ambrosii* = A. Bastiaensen, *Vita di Cipriani, Vita di Ambrogio, Vita di Agostino*. Milan: 1975, p. 51-124.

Peter the Patrician = *FHG* 4:181-191.

PG = *Patrologia Graeca*.

Philostorgius, *HE* = *Philostorgius Kirchengeschichte mit dem Leben des Lucian von Antiochien und den Fragmenten eines arianischen Historiographen*, ed. J. Bidez, rev. F. Winkelmann. Berlin: 1972.

PLS = *Patrologia Latina Supplementum*.

Procopius, *Aed.* = *Procopii Caesariensis Opera IV: De aedificiis libri VI*, ed. J. Haury, rev. G. Wirth. Leipzig: 1964.

RIC = *The Roman Imperial Coinage* (10 vols.). London: 1923-1994.

Rufinus, *HE* = *Eusebius Werke II.2: Die Kirchengeschichte*, ed. E. Schwartz e Th. Mommsen. Berlin: 1907, p. 951-1040.

Rutilius, *De reditu suo* = *Rutilius Namatianus: Sur son retour*, ed. J. Vessereau e F. Préchac. Paris: 1933.

Socrates, *HE* = *Sokrates Kirchengeschichte*, ed. G. C. Hansen. Berlin: 1995.

Sozomen, *HE* = *Sozomenus Kirchengeschichte*, ed. J. Bidez, rev. G. C. Hansen. Berlin: 1960.

Synesius, *De Providentia and De regno* = *Synesii Cyrenensis opuscula*, ed. N. Terzaghi. Rome: 1944.

Tacitus, *Germ.* = *Germania*, in *Cornelii Taciti opera minora*, ed. M. Winterbottom. Oxford: 1975, p. 35-62.

Tacitus, *Hist.* = *Historiae*, ed. E. Koestermann. Leipzig: 1969.

Themistius, *Or.* = *Orationes*, ed. G. Downey and A. F. Norman (3 vols.). Leipzig: 1965-1974.

Theodoret, *HE* = *Theodoret Kirchengeschichte*, ed. L. Parmentier, rev. G. C. Hansen. Berlin: 1998.

Zosimus, *HN* = *Zosime: Histoire nouvelle*, ed. F. Paschoud (3 vols. em 5). Paris: 1970-1993.

Prólogo

Às Portas de Roma

No final de agosto de 410, uma grande tropa de soldados avançava em direção a Roma. Em sua liderança cavalgava o general Alarico, com a pompa completa de um *magister militum*. Era o mais alto posto do exército romano, ganho após anos de negociações políticas e sucessos militares. Mas Alarico era mais do que um general romano; ele também era um líder dos godos e, alguns podiam dizer, um rei. Para as pessoas da época, os soldados que o seguiam eram godos. Por vezes, é certo, Alarico havia colocado seus seguidores a serviço do imperador. Quando o fazia, eles passavam a ser uma unidade do exército romano. Mas sua lealdade era para com Alarico e não para com o império ou o imperador, e todos sabiam disso. Alarico podia ser um general romano, mas ninguém se enganava chamando seus seguidores de soldados romanos. Eles eram godos, e Alarico já os havia liderado contra tropas regulares romanas mais de uma vez. No início d)o século V, a linha divisória entre um regimento romano e uma horda bárbara era tênue, e Alarico caminhava sobre ela da melhor forma que podia. No entanto, ninguém se apegava a aparências, e ele nunca conseguiu se tornar o legítimo comandante romano que tentava desesperadamente ser.

Mas ele chegou muito perto, a um fio de cabelo de distância de conseguir atingir tudo o que um comandante bárbaro podia almejar: um lugar para si na hierarquia militar, emprego permanente para seus seguidores, comida, terra e segurança para suas esposas e crianças. Contudo, toda vez que ele estava no limiar de alcançar tudo o que queria, algo de terrivelmente errado acontecia: negociações eram encerradas, alguém em quem ele confiava o traía. Por 15 anos ele liderou seus homens, e por esse tempo a maioria deles permaneceu leal, pelos altos e baixos das constantes negociações, batalhas ocasionais, infindáveis marchas dos Bálcãs à Itália, da Itália aos Bálcãs e novamente até a Itália. Tudo isso agora chegava ao fim. Alarico não podia contemplar mais atrasos nem mais negociações. Ele estava furioso, sua paciência finalmente havia terminado. É certo que nunca havia sido um homem de muita paciência. Como ele mesmo havia reconhecido pelo menos uma vez, suas falhas não eram sempre culpa dos outros; às vezes, ele saía intempestivamente da mesa de negociações cedo demais, quando um pouco de tolerância o teria feito ganhar o dia. Dessa vez, contudo, não havia sido sua culpa. Ele negociou de boa-fé com o imperador e foi até Ravenna para fazê-lo, não insistindo em uma reunião em Rimini, entre Roma e Ravenna, como fizera no passado. De fato, ele fizera tudo o que fora pedido, e isso não fez nenhuma diferença. Ele e seus homens haviam sido atacados de surpresa, sem aviso nem clemência.

Com isso, Alarico chegou à conclusão de que o imperador provou de uma vez por todas que não era confiável. O nome do imperador era Honório, mas ele havia honrado poucos dos acordos feitos com Alarico. Além disso, era fraco e incompetente, e corriam rumores de que ele era considerado um imbecil mesmo por quem lhe desejava bem. Encastelado na cidade costeira de Ravenna, protegido por pântanos e pontes, e com suprimento marítimo fácil, ele era inatingível e sua corte, inescrutável. De fato, por dois anos havia sido impossível, especialmente para Alarico, saber qual dos muitos cortesãos controlava o imperador, qual poderia realmente cumprir as promessas feitas em seu nome. Mas isso nem sempre havia sido assim, pois o sogro de Honório, o patrício Estilicão, enquanto estava vivo e no comando, havia sido um parceiro de negociações em quem Alarico podia mais ou menos confiar. Mas Estilicão fora assassinado havia dois anos, e a conspiração de burocratas traiçoeiros que o substituíra nunca falava em uníssono.

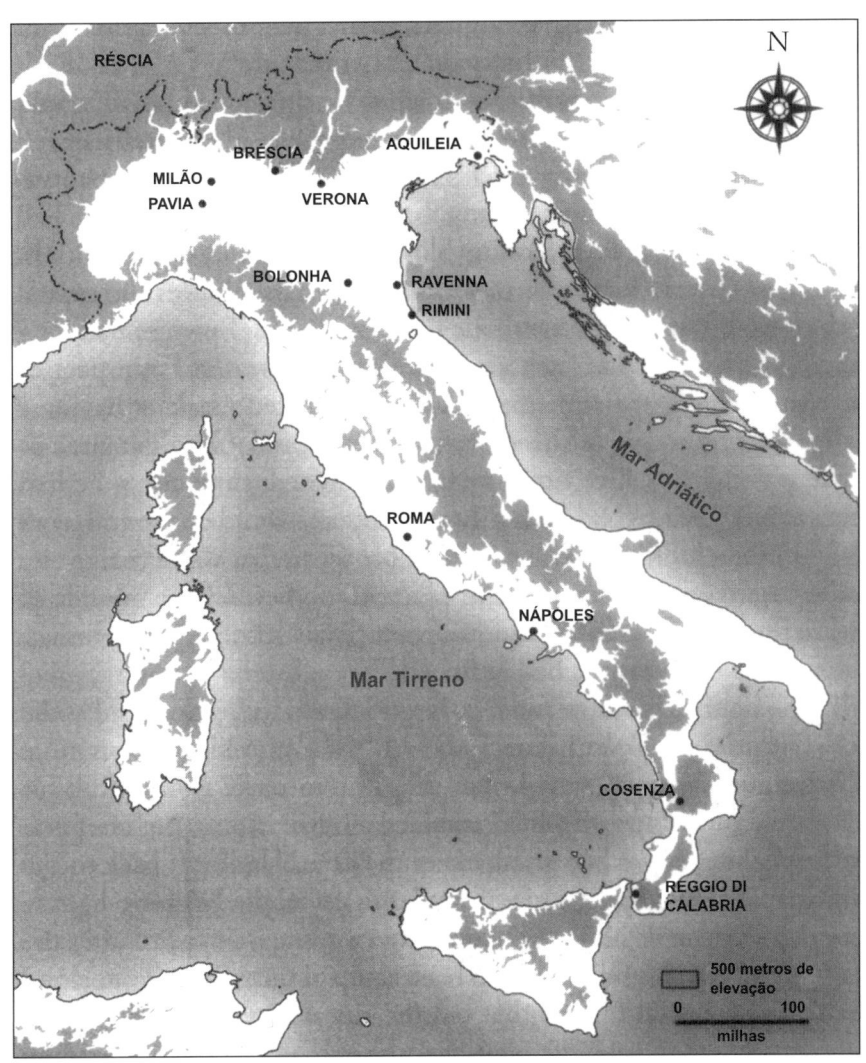

Mapa 1. A Península Itálica.

Mesmo assim, Alarico continuara tentando entrar em um acordo com a corte em Ravenna. Ele pode ter sido ingênuo, mas Honório era o imperador legítimo, filho do grande imperador Teodósio. Alarico, como qualquer um nascido e criado dentro das fronteiras do império, compartilhava a reverência romana pela dinastia e pelo poder conferido por essa herança. Mesmo quando desafiava Honório, Alarico não conseguia suprimir a lealdade residual que sentia em relação ao trono imperial no qual Honório havia nascido. Essa fora a única razão para sua paciência ter durado tanto. Ele tinha o poder de dar o golpe de misericórdia, tomar a cidade eterna, que não mais era a residência imperial, não mais era a capital do mundo, mas era o coração simbólico do império. Seus inimigos há muito acreditavam que ele fosse capaz de tal façanha. O maior poeta latino do século, um egípcio chamado Claudiano, acusou-o de ter o maligno destino de penetrar as paredes imortais da *urbs*, "a cidade", como Roma era chamada. Três vezes ele a ameaçara e três vezes recuara. Realizar o objeto da ameaça seria o fim de suas ambições e esperanças: uma atitude irrevogável que impossibilitaria quaisquer negociações futuras e afastaria Alarico de qualquer tipo de política civilizada para sempre. Ele não queria isso e, por dois longos anos, hesitou.

Mas suas opções haviam acabado. As negociações eram infrutíferas e, com o ataque recente, elas até podiam ser um risco à vida. Ele ainda podia ter dúvidas, mas provavelmente havia chegado o tempo de as ameaças se tornarem realidade. Era difícil, mas dois anos de fracasso facilitavam sua escolha. Alarico retornou aos arredores de Roma por volta do dia 20 de agosto. Nada que ele viu lá pode tê-lo alegrado. Durante dois anos, desde a morte de Estilicão, seus seguidores estavam acampados às margens do Rio Tibre, que alimentava a cidade de Roma. Alarico havia viajado muito nos dois anos anteriores, cavalgando entre os Apeninos, costa acima para Rimini e Ravenna, mas a maior parte de seus seguidores não havia feito o mesmo; cada vez que negociava com o governo de Roma, somente tropas escolhidas iam com ele. Suas famílias e grande parte dos homens necessários para defendê-las permaneciam nos arredores de Roma. Era mais do que a necessidade de proteger mulheres e crianças; eles eram uma reserva, uma ameaça, um lembrete visível de que, na hora que quisesse, Alarico poderia vedar Roma do mundo exterior. Seus soldados eram sua base de poder, e seu valor de ameaça aumentava de acordo com a proximidade de Roma.

O governo em Ravenna tinha medo da ameaça, mas isso havia trazido poucos benefícios para Alarico e seus seguidores. Anos se passaram desde a última batalha de verdade; o massacre de uma pequena força imperial enviada da Dalmácia em 409 mal contava, e Alarico havia fracassado em dar a seus homens o que qualquer exército antigo, bárbaro ou romano, queria: vitória, riqueza e segurança. Seus homens ainda o seguiam, e isso talvez seja um testemunho de sua liderança magnética. Porém, mais provavelmente era apenas por falta de opção, pois ele era o único elo com o governo imperial que poderia, no final das contas, dar-lhes o bastante para uma aposentadoria tranquila e pôr um fim às viagens intermináveis e infrutíferas. Agora, a inatividade e o tédio eram a ameaça. Alarico comandava tropas havia quase duas décadas e sabia bem dos limites da disciplina militar; cada vez que paravam por um período maior, ele via partes de suas forças se dissolverem. Após triunfos anteriores, ele sempre havia conseguido outros seguidores, mas obtivera pouco sucesso nos últimos dois anos. Com as esperanças de êxito em Ravenna ficando mais distantes, ele não podia se dar ao luxo de perder nenhum homem capaz de portar armas e, pior ainda, havia a perspectiva assombrosa de um motim. Comandantes melhores que ele já haviam caído pelos golpes de seus próprios homens. Ocupados, os soldados não tinham tempo de pensar se uma mudança de comandante melhoraria as perspectivas da tropa, mas, ociosas, até mesmo tropas leais poderiam ter ideias perturbadoras, e recentemente os homens de Alarico tinham tido tempo demais para contemplar suas falhas.

O ambiente não ajudava. Roma em agosto é quente e opressiva; o ar, uma manta de calor e mau cheiro. Até hoje, todos os romanos que podem partem da cidade por um mês. Na Antiguidade, além de desconfortável, permanecer lá certamente não era saudável. O comércio no Tibre sustentava a vida na cidade, mas suas margens eram um viveiro de morte na forma de mosquitos e da malária que portavam. Essa doença era endêmica no Lácio central, e até os próprios romanos nativos sofriam. Para os estrangeiros era ainda pior, e a doença podia até mesmo incapacitar exércitos inteiros. Até o século XIX, a cidade era um cemitério pestilento para muitos nortistas que tentaram conquistá-la. Os seguidores de Alarico eram, em sua maioria, cria dos Bálcãs e do Danúbio, e sua tolerância às condições romanas não era muito grande. A imobilidade enfraquecia-os ainda mais à medida que os dejetos de humanos e de cavalos se acumulavam, gerando doenças, e o espectro da falta de alimentos aumentava.

Os godos de Alarico não eram uma guarnição militar alojada e alimentada pelo Estado, nem eram proprietários de terras de onde poderiam, talvez, extrair alimentos. Como um meio-termo entre um exército sitiante e um bando de refugiados, eles teriam problemas em qualquer lugar da Itália, mas os arredores de Roma impunham dificuldades únicas. Roma era uma cidade imensa, sua população contava centenas de milhares. Seu território urbano não conseguia alimentar sequer a própria população, e a massa dependia dos grãos importados da África, que chegavam por Portus, o porto principal da cidade, localizado a aproximadamente 15 quilômetros de Roma, na costa do Tirreno. Parte desse suprimento era do Estado e distribuído gratuitamente, mas a maior quantidade pertencia a senadores com vastas propriedades na África, que vendiam os grãos no mercado livre. Quando os navios de grãos não chegavam e a cidade começava a passar fome, os senadores, suas propriedades e os armazéns de grãos eram os primeiros a sofrer a fúria da turba. Alarico monitorava Portus com atenção maior do que controlava a própria Roma, e por duas vezes ele havia colocado Roma de joelhos ao cortar os suprimentos que chegavam ao Tibre pelo mar.

Entretanto, em 410, mesmo quando Alarico deixava os romanos receberem comida, não havia o suficiente para todos. Ele e seus seguidores tinham de se alimentar das mesmas fontes que o resto da cidade. O mais alto oficial na África era leal a Ravenna, e havia mantido os navios de grãos aportados em boa parte do ano. Após os godos passarem dois anos residindo perto de Roma, a maior parte dos estoques excedentes havia acabado. Os arredores jamais produziriam comida suficiente para alimentar a cidade, e agora não supriam sequer os godos. Pior ainda, a procura por alimentos em limites distantes do Lácio ou mais ao norte na Etrúria só podia suprir parte dessa necessidade. Toda a região havia sido deteriorada pelos cercos periódicos nos dois últimos anos e pela ocupação gótica. Os soldados romanos eram proverbialmente vorazes e destrutivos nas províncias que supostamente protegiam, mas os romanos provincianos estavam pelo menos acostumados à tendência predatória, parte randômica, parte legalizada, que consideravam uma intempérie, uma das muitas misérias do cruel destino a recair sobre eles. Os fazendeiros da Itália central – diferentemente daqueles das províncias de fronteira, que frequentemente vivenciavam o sofrimento dado pelos soldados e saqueadores bárbaros às suas portas – tinham pouca experiência com ambos os tipos. A ocupação gótica era um golpe desconhecido, suportado com graves dificuldades. Pela primeira vez em décadas, havia um exército que provavelmente consumiria a produção sem qualquer pagamento, dissuadindo os fazendeiros do incentivo de cultivar um excedente para comerciar.

Similarmente, os proprietários de terra que enchiam os bolsos com a venda de comida a oficiais de provisões do exército regular de Roma tinham suspeitas em relação aos godos de Alarico. É claro que este podia mostrar suas credenciais romanas e reivindicar os mesmos suprimentos que outras unidades do exército romano, mas todos sabiam que suas relações com o imperador poderiam mudar a qualquer momento, e com isso seu *status* de membro legítimo da hierarquia militar. Quem iria pagar pelo que os godos comiam se o Estado romano parasse de se responsabilizar por eles? Era melhor esconder ou não plantar do que dar de graça. E, dessa forma, os campos que não haviam sido arruinados por marchas ou tido suas sementes devoradas por bocas famintas estavam improdutivos, com seus intrincados sistemas de irrigação em estado de decadência. O solo rico do norte da Europa podia aguentar esse tipo de negligência, mas o solo italiano era fino e pobre, infértil se não cuidado. Mesmo sete anos depois, um poeta da Gália chamado Rutílio Numaciano, empenhado em anunciar aos quatro ventos a recuperação imperial após a noite negra de terror gótico, teve de admitir que a Itália central estava desolada, um deserto onde deveria haver plantações sendo cultivadas. O estudioso moderno não deve ter mais ilusões do que o próprio Alarico na época: soldados famintos são soldados furiosos, e o espaço de manobras de Alarico encolhia cada vez mais.

Seu único consolo talvez possa ter vindo do fato de as coisas estarem quase tão ruins para os romanos dentro da cidade. Roma, como visto, era imensa, o que a tornava difícil de defender. A cidade era murada, é claro, havia mais de cem anos, desde uma ameaça de ataque bárbaro durante o império de Aureliano. Os muros serpenteavam por quase 19 quilômetros, enclausurando não só as sete colinas da cidade, mas também a colina de Janiculum e muito da vizinhança de Trastevere, no lado oeste do Rio Tibre. Com 4 metros de largura e 15 de altura em muitos pontos, com 381 torres a cada 30 metros, aproximadamente, era e ainda é uma construção impressionante.

A arqueologia descobriu reparos em muitos locais datando dos primeiros anos do século V, presumivelmente uma reação à invasão inicial de Alarico na Itália. Embora esses reparos possam ter sido psicologicamente importantes, a cidade jamais teria resistido a um verdadeiro ataque, pois cobria uma área muito extensa, de mais de 100 quilômetros quadrados, e sua população era predominantemente civil. Mesmo em décadas anteriores, quando havia uma unidade de elite estacionada na cidade, Roma nunca fora posta à prova de um ataque. Tal ameaça a Aureliano nunca se materializou e, durante as guerras civis no início do século IV, os conflitos italianos foram resolvidos em campos de batalha distantes dos muros da cidade, sem ameaça de sítio. Se Alarico desejasse tomar a cidade de assalto, ela não resistiria por muito tempo. Mas até então não quisera tomar Roma, apenas estrangulá-la, a fim de dobrar seus grandes homens e induzi-los a arrancar do imperador as concessões que desejava.

Esse artifício havia funcionado mais de uma vez, pois nenhum tipo de resistência aristocrática poderia barrar o poder da fome. Alarico controlava Portus, a diferença entre Roma se alimentar ou permanecer faminta, e ele podia cortar o suprimento mais ou menos quando quisesse. A plebe seria a primeira a sofrer, mas ela iria direcionar sua fúria aos vizinhos do Senado antes de cair de fome. Foi essa ameaça, mais do que qualquer coisa, que havia servido para reconciliar o Senado romano com Alarico. Alguns senadores preferiam Alarico ao imperador em Ravenna, e quase todos temiam Alarico às suas portas muito mais do que confiavam em Honório. Não era apenas porque Honório era fraco, mas porque ele era o filho de Teodósio. A mesma legitimidade dinástica que conferia a Honório certa resistência também causava a inimizade de muitos aristocratas romanos, que ressentiam o estridente Cristianismo do próprio Teodósio. No final do século IV, as cidades do império eram predominantemente cristãs, assim como a maior parte da população de Roma. Mais do que em qualquer parte do império, a cidade de Roma estava repleta de lembranças do passado pagão, gerações de templos enormes, alguns do quais com mais de meio milênio. Um paganismo eclético continuou sendo um símbolo de honra para algumas das mais antigas e distintas famílias senatoriais. Para elas, a devoção aos deuses antigos era tanto uma crença sincera quanto uma forma de reprovação a todos os aristocratas mesquinhos e provincianos promovidos que controlavam o império cristão e lotavam a corte imperial. Por menos que gostassem de Alarico, muitos senadores sentiam certa satisfação por ele confrontar Honório abertamente. Na verdade, alguns chegavam a apostar em Alarico em vez de Honório, e, por um curto período em 409 e 410, um membro do Senado romano havia tomado o trono imperial, desafiando o direito de Honório ao trono, tendo Alarico como seu defensor. O experimento prejudicou todos os envolvidos, e, em agosto de 410, mesmo os romanos que estavam dispostos a acomodar os godos tinham poucas esperanças de que seriam poupados.

Pior que isso, a ameaça externa levou a um sangramento interno. A cultura romana sempre vira o expurgo como uma boa maneira de estabilizar o corpo político em face da ameaça externa, e diversos conflitos em Roma foram resolvidos enquanto o exército gótico acampava em frente às muralhas e as pessoas procuravam por um vizinho a quem pudessem culpar. Serena, sobrinha de Teodósio, viúva de Estilicão, e, portanto, prima e sogra do imperador reinante, foi estrangulada por suspeita de colaboração com Alarico, com a aprovação aberta da irmã do imperador, Gala Placídia. Ela não foi a única vítima, e a fome e a doença logo pioraram as coisas: "cadáveres estão por toda a parte", dizem-nos, "e como os corpos não podiam ser enterrados do lado de fora da cidade, com o inimigo guardando cada saída, a cidade se tornou a sua tumba. Mesmo que não houvesse falta de comida, o fedor dos cadáveres teria sido o bastante para destruir os corpos dos vivos". Podemos medir a escala do descontentamento por uma reversão totalmente inesperada aos velhos deuses. Os pagãos romanos não apenas puseram a culpa da ameaça gótica na negligência da religião tradicional de Roma pelo império cristão, mas também ousaram dizê-lo publicamente. Eles afirmavam que Alarico havia se desviado da cidade de Nárnia, na vizinha Etrúria, quando os antigos ritos foram restaurados, e argumentavam que os sacrifícios pagãos, banidos por 20 anos, deveriam ser oferecidos no Capitólio, a maior das colinas de Roma, na qual ficava o templo de Júpiter Capitolino, o mais importante deus dos romanos. Alguns cristãos romanos, impressionados por tais argumentos, buscaram a opinião do bispo de Roma, que proibiu quaisquer sacrifícios públicos, mas deu permissão para que os ritos fossem feitos em segredo. Tal ocultamento teria diminuído a eficácia dos ritos, e o projeto foi abandonado por completo. Essa dramática história pode não ser inteiramente autêntica, mas o fato de que seus contemporâneos pudessem imaginar até mesmo o consentimento do líder da Igreja romana para a realização secreta de ritos pagãos – em uma cidade tão devota, na qual a disputa das eleições para bispo podia acabar com centenas de mortos nos corredores das igrejas – é o melhor testemunho possível do medo inspirado por Alarico. Entretanto, considerando que uma parcela da população havia recorrido ao canibalismo para se alimentar, poderíamos esperar quaisquer medidas extremas.

E assim, no calor escaldante de agosto de 410, nem Alarico nem os romanos podiam aguentar muito mais. Na noite de 23 de agosto, Alarico decidiu fazer a última confissão de fracasso e permitir a derrota de todas as suas esperanças. Ele deixaria seus godos saquearem Roma. Assim o fizeram na manhã do dia seguinte, e por três dias a violência continuou. As grandes casas da cidade foram saqueadas, e os tesouros, tomados em uma escala surpreendente. Cinco anos depois, quando o sucessor de Alarico, Ataulfo, casou-se com sua noiva, ele deu a ela "50 belos jovens vestidos em seda, cada um trazendo consigo dois pratos muito grandes, um cheio de ouro, o outro cheio de pedras preciosas – ou melhor, de valor inestimável – que os godos haviam tomado no saque de Roma". Supostamente em reverência a São Pedro, Alarico deixou intocada a igreja no Vaticano que abrigava sua tumba, e, em geral, os godos fizeram um esforço para que as igrejas não fossem violadas. Mas, por mais que alguns possam ser consolados por essa pequena concessão, o veredicto do mundo foi choque e horror: "a mãe do mundo foi assassinada".[1]

O saque de Roma por Alarico foi o clímax de uma carreira que havia começado 15 anos antes nos Bálcãs, onde um grande número de godos fora assentado em 382 por Teodósio. Esses godos, por sua vez, eram em sua maioria veteranos da batalha de Adrianópolis, a pior derrota da história do Império Romano, na qual uma força gótica

---

1. As fontes desse relato são Zosimus, *HN* 5.34-50; Sozomen, *HE* 9.6-7; Olympiodorus, frag. 7.1 (Blockley) = 4 (Müller); 24 (Blockley) = 24 (Müller); Rutilius Namatianus, *De reditu suo*.

aniquilou a maior parte do exército oriental e matou o imperador Valente. A história gótica que culminou em Adrianópolis e no assentamento de 382 chega ainda às primeiras décadas do século III d.C. A história de Alarico, em outras palavras, é apenas uma dentre muitas narrações góticas diferentes dos séculos III e IV que podem ser reconstruídas. Ela é de alguma forma a mais importante, e certamente a mais simbólica: a partir de então, os romanos não se lembrariam do saque de Roma por "alguns godos". Para eles, Roma fora saqueada por Alarico e *os* godos. Lembramo-nos do saque de Roma da mesma forma, e uma recente série de televisão sobre os bárbaros dedicou quase um episódio inteiro à história de Alarico. Não há nada de errado em lembrar do passado dessa forma, escolhendo um momento profundamente chocante para simbolizar uma série muito maior de eventos históricos. A carreira de Alarico foi um divisor de águas tanto na história romana quanto gótica, e ninguém pode refutar que o saque foi seu clímax. Embora datas e eventos simbólicos nos ajudem a lembrar, a realidade histórica é sempre mais complicada, sempre mais desordenada.

Retornaremos a Alarico e a Roma, a "mãe do mundo" golpeada, antes de chegarmos ao fim do livro, mas teremos de lidar com grande parte dessa realidade histórica desordenada. O livro se propõe a responder a duas questões principais: primeiro, como a história gótica se desenvolveu de tal forma que a carreira sem precedentes de Alarico se tornou possível? E segundo, como sabemos o que pensamos que sabemos sobre os godos? A última questão é muito importante, e não costuma ser proposta em um livro introdutório como este. A maior parte das introduções tenta adotar um tom de onisciência, o que implica que tudo que é incluído pode ser considerado fato incontestável, mesmo quando eventos históricos complexos são simplificados. Infelizmente, entretanto, há longos períodos da História sobre os quais até mesmo os fatos básicos são desconhecidos ou incertos, em razão de evidências contraditórias. Muitas vezes, o modo como resolvemos essas contradições tem tanto a ver com a maneira com que a ciência moderna se desenvolveu quanto com a própria evidência. No que me diz respeito, o leitor curioso não se beneficia por tentativas de disfarçar as dificuldades que enfrentamos ao tentar entender o passado. De fato, uma falsa sensação de certeza tira muito do interesse da História. Por essa razão, não peço desculpas por introduzir aos leitores a incerteza e a controvérsia na história dos godos. A estrada ao passado é tortuosa e frequentemente não há um destino único ao fim dela. Tanto reconstruir o passado como chegar a conclusões sobre ele requer que os historiadores façam escolhas, e, neste livro, tento oferecer explicações para as escolhas que fiz. Em todo o livro, veremos não apenas os godos e sua história, mas também os escritores antigos, que nos dão o único acesso à história gótica e que são, por sua vez, figuras fascinantes e importantes.

Também examinaremos os debates modernos a respeito dos godos. A história gótica é um assunto controverso para os estudiosos modernos, que defendem suas posições com uma intensidade que a maioria das pessoas reserva apenas a seu time ou sua banda favoritos. Qualquer um que escreva profissionalmente sobre os godos, mesmo que muito pouco, deve escolher uma posição no acalorado debate a respeito de quem eles foram, de onde vieram e quando podemos dizer que sua história começa. Não sou uma exceção, mas, em vez de meramente delinear as opções e explicar minha escolha, devotei parte do Capítulo 3 a explicar exatamente *por que* o passado gótico é tão controverso. Afinal, não são só o futebol ou a música que, se forem bons, devem inspirar a controvérsia apaixonada. Dessa forma, espero fornecer um vislumbre não apenas de como os historiadores lutam com a evidência deixada por eras passadas, mas como, ao fazê-lo, somos profundamente afetados por séculos de pensamento moderno sobre o passado. Mais do que no caso de muitos outros problemas históricos, a história dos godos está ligada a perguntas que nossos ancestrais já faziam na Renascença. Embora uma herança tão longa de debates possa causar frustração, de fato, parte do interesse da história gótica é o modo como ela nos conecta à história intelectual da cultura em que vivemos, bem como com a história antiga de bárbaros e romanos. É com esses romanos que precisamos começar, pois foi o Império Romano que criou os godos como os conhecemos, e são os escritores romanos que nos contam a maior parte daquilo que sabemos sobre eles.

Capítulo 1

Os Godos Antes de Constantino

Os godos tiveram um impacto marcante na história romana, surgindo como que do nada nas primeiras décadas do século III. Quando nos depararmos com eles pela primeira vez, é na companhia de outros bárbaros que, em conjunto, fizeram incursões devastadoras nas províncias orientais do Império Romano. O período de meados do século III, particularmente a partir da década de 240 até o início do século IV, foi uma época de constante guerra civil entre exércitos romanos, o que encorajou as invasões bárbaras. O contato com o Império Romano, particularmente com o exército, ajudou a militarizar a sociedade dos bárbaros, e ataques oportunistas ao longo das fronteiras imperiais exploravam a divisão e a distração romana em meio às guerras civis. Os godos surgiram nesse mundo de guerra civil e invasão. Infelizmente, para o historiador moderno, nem sempre é fácil distinguir os godos do século III de outros bárbaros. O problema é resultado da forma como os escritores antigos falavam sobre os bárbaros em geral e os godos em particular.

"Citas" e Godos

Para os autores gregos que escreviam sobre eles, os godos eram "citas", sendo esse o nome usado quase sem exceção para descrevê-los. O nome "cita" é muito antigo, retirado das histórias de Heródoto, que foram escritas no século V a.C. a respeito do mundo grego durante as Guerras Médicas. Para Heródoto, os citas eram bárbaros exóticos que viviam ao norte do Mar Negro, onde se localizam hoje a Moldávia e a Ucrânia. Eles viviam em seus cavalos, comiam carne crua, vestiam-se de forma engraçada e eram essencialmente estranhos não só ao mundo dos gregos, mas também a outros bárbaros mais próximos. Os escritos históricos da Grécia Antiga, assim como a maior parte de sua literatura, eram intensamente conservadores das formas tradicionais e canonizavam certos autores como modelos perfeitos que os escritores posteriores deveriam imitar. Heródoto foi um desses autores canônicos e sua história foi frequentemente usada como um modelo pelos historiadores gregos que o seguiram. Na prática, isso significava que autores que escreveram 500 ou mil anos depois de Heródoto falavam sobre a sua época exatamente com a mesma linguagem e o mesmo vocabulário empregados séculos antes.

Para os escritores gregos dos séculos III a V d.C., os bárbaros das regiões nas quais Heródoto localizara os citas eram também citas em um sentido muito real. Não era apenas a linguagem clássica que dava um nome antigo a um novo grupo de pessoas; os gregos e romanos do mundo civilizado imperial acreditavam verdadeiramente em um tipo bárbaro eterno que permanecia essencialmente o mesmo independentemente do nome corrente de uma dada tribo em certo momento. Dessa forma, os godos, ao surgirem pela primeira vez em nossas fontes escritas, são citas. Eles viviam onde os citas viveram, eles eram a imagem bárbara do mundo civilizado grego como os citas o foram, e, portanto, também eram chamados de citas. As histórias gregas de molde clássico fornecem os mais completos relatos dos eventos dos séculos III e IV, e a atemporalidade de seu vocabulário pode ser uma verdadeira barreira entre os eventos que descrevem e nosso entendimento deles.² Entretanto, o testemunho de nossos textos de molde clássico coincide parcialmente com o de escritos menos conservadores que empregam um vocabulário mais corrente. Por esse motivo, podemos dizer algumas vezes quando as ações atribuídas aos citas em algumas fontes foram executadas por pessoas a quem os autores da época chamavam de godos.

As Primeiras Incursões Góticas

Em razão do problema dos nomes nas fontes, não podemos dizer com certeza quando os godos começaram a se impor na vida do Império Romano, tampouco saber precisamente por que o fizeram. O primeiro ataque ao império de que se tem registro certo ocorreu em 238, quando os godos atacaram e saquearam a Ístria, na costa do Mar Negro; uma oferta de subsídio imperial encorajou a sua retirada.³ Em 249, dois reis chamados Argait e Guntérico (ou possivelmente um único rei chamado Argunt) saquearam Marcianópolis, uma cidade estrategicamente importante por ser uma junção de estradas próxima ao Mar Negro.⁴ Em 250, um rei gótico chamado Cniva cruzou o Danúbio na cidade de Oescus e saqueou diversas cidades balcânicas, sendo Filipópolis (a atual Plovdiv, na Bulgária) a mais significativa. Filipópolis fica ao sul de Haemus, uma cadeia de montanhas que vai de leste a oeste e separa a costa do Egeu e as planícies da Trácia do Vale do Danúbio (todas as cidades são mostradas no mapa 4, no Capítulo 4). O fato de que Cniva e seu exército podiam se abrigar do inverno na província romana ao sul das montanhas nos dá uma ideia de sua força, que é confirmada pelos eventos de 251. Nesse ano, Cniva derrotou o exército do imperador Décio em Abrito.⁵ Décio perseguira os cristãos, e Lactâncio, um apologista cristão do início do século IV,

---
2. Por exemplo, os citas supostamente recrutados no exército de Septímio Severo, in Cassius Dio 75.3, interpretados como godos por P. Heather, *The Goths*. Oxford: 1996, p. 39.
3. Dexippus, frag. 20 (Jacoby) = 14 (Müller); 22 (Jacoby) = 16 (Müller).
4. Jordanes, *Getica* 91 e *Historia Augusta, V. Gord.* 31.1: a *Historia Augusta* é muito anterior a Jordanes, mas é mais provável que seu autor – dado a invenções e jogos de palavras – tenha juntado dois nomes históricos, do que Jordanes, um escritor muito menos aventureiro, tenha expandido um único nome em dois. Além disso, o nome Argunt é muito menos plausível que Argait ou Guntérico.
5. Zosimus, *HN* 1.23.

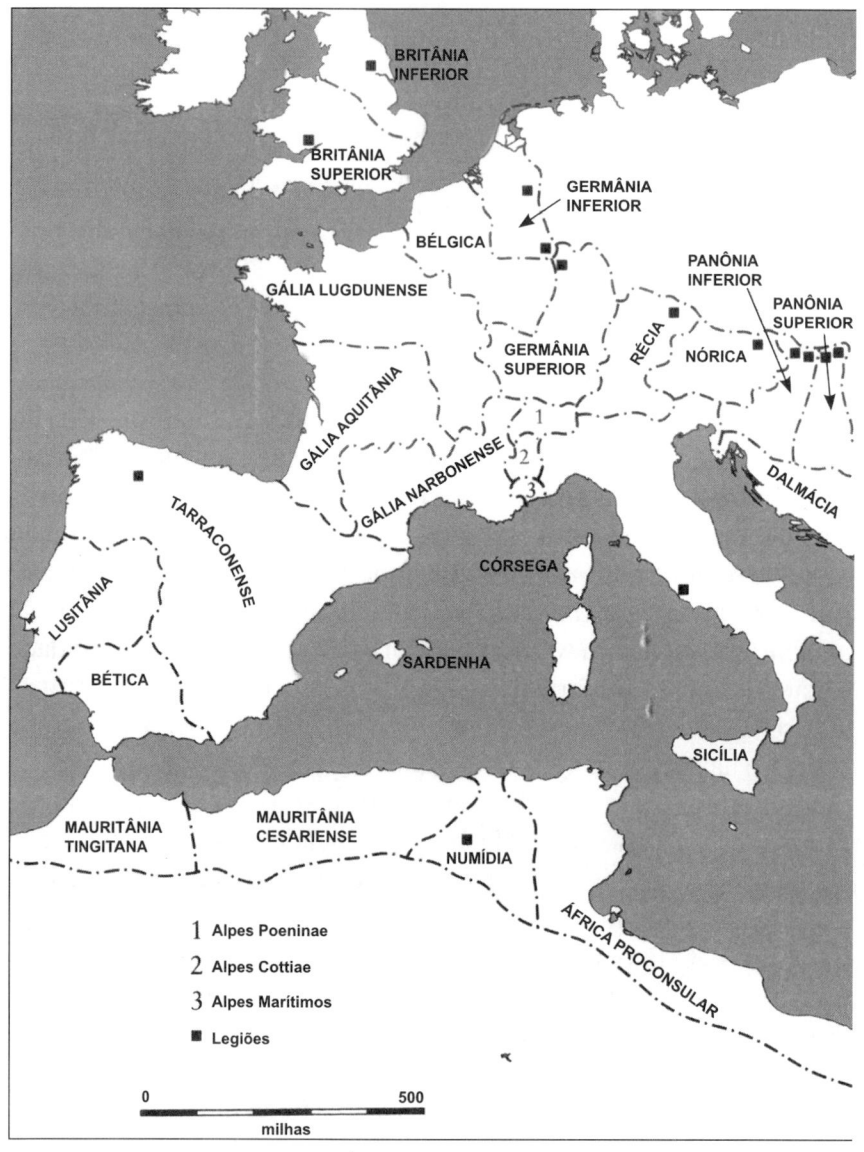

Mapa 2. O Império Romano na Época de Septímio Severo.

Mapa

- DÁCIA
- MÉSIA INFERIOR
- MÉSIA SUPERIOR
- TRÁCIA
- MACEDÔNIA
- EPIRO
- AQUEIA
- PONTO E BITÍNIA
- GALÁCIA
- ÁSIA
- LÍCIA E PANFÍLIA
- CILÍCIA
- CAPADÓCIA
- ARMÊNIA
- MESOPOTÂMIA
- CELESÍRIA
- CHIPRE
- SÍRIA-FENÍCIA
- SÍRIA-PALESTINA
- CRETA E CIRENE
- ARÁBIA
- EGITO

relata com grande felicidade a forma como Décio "foi rapidamente cercado por bárbaros e destruído com grande parte de seu exército. Ele nem mesmo pôde ser honrado com um enterro e, despojado e abandonado como convém a um inimigo de Deus, ele permaneceu lá, comida para bestas e aves carniceiras".[6]

Os Ataques no Mar Negro

Os ataques dos godos na Trácia continuaram na década de 250, anos em que começaram as incursões navais lançadas no norte do Mar Negro contra a região costeira da Ásia Menor. O papel dos godos nesses ataques não é claro, assim como sua cronologia. As primeiras incursões navais, que ocorreram em uma data incerta entre 253 e 256, são atribuídas aos boranoi.[7] Essa palavra grega anteriormente desconhecida pode não se referir a um grupo étnico ou político, mas significar simplesmente "pessoas do norte".

Os godos certamente participaram de um terceiro ano de incursões navais, o mais destrutivo até então. Enquanto os boranoi já haviam danificado locais como Ptisunda e Trebizonda, facilmente acessíveis pelo mar, os ataques do terceiro ano chegaram até as províncias mais distantes de Ponto e Bitínia, afetando famosos centros da cultura grega, como Prusa e Apameia, e grandes cidades administrativas como Nicomédia.[8] Uma carta de Gregório Taumaturgo – o "milagreiro" – dá-nos uma luz sobre esses ataques. Gregório era bispo de Nova Cesareia, uma cidade grande na Província de Ponto. Sua carta tinha a intenção de responder às questões que os líderes da Igreja devem confrontar em face das calamidades da guerra: pode o bom cristão continuar rezando, tendo sua mulher sido raptada e violentada por bárbaros? Aqueles que usam as invasões como desculpa para pilhar a propriedade de seus vizinhos devem ser excomungados? E aqueles que

---

6. Lactantius, *De mort. pers.* 4.1, mas atribuindo a vitória aos carpos.
7. Zosimus, *HN* 1.31-35. Nesta seção e na seguinte, omito referências às tradições bizantinas tardias preservadas em Síncelo, Cedreno e principalmente Zonaras. Apesar de muita informação valiosa ter sido transmitida nesses autores a partir de fontes anteriores, sua aplicação precisa nem sempre é clara, como demonstrado pelo melhor tratamento do assunto: Blekmanm, B., *Die Reichkrise des III. Jahrhunderts in der spätantiken und byzantinischen Geschitsschreibung.* Munich: 1992, p. 156-219.
8. Zosimus, *HN* 1.35.

simplesmente se apropriam dos bens dos desaparecidos? Aqueles que pegam prisioneiros que escaparam dos bárbaros podem colocá-los para trabalhar? Ou, pior, aqueles que se juntaram aos bárbaros, esquecendo que são homens de Ponto e cristãos, aqueles que se "tornaram godos e boradoi aos outros" porque os "godos e boradoi lhes infligiram atos de guerra"?[9]

Dez anos depois, os ataques se repetiram. Cidades costeiras do Mar Negro foram atacadas, não somente na costa da Ásia Menor, mas também em locais como Tomis e Marcianópolis. Com habilidosa navegação, uma frota bárbara passou do Mar Negro para o Egeu, fazendo ataques-relâmpago ao sul, chegando a ilhas como Chipre e Rodes. Desembarques nas costas do Mar Egeu e na Grécia levaram a lutas próximas a Tessalônica e Ática, onde Atenas foi sitiada mas defendida com sucesso pelo historiador Déxipo, que mais tarde escreveria um relato dessas guerras góticas chamado de *Scythica*.[10] Apesar de sobreviverem apenas fragmentos dessa obra, Déxipo foi uma grande fonte para a *Nova História* de Zósimo, dos séculos V e VI, que sobreviveu por completo e é nosso melhor documento para as guerras góticas do século III. Como Zósimo nos mostra, vários generais e imperadores – Galieno e seu general Auréolo, Cláudio e Aureliano – lançaram contra-ataques que por fim acabaram com essa fase de violência gótica. A derrota dos godos em 268 deu fim aos ataques contra o norte da Grécia, enquanto Cláudio teve uma vitória esmagadora e muito celebrada em Naissus (atual Nish), em 270.[11]

Aureliano e uma Fonte Problemática

Em 271, após um novo ataque dos godos pelo Danúbio, que resultou no saque de várias cidades balcânicas, o imperador Aureliano (r. 270-275) lançou um ataque pelo rio que provavelmente teve um sucesso considerável. Aureliano foi um soldado extremamente capaz

---

9. Canons 5-10 (PG 10: 1037-1047). Há uma tradução completa [para o inglês] in P. Heather e J. Matthews, *The Goths in The Fourth Century*, Liverpool: 1991, 1-11. Note que, embora os boradoi de Gregório sejam provavelmente os boranoi de Zósimo, não devemos corrigir a leitura do primeiro de acordo com a do segundo, como Heather e Matthews fizeram, pois as duas palavras podem ter importância levemente diferente.
10. Dexippus, frag. 25 (Jacoby) = 18 (Müller); Zosimus, *HN* 1.43; 46.
11. Zosimus, *HN* 1.45.

e, durante seu governo de cinco anos, permaneceu em movimento contínuo de um extremo do império ao outro, raramente longe de uma sela ou fazendo pausas entre campanhas. Temos muitas evidências de uma guerra gótica de acordo com os relatos dos movimentos de Aureliano, e uma biografia imperial, que chamamos de *Historia Augusta*, diz que Aureliano derrotou e capturou um rei gótico chamado Cannobaudes.[12] Aqui, contudo, caímos no problema que teremos mais de uma vez nas páginas que seguem. A *Historia Augusta* é a única fonte latina que temos para grande parte da história do século III, e, mesmo quando se refere a eventos conhecidos pelos historiadores gregos, contém detalhes que os gregos não possuem. Se fosse confiável, seu conteúdo acerca de circunstâncias e episódios teria valor inestimável. Infelizmente, o trabalho é amplamente ficcional. Seu autor, anônimo, algumas vezes usa textos antigos – e agora perdidos – como ponto de partida de suas invenções; outras vezes inventa coisas do nada. As biografias dos imperadores do fim do século III são as partes menos confiáveis da obra, sendo que algumas delas não contêm um fato sequer. Por essa razão, apesar de aparecer em muitas histórias modernas dos godos, não podemos ter certeza da real existência de Cannobaudes como figura histórica.

Nesse caso, contudo, somos capazes de confirmar partes da *Historia Augusta* a partir de outro tipo completamente diferente de evidências, pois os epítetos deixam claro que Aureliano fez campanha contra os godos. Desde o início da história romana, sempre que um general romano vencia um povo próximo, ele incluía o nome do povo em seu nome como um título de vitória. Quando a república se tornou império, a honra de tais títulos passou a ser reservada ao imperador; ao vencer pessoalmente ou por meio de um general em seu nome, somente o imperador levava o título. Dessa forma, uma campanha na Pérsia permitiria ao imperador adicionar o título de *Persicus*; em outra, contra os carpos, o imperador acrescentaria *Carpicus*; e assim por diante. Quando esses títulos de vitória se tornavam parte do nome do imperador, eles passavam a ser incluídos em vários tipos de registros, oficiais ou não, que se referissem ao imperador. Isso traz uma riqueza de informações para os historiadores modernos, pois esses títulos

---

12. *Historia Augusta, V. Aurel*, 22.2.

atestam vitórias em campanhas não mencionadas em outras fontes. Nos capítulos seguintes, poderemos nos referir às campanhas góticas dos imperadores com base somente em registros que preservaram o título de *Gothicus*, como no presente caso. Aureliano usou o título para mostrar que ele, de fato, lutou contra os godos e pôde considerar a campanha um sucesso. Também podemos inferir o sucesso pelo fato de sua vitória ainda ser lembrada cem anos depois, e pela evidência limitada de ataques góticos nas décadas imediatamente seguintes a seu reinado. Embora se saiba de mais ataques pelo mar em meados da década de 270 que ultrapassaram Ponto, chegando à Capadócia e à Cilícia, depois disso os godos não aparecem em nenhum relato até a década de 290, quando grandes mudanças ocorreram no império.[13]

Uma Explicação das Invasões do Século III

Como as últimas páginas demonstram, as primeiras evidências das invasões góticas não têm dados suficientes para permitir muita análise, embora não devamos subestimar seu impacto. A carta de Gregório Taumaturgo nos dá um raro vislumbre do quão traumáticos os repetidos ataques góticos na Ásia Menor e em outras províncias podiam ser, mas não respondem a uma questão básica: qual a causa dos ataques góticos, e o que fez com que o fenômeno se repetisse? As fontes greco-romanas se contentam em explicar os ataques bárbaros ao império com um apelo aos fundamentos da natureza: atacar a civilização é o que os bárbaros fazem. Essa explicação essencialista dificilmente nos servirá; precisamos de explicações no contexto histórico. O século III foi um período de intensa mudança no império que culminou com desenvolvimentos políticos e sociais causados pela expansão do Império Romano nos séculos I e II. Por esse viés, o aparecimento dos godos e dos ataques góticos no século III se tornam compreensíveis. A expansão romana mudou a forma e a face da Europa e da bacia mediterrânica, o que

---

13. Ammianus, *RG* 31.5.17. O autor, na sequência de Adrianópolis, escreve de forma nostálgica sobre os distantes sucessos de Aureliano. Para os ataques durante os governos de Tácito e Probo, ver Zosimus, *HN* 1.63.1.

afetou não só as muitas pessoas que se tornaram romanas, mas também a constituição política do império e os diferentes povos que viviam ao longo das fronteiras imperiais. Um subproduto dessas mudanças foi um ciclo de violência política interna no império do século III, que produziu uma exacerbada instabilidade nas fronteiras.

O Império Romano havia sido uma monarquia desde o fim do século I a.C., quando Augusto (r. 27 a.C.-14 d.C.), sobrinho-neto e herdeiro adotivo de Júlio César, pôs fim a uma geração de guerra civil que destroçava a República Romana. Augusto trouxe paz ao império, mas ao custo da livre competição entre os romanos de elite que haviam criado o império inicialmente. Em seu lugar, Augusto fundou uma dinastia imperial que durou até 68 d.C., ano em que o detestável regime do imperador Nero caiu e este se suicidou, três gerações após o final da república. A constituição imperial já estava completamente arraigada; o que importava era a proximidade do imperador em relação aos poderosos clãs da elite romana, em particular das famílias senatoriais de Roma, que competiam entre si pelos favores do imperador e pelos cargos e honrarias que os acompanhavam. Até 68, os imperadores eram criados em Roma, e a lealdade à dinastia de Augusto era elemento essencial em sua criação. As guerras civis de 68/69 mudaram essa situação para sempre: o vitorioso final foi Vespasiano, um comandante de meia-idade nascido de uma família italiana próspera mas sem distinção elevada, criado para assumir um título imperial nas províncias orientais do império da mesma forma que seus rivais imediatos que assumiram o trono imperial na Espanha e Alemanha. Isso revelava o que Tácito chamava de *arcanum imperii*, o "segredo do império": um imperador podia ser feito fora de Roma.[14] A Itália permanecia o centro do império, mas não era mais o sol em torno do qual os planetas provinciais orbitavam. Essas províncias tinham cada vez mais vida própria e influência política, que podiam, com o tempo, se impor no centro italiano.

É certo que as províncias eram muito diferentes entre si e tinham posições diversas em relação à capital imperial em Roma. Algumas províncias, como Espanha, Gália do Sul ou a parte do norte da rica onde agora é a Tunísia, já faziam parte do império havia um século

---

14. Tacitus, *Hist*.1.4.

ou mais. Outras, como a Bretanha, boa parte dos Bálcãs ou onde hoje se situa o Marrocos, estavam apenas a uma geração da sua conquista pelos exércitos romanos. Essas províncias continuavam a ser governadas por diferentes arranjos *ad hoc* que foram impostos quando foram incorporadas ao império. De qualquer modo, todas as províncias estavam cada vez mais integradas aos padrões e modos de vida romanos, e não eram somente territórios administrados para o benefício de Roma. De fato, a extensão da cidadania romana para as elites provinciais foi um elemento de união das províncias em relação a Roma. Como os membros das elites provinciais se tornaram cidadãos romanos, eles podiam aspirar aos títulos de cavaleiros e senadores, bem como à participação no governo do império como um todo. Em 97 d.C., um descendente de imigrantes italianos na Espanha chamado Trajano se tornou imperador. Seu sucessor Adriano também era da Espanha e, por sua vez, seu sucessor e filho adotivo era da Gália Narbonense, a mais antiga posse romana na Gália.

Cidadania e Identidade Romana

Esses governadores provinciais são a prova mais impressionante do alastramento da cultura romana para as províncias, mas a assimilação contínua das elites provinciais na cidadania romana foi, no fim das contas, mais importante na criação do senso de um único império em uma extensão territorial que ia do deserto árabe até Gales, da Escócia ao Saara. As elites imperiais podiam se comunicar, linguística e conceitualmente, por meio de uma cultura retórica e artística relativamente homogênea. Essa cultura se baseava em um sistema educacional voltado quase exclusivamente à arte do discurso público, às habilidades retóricas que eram necessárias para a vida pública e política. Essa cultura de elite, principalmente grega no leste grego e frequentemente greco-romana nas provincias do oeste falantes do latim, nutria um gosto estético voltado, em grego, às modas clássicas e do início do período helenístico; em latim, às do final da república e início do império. Isso fornecia um conjunto de referências culturais e expectativas sociais compartilhadas por todos os cidadãos romanos e pelas elites greco-romanas, de um a outro lado do império, e permitia que eles participassem da vida pública comum do império como um todo, mesmo que viessem de regiões radicalmente diferentes.

O uso da lei romana, que vinha com a cidadania, conferia uma moldura de jurisdição universal para as elites que a usavam, também se sobrepondo a diferenças regionais. Por causa da participação crescente das elites no governo romano, pessoas de estratos sociais inferiores passaram, com o tempo, a sentir uma parcela dessa integração, ajudados pela hierarquia de clientelismo que permeava o mundo romano. O culto aos imperadores romanos e à deusa Roma era outra forma de difundir nas províncias a ideia da participação no império. Greg Woolf examinou em detalhes como a incorporação em uma rede organizada de governo provincial, com a assimilação das elites como cidadãos romanos, podia transformar uma sociedade local.[15] Na Gália central e do norte, em menos de duas gerações após a organização dos territórios tribais locais em uma província romana, tanto as antigas famílias nobres celtas quanto a população gaélica em geral aprenderam a expressar relações tradicionais de patronagem e clientelismo, poder e aparências, em termos romanos, a comer em louças romanas, a viver em casas romanas e a se vestir como romanos. O mesmo processo é observado nos Bálcãs, em uma data levemente posterior mas na mesma distância em gerações de sua conquista. No mundo grego, ambivalente sobre sua relação entre a cultura latina mais jovem – e parcialmente derivada da cultura helenística –, a assimilação foi mais complicada, mas, mesmo que a cultura latina tivesse pouca presença visível, o sentimento de fazer parte do Império Romano era muito forte nas antigas cidades do leste.

Essa convergência da identidade romana culminou em uma medida tomada pelo imperador Caracala em 212. Este era filho de um imperador vindo da África, Septímio Severo, um homem cuja origem púnica vinha de um passado muito recente. Dado a gigantismo e ilusões de grandeza, Caracala iniciou uma série de construções imponentes, e é nesse sentido que devemos entender sua decisão de ampliar a cidadania romana para todos os habitantes livres do império em 212. Os efeitos dessa lei (que chamamos de Constituição Antonina, derivada do nome oficial de Caracala, Antonino) foram variados. Ela reconhecia a

---

15. G. Woolf, *Becoming Roman: The Origins of Provincial Civilization in Gaul.* Cambridge: 1998.

convergência das elites locais para a identidade romana e encorajava sua continuidade, mas também criou a dinâmica de violência política que dominou a metade e o fim de século III. Uma vez que todos os habitantes do império eram romanos, qualquer um podia se imaginar assumindo o trono caso estivesse em posição oportuna para fazê-lo. Era um passo radical que se afastava do início do império, quando apenas aqueles com *status* senatorial podiam contemplar o trono. A reverência greco-romana por patentes e *status* social era extraordinária, e havia enorme diferença entre admitir o filho de um senador provincial como imperador e aceitar um homem cujo pai não era nem mesmo cidadão romano. Em meados do século III, o trono não apenas foi tomado por tais romanos emancipados, como a rapidez com que isso ocorreu logo deixou de causar surpresa e horror entre a antiga nobreza senatorial.

Guerra e Retórica das Vitórias Imperiais

Se a expansão da cidadania e o alargamento do conceito de "ser romano" permitiram que tais homens se imaginassem como imperadores, foram as crescentes pressões militares que fizeram com que isso fosse possível. Anteriormente, na época de Augusto, quando o governo esteve pela primeira vez na mão de um só homem, a segurança do governo do monarca não estava garantida. A autoridade do imperador – ou *princeps,* "primeiro cidadão", como Augusto preferia ser chamado – fundamentava-se em numerosas invenções constitucionais relacionadas com as antigas magistraturas públicas da república. Contudo, na prática, a autoridade de Augusto e de seus sucessores estava no monopólio das forças armadas, ou seja, no controle do exército. O império não poderia existir sem uma força militar, e não é um exagero dizer que todo o aparato do governo imperial se desenvolveu e se tornou mais complexo a fim de redistribuir os impostos do interior do império para os estabelecimentos militares nas fronteiras. Esses exércitos eram, em última instância, fonte de sanção do poder imperial, e eles precisavam não só ser pagos, como também mantidos em atividade. Os soldados eram bem menos inclinados a motins se estavam bem supridos e ocupados com as atividades para as quais eram treinados. Dessa forma, a guerra periódica se tornou amplamente desejável.

A experiência regular da guerra, por sua vez, alimentou a retórica preexistente de vitória imperial e invencibilidade que justificava o próprio governo: o imperador governava – e tinha esse direito – porque era invencível e sempre vitorioso ao defender Roma de seus inimigos. Assim, mesmo após o fim da expansão imperial no início do século II, manteve-se a necessidade de os exércitos romanos obterem vitórias sobre bárbaros. O resultado foi uma série constante de guerras de fronteira, que permitia aos imperadores títulos de vitória e a serem vistos no cumprimento de sua tarefa mais importante: defender o império dos bárbaros e do império oriental da Pártia, o único Estado ao qual os imperadores romanos podiam, com relutância, conceder um grau de igualdade. Como logo veremos, a militarização das fronteiras ao norte teve por muitos anos um efeito profundo nas sociedades bárbaras além do Reno e do Danúbio; mas, no início do século III, uma transformação mais aguda ocorreu na fronteira oriental, novamente como resultado de uma intervenção militar romana.

Dos Partas aos Persas na Fronteira Oriental

Caracala foi uma figura central também aqui. Em 216 ele invadiu o Império Parta, criado pela dinastia da Ásia central que havia destituído os selêucidas helenísticos do governo do Irã e da Mesopotâmia durante os últimos séculos antes de Cristo. Desde a derrota do general da república Crasso em Harã em 53 a.C., a Pártia se tornara um ícone como inimigo mortal de Roma que não se equiparava à sua real força ou competência. Uma guerra contra os partas pode ter sido um objetivo ideológico para um imperador romano, vingando Crasso, imitando Augusto e seguindo os heróicos passos de Alexandre, o Grande, mas na verdade as vitórias na Pártia podiam ser fáceis. O Império Parta estava dividido, e seus reis se deparavam continuamente com revoltas em suas províncias no extremo oriente do império. Assim, quando Caracala decidiu se deleitar com uma vitória fácil na Pártia, ele sem querer destruiu a monarquia local, que foi substituída por um adversário muito mais perigoso, uma nova dinastia persa conhecida como sassânida. Um nobre persa, Ardacher (r. *c.* 224-241), rebelou-se contra os enfraquecidos partas e, em meados da década de 220, derrotou o último rei da dinastia.

Sob o governo de Shapur I (r. 240-272), filho de Ardacher, a monarquia sassânida não só se impôs sobre a antiga nobreza parta e seus povos súditos, como também executou diversos ataques contra o Império Romano. Autores gregos e romanos atribuem a ele a ambição de restaurar o antigo Império Persa da dinastia aquemênida, que fora conquistado por Alexandre, o Grande havia, 600 anos. Caracala foi assassinado em 217 durante a campanha na Pártia, mas a nova Pérsia sassânida se tornou o principal foco de seus sucessores imperiais. Não só havia o atrativo de uma prestigiosa vitória contra os persas, mas também sólidas razões estratégicas: os ataques persas nas províncias orientais, diferentemente dos bárbaros nas outras fronteiras, corriam o risco de uma anexação permanente e da remoção do controle imperial romano. Entretanto, a constante atenção sobre a Pérsia pode ter distraído o império dos problemas em outras frentes. Falhar contra a Pérsia poderia ser fatal para um imperador e seu trono; o último imperador da dinastia dos Severos, Alexandre Severo, foi assassinado após falhas desse tipo, e inúmeros imperadores do século III enfrentaram usurpações em províncias distantes assim que voltavam sua atenção para o leste. A ascensão dos sassânidas foi, dessa forma, um catalisador do ciclo de violência do século III. Diferentemente do que ocorria cem anos antes, uma reivindicação ao trono podia ser contemplada por qualquer romano poderoso, não só pelos grandes senadores e generais romanos que haviam dominado a política do século II e, dessa forma, até uma crise local menor – digamos, um motim, um ataque persa ou bárbaro – podia levar a população ou as tropas a proclamar um líder local, mais prontamente disponível, como imperador para enfrentar a crise. Tendo aceitado o trono imperial, o novo imperador não tinha escolha senão derrotar e substituir quem quer que fosse o detentor do cargo. A guerra civil era inevitável nessas circunstâncias, o que deixava bolsões de fraqueza nas fronteiras, dos quais os vizinhos se aproveitavam. Consequentemente, durante quase 50 anos, um círculo vicioso de invasões, usurpações e guerra civil se avolumou, como o mais superficial relance dessa época pode sugerir.

Usurpação, Guerra Civil e Invasões Bárbaras

Quando Alexandre Severo foi morto, em 235, candidatos rivais surgiram nos Bálcãs, no norte da África e na Itália, o último promovido pelo Senado romano, insistente em suas prerrogativas. A guerra civil continuou durante boa parte da década seguinte, e isso, por sua vez, inspirou as grandes invasões bárbaras já mencionadas, entre elas o ataque do rei gótico Cniva que levou à morte de Décio em Abrito, em 251. Os sucessores de Décio tiveram vitórias contra esses ataques, mas a ligação entre invasão e usurpação era indelével. Isso se vê claramente no governo de Valeriano (r. 253-260), ativo principalmente no Oriente, e no de seu filho e coimperador Galieno (r. 253-268), que governou no Ocidente. Nossas fontes apresentam seus governos como um catálogo de invasões desastrosas, que os estudiosos modernos têm muita dificuldade em colocar em ordem cronológica precisa.[16] Não precisamos entrar em detalhes aqui; notemos simplesmente a maneira como as guerras, externa e civil, alimentavam uma à outra: quando Valeriano comandou uma desastrosa campanha na Pérsia que levou à sua própria captura pelo rei persa, muitas das províncias orientais ficaram sob o controle de uma dinastia de Palmira largamente independente do governo italiano de Galieno. De forma semelhante, quando Galieno lidava com ameaças às fronteiras – ataques que cruzavam do Reno à Gália, do Danúbio aos Bálcãs, ou a pirataria do Mar Negro na Ásia Menor e na Grécia –, ele era simultaneamente confrontado pela rebelião de usurpadores em alguma outra parte do império. Assim, Galieno teve de empreender uma campanha contra os marcomanos no médio Danúbio ao derrotar o usurpador Ingenuus, enquanto a defesa da Récia contra os iutungos

---

16. Zosimus, *HN* 1.29-30; Aurelius Victor 32-33; Eutropius 9.7-8; *Epitome de Caesaribus* 31-32.

pelo general Póstumo permitiu que este assumisse o trono imperial e inaugurasse uma sucessão separada que durou mais de uma década na Gália.[17] Mesmo quando Galieno tentava implementar reformas militares para deter esse ciclo de violência, as reformas podiam se voltar contra ele: Galieno criou uma forte cavalaria móvel que lhe permitia se mover rapidamente entre locais problemáticos, mas logo seu general Auréolo, que comandava essa nova força, tomou o trono para si. Galieno foi assassinado em 268 durante uma campanha contra ele. Como já era de se esperar, sua morte inspirou ataques imediatos às fronteiras, por "citas" nos Bálcãs e por todo o Danúbio superior até as províncias alpinas.

Novamente, uma lista completa de invasores e usurpadores é um exercício árido e desnecessário aqui. Os sucessores de Galieno – Cláudio Aureliano, Probo e seus opositores passageiros – enfrentaram os mesmos problemas do predecessor. Cláudio derrotou um exército invasor de citas por duas vezes, em Naissus e nas montanhas Haemus, e conquistou o título de *Gothicus*, o que nos garante que esses citas eram godos.[18] Como visto, Aureliano venceu uma campanha gótica, mas sua energia e atenção eram constantemente direcionadas para outras invasões, algumas vezes até na Itália, e para guerras civis nas quais enfrentou sucessões imperiais independentes na Gália e no Oriente. Aureliano foi assassinado, assim como seu sucessor imediato Tácito, que morreu enquanto perseguia invasores citas – talvez godos – no coração da Ásia Menor.[19] Embora Probo tenha mantido o trono por seis anos, ele também foi morto em um motim que irrompeu em face de outra invasão balcânica. Seu prefeito pretoriano Caro foi proclamado imperador pelas legiões.[20]

---

17. Para a vitória de Póstumo, ver o altar recentemente descoberto em Augsburg: L. Bakker, "Die Siegesaltar zur Juthungenschlacht von 260 n. Chr. Ein spektakulärer Neufund aus Augusta Vindelicium/Augsburg", *Archäologische Nachrichten* 24 (1993), p. 274-277.
18. Zosimus, *HN* 1.42-43; 1.45-46; Eutropius 9.11.
19. Zosimus, *HN* 1.63.
20. Zosimus, *HN* 1.71-72; Eutropius 9.17-18; *Epitome de Caesaribus* 37-38; *Historia Augusta, V. Prob.* 21-22; John of Antioch, frag. 158; 160 (*FHG* 4: 600).

A Ascensão de Diocleciano

Temos nossa primeira indicação de que os autores do século IV entendiam a conexão entre os conflitos romanos e a invasão bárbara com referência à morte de Probo.[21] Conforme o historiador Aurélio Vítor escreveu em 360: "todos os bárbaros aproveitaram a oportunidade de invadir quando souberam da morte de Probo". Em resposta, o novo imperador Caro deixou seu filho mais velho Carino a cargo das províncias ocidentais e liderou um exército contra os quados e sármatas no médio Danúbio antes de lançar a invasão da Pérsia, durante a qual faleceu – supostamente atingido por um raio, mas talvez vítima de assassinato.[22] A ascensão de Diocleciano na Nicomédia, em 284, lançou a inevitável guerra contra Carino. Este havia restaurado a fronteira do Reno em 283, mas, ao marchar para o leste para enfrentar Diocleciano, permitiu novos ataques bárbaros na costa da Gália. Carino foi derrotado e morto na batalha de Margus, em 285; no mesmo ano, o vitorioso Diocleciano conduziu uma campanha contra os sármatas no Danúbio. Ele também indicou um colega de cargo imperial, um soldado chamado Maximiano, que fez uma campanha no Reno.[23]

Esse foi um passo significativo e de grande repercussão para a longevidade do regime de Diocleciano. Ao indicar um coimperador com o qual tinha boas relações e que iria considerá-lo seu benfeitor, Diocleciano esperava conseguir espaço para assegurar o trono e evitar o surgimento de usurpadores em partes do império onde não podia estar. O plano funcionou até certo ponto, embora levasse algum tempo. Apenas a indicação em 293 de dois césares, ou subimperadores, permitiu que Diocleciano e Maximiano derrotassem diversas revoltas provinciais e assegurassem as fronteiras. A evidência desses esforços é visível ao longo de todas as fronteiras imperiais, como, por exemplo, nos chamados fortes costeiros saxões ao longo do Canal da Mancha e do Mar do Norte, onde se localizam hoje a Inglaterra, a França, a

---

21. Aurelius Victor 38.2.
22. Eutropius 9.18; *Historia Augusta, V. Car.* 8.
23. *Pan. Lat.* 10.4.2; Aurelius Victor 39.18-19; Eutropius 9.20.3. *Pan. Lat.* 10, feito por Mamertino em 21 de abril de 289, é nosso principal documento para as campanhas iniciais de Maximiano.

Bélgica e a Holanda. O fato mais importante da história das relações romanas com os godos é o programa de Diocleciano de fortificação do Danúbio. Ele consistia tanto de novas construções, como em Iatrus, quanto da expansão e reforma de antigas fortificações, como em Augustae e Oescus.

Diocleciano e os Godos

Essas melhorias não eram simplesmente medidas de autodefesa; elas também eram bases para o apoio e suprimento de campanhas imperiais. Já na década de 280, Diocleciano e Maximiano demonstraram uma renovada vontade imperial de realizar campanhas além das fronteiras, e o general de Maximiano, Constâncio – seu César depois de 293 –, obteve vitórias espetaculares contra os francos no baixo Reno. Enquanto isso, Diocleciano lutava no Danúbio contra tervíngios e taifalos, vencendo em 289 e em 291. A campanha é significativa para nós, pois marca a primeira aparição do nome "tervíngio"* nos escritos greco-latinos. Nossa fonte é um panegírico em louvor ao imperador Maximiano, feito na Gália em 291, e se refere aos tervíngios como *pars gothorum* – que poderia ser traduzido como "parte dos godos".[24] Como veremos nos capítulos a seguir, os tervíngios eram a mais importante subdivisão dos godos no século IV. Eles eram o grupo gótico com o qual o Império Romano teve mais contato e, por essa razão, o grupo que mais conhecemos. É com os tervíngios que o imperador Constantino faria a paz na década de 330; descendentes dos mesmos tervíngios eram a maioria dos godos que atravessaram o Danúbio e entraram no império em 376, e finalmente fizeram parte dos povoamentos balcânicos, dos quais surgiria o próprio Alarico.

---

* N.E.: Em português, costuma-se utilizar os termos "visigodos" e "ostrogodos" para se referir aos dois principais grupos de godos durante a Antiguidade tardia, mas nesta tradução optou-se manter os termos "tervíngios" (*tervingi*) e "greutungos" (*greuthungi*), usados pelo autor. Empregam-se os termos "visigodos" e "ostrogodos" apenas quando o autor utiliza os termos *visigo* e *ostrogoths*, respectivamente. No Capítulo 5 (ver subtítulo "Tervíngios, Greutungos e outros Godos"), explica-se que os termos "visigodos" e "ostrogodos" surgem nas fontes apenas após o século V (portanto, posteriormente aos séculos III e IV enfocados nesta obra), e que não se pode afirmar que os termos se refiram às mesmas divisões do século IV.
24. *Pan. Lat.* 11.17.1: *Tervingi, pars alia Gothorum adiuncta manu Taifalorum.*

Por esses motivos, essa primeira pista da existência dos tervíngios será automaticamente significativa aos olhos do historiador moderno dos godos. Infelizmente, não podemos dizer o quão importantes eram os tervíngios do século III, particularmente por serem citados em pé de igualdade com os taifalos, um grupo de bárbaros que reaparece com os godos em fontes posteriores, mas sempre em posição inferior. Além disso, essas duas linhas do panegírico de 291 são a única menção a ambos os povos por mais de uma década. Nessa época, a política interna do império novamente havia mudado de forma acentuada. Como veremos, o império conjunto de Diocleciano e Maximiano quebrou o círculo vicioso político de meio século. Nesse processo, eles reinventaram o sistema governamental do Império Romano, fortalecendo o governo central e criando as fundações de um sistema político que duraria centenas de anos. Igualmente importante, ao estabelecer finalmente um controle seguro do gabinete imperial, Diocleciano e seus colegas estabeleceram relações mais estáveis com os grupos bárbaros ao longo das fronteiras. Retornaremos ao governo de Diocleciano e às fronteiras imperiais no Capítulo 4, dando particular atenção ao baixo Danúbio. Lá, na década de 320, os godos eram, sem dúvida, a força política dominante do outro lado da fronteira, uma posição à qual chegaram em parte pela vontade dos imperadores. Enquanto isso, voltemos a uma importante questão interpretativa levantada em nossa discussão sobre invasão e guerra civil no século III.

Se, como sugerido, a metade do século III pode ser definida pelo constante ciclo de violência interna e externa, devemos ainda questionar por que os grupos bárbaros ao norte da fronteira eram capazes de explorar a fraqueza imperial, e, particularmente, a rivalidade interna, com tanto sucesso e extensão. Afinal de contas, essa habilidade era algo novo, desconhecida no início do império, quando os generais atacavam ao bel-prazer as terras além das fronteiras. Naquela época, o centro da Europa além do Reno e do Danúbio era um emaranhado de unidades políticas muito pequenas que podiam ser agrupadas em ações coordenadas por curtíssimos períodos de tempo. Essa é a situação descrita no clássico relato de Tácito, *Germania*, escrito em 98 d.C., e corroborado pela história política do período. Há um agudo contraste desse quadro imperial antigo em relação aos séculos II e III. A partir da década de 160, grupos bárbaros ao longo das fronteiras do norte desafiavam o império de formas nunca antes imaginadas, em uma escala jamais vista. Para entender esse crescimento exponencial na ameaça a Roma pelos vizinhos ao norte, precisamos examinar a história política e social da Europa dos bárbaros. Durante os séculos I e II, sua sociedade se transformou paralelamente às mudanças dentro do império.

Capítulo 2

O Império Romano e a Sociedade dos Bárbaros

Assim como uma identidade romana cada vez mais coesa se espalhava por todas as províncias romanas, também ocorriam mudanças sociais nas sociedades bárbaras no norte e no centro da Europa. Pouco depois que a Constituição Antonina fez de todos os habitantes cidadãos romanos pela primeira vez, aparece em nossas fontes uma palavra para descrever o mundo fora do império: *barbaricum*, a terra dos bárbaros, e a antítese da civilização que era sinônima do império.[25] O catalisador das mudanças sociais no *barbaricum* foi a simples existência do império e, com ele, o crescimento da vida provincial romana. Esse fato não é de surpreender, sobretudo sob a luz de estudos modernos que mostram como sociedades relativamente complexas e avançadas exercem pressão inconsciente nos vizinhos menos desenvolvidos. O Império Romano era, para os padrões do mundo antigo, um Estado

---

25. A mais antiga ocorrência da palavra é uma inscrição da década de 220: T. Sarnowski, "Barbaricum und ein Bellum Bosporanum in einer Inschrift aus Preslav", *Zeitschrift für Papyrologie und Epigraphik* 87 (1991), p. 137-144.

muito complexo. A sofisticação de sua vida econômica e de suas hierarquias de governo tinha um efeito sobre os povos que viviam à sua sombra. À medida que os provincianos se tornaram romanos, eles disponibilizaram modelos instrutivos a povos vizinhos fora da estrutura provincial, e ofereceram um canal pelo qual os aspectos mais portáteis da vida provincial romana, de artigos de luxo a uma economia monetária, foram transmitidos para terras que não eram, ou ainda não eram, províncias.

Podemos imaginar a influência cultural romana como uma série de círculos concêntricos radiando a partir de Roma para além das fronteiras. Nas faixas mais próximas, pode ser difícil distinguir a cultura dos povos nativos da de seus vizinhos, pelo menos nas camadas populares; de fato, o pagamento regular de impostos era o único fator diferencial entre um camponês da Panônia de um lado do Danúbio e um camponês quado do outro lado. Em locais mais afastados, as diferenças eram mais contrastantes. Os produtos romanos eram considerados itens de luxo quando encontrados, e as moedas, reputadas por seu metal e não como dinheiro. Em locais ainda mais longínquos, como na Lituânia ou na Escandinávia, chegavam somente os itens mais portáteis, como medalhões, moedas e ocasionalmente uma arma ou armadura. Do ponto de vista romano, esses povos eram quase uma lenda. Mas mesmo aqui se podem encontrar traços do poder econômico romano que se impunha sobre a população nativa; na ilha de Gotland, por exemplo, a quantidade de moedas romanas encontradas está totalmente fora dos padrões normais, sugerindo um centro regional de distribuição para a antiga Escandinávia. Essas regiões distantes tinham produtos valorizados no império, como âmbar, escravos e matérias-primas como peles. Tais materiais não deixam traços em registros arqueológicos disponíveis para nós, mas ainda podemos estudar a distribuição de produtos romanos na Europa central. Tal padrão de distribuição indica a existência de rotas de comércio bem estabelecidas de leste a oeste e, especialmente, de norte a sul, e provavelmente o suprimento de necessidades econômicas do Império Romano ajudou a organizar unidades políticas muito além da fronteira romana.[26]

---

26. A. Bursche, "Contacts between the late Roman empire and north-central Europe", *Antiquaries Journal* 76 (1996), p. 31-50.

Os Bárbaros e o Exército Romano

Seja como for, a interdependência econômica e política é muito mais visível nas fronteiras imperiais, particularmente no contexto do exército romano. A partir do século I, muitos bárbaros serviram no exército do império, e a proporção de bárbaros provavelmente aumentou à medida que a provincialização do interior imperial fez o serviço no exército cada vez menos atraente aos civis romanos. Os benefícios do serviço militar para um bárbaro proveniente do outro lado da fronteira eram substanciais; não só o serviço em uma unidade auxiliar (de não-cidadãos) pagava bem, mas trazia com ele a cidadania romana depois de uma dispensa honrosa, e frequentemente incluía um bônus generoso. Como veremos, os godos estavam envolvidos nesse tipo de serviço no exército romano desde o início de sua história. Há um famoso registro de um filho de um soldado chamado Guththa, que morreu na Arábia em 208; ainda que esse registro possa não se referir a um godo, as tropas góticas certamente estavam entre as unidades romanas derrotadas pelo rei persa Shapur, e este as imortalizou nessa inscrição famosa.[27] O serviço no exército romano teve efeito profundo nos vizinhos de Roma, e não apenas naqueles que se alistaram. Muitos bárbaros que serviram no exército se acostumaram completamente com o modo de vida romano, continuando suas vidas dentro do império e morrendo como cidadãos romanos depois de muitos anos de serviço. Outros, no entanto, retornaram a suas comunidades natais além da fronteira, trazendo novos hábitos e gostos, juntamente com dinheiro e produtos romanos de diversos tipos. Sua presença

---

27. M. Spiedel, "The Roman army in Arabia", *Aufstieg und Niedergang der römischen Welt* II.8 (1977), p. 712. Geralmente se acredita que a inscrição se refira a um recruta godo a serviço de Roma, tanto porque o nome do jovem Guththa pode significar "godo" quanto porque era filho de um certo Erminário, nome semelhante ao de muitos godos em registros posteriores. O elemento principal do nome do pai (Erman- ou Herman-), no entanto, não é exclusivo dos godos posteriores, e nomear uma criança como "o godo" reflete, mais provavelmente, a perspectiva de um estrangeiro; talvez Guththa fosse filho de um godo em um ambiente não-gótico. Tudo é especulação, e não fica claro que nomes pessoais, boa evidência de relações de parentesco em muitas sociedades, sejam igualmente úteis no estabelecimento de conexões em meio a uma identidade mais ampla tal como a dos godos do século III. Por essa razão, o Godo (*Gouththon te kai Germanon*) da inscrição no monumento de Shapur é a primeira confirmação válida dos godos a serviço de Roma: ver o texto em M. Back, *Die Sassanidischen Staatsinschriften*. Leiden, 1978, p. 290-291. A evidência pouco clara de Pedro, o Patrício, frag. 8 (*FHG* 4:186) também pode se referir aos godos.

contribuiu com a demanda por mais produtos romanos além das fronteiras, o que ajudou a aumentar o comércio entre o império e seus vizinhos. As instalações romanas nas fronteiras encontraram um mercado pronto para seus bens entre os bárbaros das proximidades, e as moedas romanas que circulavam nos territórios fora do império frequentemente voltavam pelo comércio.

Dependendo do ponto de vista político, esse tipo de influência econômica pode parecer tanto maligno quanto benigno. De qualquer forma, ele certamente representa o que os modernos chamam de "poder sutil". O "poder de fato" de Roma era igualmente grandioso e podia ter um doloroso impacto em seus vizinhos quando exercido. Mesmo em tempos de paz, o poder militar romano estava sempre presente como uma ameaça. Como visto no último capítulo, as vitórias militares eram um instrumento vital de legitimação do poder imperial, e poucos imperadores tinham seus tronos assegurados a ponto de recusar uma guerra ocasional. A necessidade de vitórias imperiais traduzia-se em ataques periódicos aos vizinhos, na imposição de tributos, na tomada de reféns, na coleta de escravos e na pilhagem de vilas pelos soldados romanos. A pressão militar não era incessante; ela dificilmente poderia ser depois que as fronteiras cessaram sua expansão, mas isso nunca deixou de ser uma possibilidade. Cada geração nascida ao longo da fronteira recebeu em algum momento a atenção militar romana. O império e seu exército foram um incentivo constante à mudança social nas sociedades bárbaras que ladeavam as províncias imperiais. Os líderes bárbaros tiveram uma motivação para se tornar mais potentes militarmente.

A Política Imperial em Relação aos Reis Bárbaros

Paradoxalmente, esse impulso para a maior competência militar entre os bárbaros foi exacerbado pela interferência romana direta em sua vida. O dogma romano sustentava que todos os bárbaros eram perigosos e que era melhor mantê-los em conflito uns com os outros o quanto possível. Para que se mantivessem os líderes bárbaros em um estado de hostilidade mútua, os imperadores romanos subsidiavam alguns reis diretamente. Esse apoio aumentava o prestígio real e sua capacidade de governar, enquanto reduzia a importância de líderes aos quais era negado o mesmo apoio. Esse tipo de interferência permitia aos imperadores o controle não apenas das relações entre os bárbaros e o império, mas também das ligações entre diferentes grupos. Ao longo do território bárbaro nos limites do império, o acesso aos produtos de luxo, tanto moedas quanto outros itens feitos do mesmo metal que as moedas, era frequentemente tão importante quanto os próprios itens. A habilidade de adquirir riqueza significava poder redistribuí-la, e a capacidade de presentear reforçava o domínio social de um líder. Em outras palavras, a riqueza ostensiva traduzia-se em poder ativo. Para esse propósito, o ouro e a prata eram especialmente importantes, o meio dominante de se guardar riqueza. Os padrões de distribuição da cunhagem de prata além da fronteira romana tendiam a variar de acordo com a importância política de regiões em particular em determinado momento: na Germânia, por exemplo, encontramos uma imensa concentração de 70 mil denários de prata em apenas poucas décadas dos governos de Marco Aurélio (r. 161-180) e Septímio Severo (r. 193-211), quando as campanhas naquela fronteira eram regulares e intensas. O que essa e outras evidências demonstram é que os imperadores e seus generais manipulavam constantemente a vida política no *barbaricum* pelo subsídio econômico. Essa estratégia, contudo, por mais que parecesse necessária dentro dos paradigmas mentais do governo romano e por mais efetiva que pudesse ser, era bastante perigosa.

Elevar o *status* de alguns líderes em relação a seus vizinhos podia lhes fornecer meios e motivo para a ação militar que não seria possível de outra forma. Os líderes favorecidos pelo subsídio podiam atrair mais guerreiros como seus seguidores, aumentando os grupos políticos que lideravam. Tanto quanto os soldados romanos, os guerreiros bárbaros portavam-se melhor quando empregados nas tarefas que lhes cabiam. Lutar contra os vizinhos bárbaros era útil, mas as províncias romanas próximas, com sua riqueza acessível e um sistema de estradas que facilitava o deslocamento das tropas, tornaram-se um alvo extremamente tentador quando as preocupações imperiais se voltavam a outra direção. A atração da riqueza romana combinada com a hostilidade gerada por incursões romanas periódicas significava que havia fortes razões estruturais para os ataques dos bárbaros à fronteira. As mesmas razões estruturais podiam inspirar em certas ocasiões um rei bárbaro particularmente poderoso a conceber planos mais grandiosos.

Exemplos desse fenômeno são visíveis mesmo no início da história do império, como o famoso rei dácio Decébalo. Seu poder foi deliberadamente aumentado por Trajano (r. 98-117) após as primeiras campanhas além do Danúbio. Esse apoio, no entanto, tornou Decébalo localmente predominante, tanto que ele se sentiu na posição de quebrar seus acordos com o imperador e ameaçar as províncias. Foram necessários dois anos de guerra custosa para suprimir uma ameaça criada pelo subsídio imperial. As guerras marcomânicas do século II seguiram uma dinâmica similar. Elas começaram na metade da década de 160 por razões ainda discutidas, mas precipitaram invasões nos Bálcãs e no norte da Itália por vizinhos dos marcomanos. O povoamento que Marco Aurélio (r. 161-180) impôs inicialmente na região falhou justamente porque punia alguns líderes do médio Danúbio e premiava outros. Os líderes favorecidos ameaçaram e atacaram seus vizinhos menos afortunados, levando-os às províncias imperiais e fazendo com que novas campanhas fossem necessárias. Os imperadores do século III continuaram a administrar os líderes bárbaros de acordo com esses hábitos antigos, mas o fizeram de uma posição muito mais frágil que a de seus predecessores. Por essa razão, o século III testemunhou a multiplicação de ataques bárbaros às fronteiras.

Novas Confederações Bárbaras

Três grandes grupos bárbaros surgiram ao longo da fronteira imperial no século III: os alamanos, os godos e os francos. Apesar de anteriormente desconhecidos do mundo romano, os três grupos passaram a fazer parte permanente da política imperial tardia. Dos três, os alamanos são os mais fáceis de entender. No curso do século III, muitos grupos pequenos de bárbaros que viviam ao longo do alto Reno passaram a ser descritos coletivamente como alamanos, e ocasionalmente faziam ações conjuntas. No século IV, eles aparecem como uma confederação esparsa de diferentes reis que podiam se unir para grandes campanhas contra os romanos sob o comando de um deles. Esse tipo de ação coordenada nunca durava muito, mas os alamanos tinham uma consciência de laços de camaradagem entre si que não possuíam com outros bárbaros. Um processo relativamente semelhante é identificável entre os francos. Tanto eles quanto os alamanos uniam-se como grandes grupos livremente organizados, cuja consciência de irmandade básica era uma resposta tanto ao atrativo quanto à ameaça representados por Roma. É muito provável que o mesmo tipo de pressão tenha sido responsável pelo levante dos godos.

Em regiões onde os godos foram primeiro descritos no século III – ao norte do baixo Danúbio, no Mar Negro, no leste dos Cárpatos e na província romana da Dácia –, grupos de bárbaros organizados e poderosos eram desconhecidos antes do aparecimento dos godos. Até então, uma variedade de sármatas e outros grupos formava pequenas comunidades próximas das províncias romanas, e eles eram administrados da mesma maneira que o império fazia com outros bárbaros: subsídios e punições militares periódicas. Foi assim que Trajano lidou com os roxolanos e costobócios, dois grupos menores de bárbaros da região, antes, durante e depois das guerras dácias. É bem claro que os bárbaros do baixo Danúbio e das estepes ucranianas não eram, nos séculos I e II, vistos como uma ameaça na mesma escala daqueles do médio Danúbio ou alto Reno. Ao contrário, essas regiões tornaram-se importantes para a estratégia imperial somente no curso do século III, exatamente quando começamos a ouvir sobre os godos. Por que a cronologia da história do baixo Danúbio deveria diferir tanto da de outras fronteiras européias? A resposta deve estar relacionada, em grande parte, ao ritmo da provincialização na região.

A Fronteira Dácia e o Levante dos Godos

As províncias dos Bálcãs e do Danúbio estavam entre as últimas a ser anexadas ao Império Romano. Mesmo depois que Augusto estabeleceu uma linha de comunicação pelo Danúbio para ligar os impérios do Oriente e do Ocidente, o interior dos montanhosos Bálcãs desenvolveu-se lentamente por gerações. A série de fortes na fronteira não era apoiada pelo mesmo desenvolvimento do urbanismo e das estradas como na Gália, o que significa que os modelos de comportamento provincial não eram difundidos tão rapidamente nos Bálcãs quanto nas províncias ocidentais. De fato, não foi senão após 107, quando Trajano criou a província da Dácia do outro lado do Danúbio, na Transilvânia e nos Cárpatos, que a provincialização do território ao sul do Danúbio realmente começou. A existência da nova província da Dácia teve um efeito sobre o povo em sua periferia da mesma forma que a Gália afetou os bárbaros da Germânia: foi um impulso para o surgimento de uma organização social mais estruturada além de suas fronteiras. As evidências arqueológicas do baixo Danúbio não são tão abundantes como na Renânia ou no alto Danúbio, mas sabemos que o crescimento de uma cultura provincial romana na Dácia seguiu o mesmo ritmo daquele documentado com precisão na Gália. Ou seja, no final do século II e até duas gerações após a conquista, uma cultura provincial perceptivelmente romana se desenvolveu por toda a área onde agora se situa a Romênia. O reinado de Septímio Severo (r. 193-211) e de seus sucessores imediatos representa o auge da cultura material romana na Dácia.[28] Dessa forma, não é por coincidência que a cultura das estepes a leste da Dácia se tornou mais complexa no século III, tampouco que as confederações bárbaras capazes de ameaçar as províncias romanas cresceram pouco depois: isso foi exatamente o que havia ocorrido no caso dos francos no baixo Reno e dos alamanos no alto Reno e alto Danúbio. Em outras palavras, mesmo que a cronologia absoluta das mudanças no baixo Danúbio seja diferente daquela a oeste, ela obedece ao mesmo passo de mudanças: duas ou três gerações após a cultura provincial romana começar a se desenvolver dentro da fronteira, novos e mais sofisticados regimes bárbaros aparecem na periferia, incentivados tanto pelo exemplo da vida provincial romana quanto pela ameaça do exército romano. O levante dos godos deve ser entendido nesse molde interpretativo como um produto da provincialização da Dácia e do baixo Danúbio.

Entretanto, isso deixa aberta a questão da migração. Mesmo os leitores com interesse bem casual na História Antiga já ouviram

---

28. W. S. Hanson e I. P. Haynes (eds.), *Roman Dacia: The Making of a Provincial Society*, *Journal of Roman Archaeology* Supplement 56 (Portsmouth, RI, 2004).

falar das "invasões bárbaras" ou das "migrações germânicas", e provavelmente se lembrarão que Roma caiu por causa delas. Histórias populares estão cheias de mapas que usam setas para mostrar as migrações bárbaras do norte e do leste distantes até as portas do Império Romano e além. Os godos sempre se sobressaem em tais mapas e vêm com uma seta muito longa que ilustra sua migração. Mesmo entre estudiosos que hoje em dia tendem a diminuir a importância das invasões sobre as causas da queda de Roma, os godos são usualmente o paradigma da migração bárbara. Como veremos no próximo capítulo, as evidências da migração gótica que saiu do norte da Europa para os limites do império são bem fracas. Ela se apoia principalmente na evidência de uma única fonte antiga, a *Getica,* de Jordanes, em torno da qual complicadas estruturas de hipóteses acadêmicas foram criadas. Por séculos, a ideia de uma profunda Antiguidade gótica foi essencial para muitas visões diferentes do passado da Europa. Todas as discussões modernas sobre os godos, incluindo o presente livro, são um produto dessa longa tradição historiográfica. Defender a posição, que assumimos aqui, de que a história dos godos começa na fronteira imperial no século III pode concordar com as evidências, mas também é controverso. Para entender por que uma interpretação que reflete mais de perto a evidência antiga pode estar em descompasso com a hipótese moderna, precisamos examinar o papel dos godos na história intelectual da Europa moderna. Só assim podemos ver como nossas disputas presentes sobre o passado gótico têm menos a ver com a evidência dos séculos III, IV e V, e mais com os desenvolvimentos políticos dos séculos XVIII, XIX e início do XX.

Capítulo 3

A Busca pelas Origens dos Godos

A história gótica, da forma como aparece em todo relato moderno, é uma história de migração. Tradicionalmente ela começa na Escandinávia, vai ao litoral do sul do Báltico, nas proximidades da foz do rio Vístula, e então segue para o Mar Negro. Dependendo da fonte, escrita, arqueológica, e da evidências linguísticas, vê-se que essa migração ocorreu, se não a partir da Escandinávia, ao menos desde a Polônia. De fato, há apenas uma única fonte para essa história estendida da migração gótica, a *Getica*, de Jordanes, escrita na metade do século VI, centenas de anos após os eventos que se propõe a descrever. Outras fontes, literárias e arqueológicas, foram usadas para corroborar, corrigir ou complementar a narrativa de Jordanes, mas sua história da migração gótica surge em quase todos os tratamentos modernos do tema, conscientemente ou não. Entretanto, Jordanes, como veremos, além de não confiável, é profundamente enganoso. Para entender por que sua versão satisfatoriamente linear, mas nada plausível, é tão recorrente, precisamos saber por que a ideia de as raízes góticas chegarem às brumas da pré-história teve um papel tão importante na conceitualização do passado do norte europeu. Como veremos, nos últimos 500 anos, os godos foram parte indispensável para imaginarmos uma história do norte da Europa à parte do mundo greco-romano.

A Renascença do Norte e o Passado Germânico

Em 1425, o humanista italiano Poggio Bracciolini descobriu o único manuscrito medieval conhecido da *Germania,* de Tácito. A descoberta, e principalmente a primeira impressão do texto em Veneza por volta de 1470, foi um divisor de águas na busca de um passado nórdico, não romano e, em última instância, gótico. A *Germania* é um tratado sobre os povos e costumes da região equivalente à vasta área da Europa central além do Reno e do Danúbio, que de muitas formas eram um mistério para os romanos. Escrita talvez em 98 e baseada parcialmente em fontes mais antigas, a *Germania* usa a descrição dos germanos primitivos como um espelho para refletir os defeitos da Roma decadente e civilizada. Embora seja curta, a *Germania* deu várias ideias aos pensadores e historiadores modernos. Ela se inicia com um capítulo de etnografia, no qual Tácito afirma que os germanos não eram imigrantes, mas um povo puro e não contaminado por casamentos com outros povos. A isso segue uma longa descrição dos costumes germânicos e uma análise das diferentes tribos.

Para os estudiosos dos séculos XV e XVI, e para muitos outros desde então, os alemães modernos (ou *Deutschen,* como são chamados em sua própria língua) eram descendentes diretos dos *germani* de Tácito. Assim, a *Germania* ofereceu aos humanistas dos países de língua alemã um prospecto até então não sonhado: uma janela para a Antiguidade germânica em si, em vez de um mero adendo ao passado greco-romano. No século XV, o passado germânico só podia ser concebido como uma sombra da história de Roma, mas a descoberta de Tácito, que dizia serem os alemães raça pura, legitimou a busca por uma origem em separado, e levou a outros textos que pudessem chegar a um passado exclusivamente germânico. Os humanistas alemães usaram Tácito, autores como Jordanes, Gregório de Tours ou Einhard, e referências soltas a fontes clássicas como base para a extrapolação e invenção, o que permitiu a colocação de um passado germânico mais antigo e, portanto, independente do passado romano.

A Reforma acentuou o debate sobre os antigos germanos, já que a reação protestante alemã contra a Igreja Católica Romana da época permeava o debate da antiga resistência germânica ao Império Romano. Depois disso, o impacto crescente do colonialismo e imperialismo europeus também serviu para a mudança da percepção da Antiguidade nórdica, em grande parte porque encorajava novas ideias sobre a qualificação das civilizações em hierarquias. Nos séculos XVI e XVII, os europeus iniciaram contatos regulares com as culturas asiática e (especialmente) do Novo Mundo, as quais eram vistas como primitivas. Da mesma forma como o mito do "nobre selvagem" parecia ser validado pela pureza imaginada a respeito dos primitivos do Novo Mundo, não maculada pela decadência européia, também os antigos germanos se encaixavam no mito da nobreza e virtude moral primitiva. O fato de Tácito ter utilizado seus germanos para o mesmo propósito era um grande auxílio, e era fácil para moralistas e polêmicos extrapolar das virtudes primitivas dos germanos às modernas virtudes dos *Deutschen*. Entretanto, apenas com o surgimento do Romantismo no fim do século XVIII o estudo da Antiguidade germânica levou às questões que permeiam os debates acadêmicos de hoje.

O Romantismo e a Ascensão da Historiografia Moderna

Na segunda metade do século XVIII, o Romantismo tornou-se o principal paradigma intelectual dos pensadores e artistas de língua alemã. As ideias românticas sobre as qualidades intrínsecas de indivíduos e povos ajudaram a articular um senso de identidade nas regiões de língua alemã onde, diferentemente da França, Espanha e Grã-Bretanha, não havia um Estado-nação. Por esse motivo, a ideologia romântica foi parte inseparável do nacionalismo alemão durante os séculos XVIII e XIX. Em um dos mais férteis acidentes da História, o estudo rigoroso e profissional do passado se desenvolveu no mundo de língua alemã precisamente nessa época. A idéia de que a História é uma disciplina acadêmica com uma série de métodos analíticos apropriados remonta à Alemanha do início do século XIX, e está associada particularmente a Leopold von Ranke (1795-1886), que insistia no embasamento de afirmações sobre o passado em documentos e popularizou a nova abordagem de ensino por seminários. Conforme o modelo rankeano era adotado na Europa e a História se tornava disciplina das universidades de todo o continente, as ideias românticas sobre o passado, que estavam diretamente ligadas ao nacionalismo alemão, infiltraram-se no mundo acadêmico do século XIX. Em outras palavras, o Romantismo alemão ajudou a formar os conceitos básicos de como o passado histórico deve ser estudado durante os anos em que a História surgiu como uma disciplina acadêmica formal, como continua até hoje.

Herder, o *Volk* e a Filologia

A figura mais importante do Romantismo histórico foi Johann Gottfried Herder (1744-1803). Para Herder, o povo, ou *Volk*, era o ponto focal da História. O *Volk* não era uma entidade construída ou meramente política, mas um todo orgânico com uma identidade eterna expressa na língua, arte, literatura e em instituições características. Essas eram expressões do *Volksgeist*, o espírito único do *Volk*. O *Volksgeist* não podia ser modificado pela conquista ou por empréstimos de outras culturas, pois era essencialmente puro e imutável. A ênfase de Herder na língua como um marcador de identidade do *Volk* teve particular importância para o assunto deste livro. Ao mesmo tempo que a língua tomava o lugar principal dentre os muitos atributos do *Volk*, também assumia um lugar de importância a nova filologia científica que se desenvolvia, que chamamos agora de Linguística Histórica. De particular importância foi a descoberta de que muitas línguas correntes relacionavam-se umas com as outras e com outras que existiram mas não eram mais faladas. A ideia das famílias linguísticas que podiam ser colocadas em uma espécie de tabela genealógica combinava perfeitamente com a busca das origens nacionais. A comunidade linguística próxima – como, por exemplo, os vários membros da família linguística germânica – podia ser tratada como evidência para tipos mais profundos de comunidade política ou ideológica. Quando projetada ao passado distante, a evidência de comunidade linguística podia ser usada como evidência da ação política consciente na comunidade do passado.

Eram esses argumentos linguísticos que associavam os godos firmemente ao estudo do passado germânico. Como visto no último capítulo, nossas fontes antigas nunca consideravam os godos como germanos, mas como citas. No século XIX, entretanto, os filólogos descobriram que o gótico pertencia à família linguística germânica. Ela era não só parente do alemão moderno e medieval, mas também de outras línguas germânicas como o holandês, o inglês e as diferentes línguas escandinavas. Isso significava que os godos podiam ser anexados ao mundo dos germanos antigos com bases filológicas. Sendo isso possível, eles podiam também ter um papel central na história do *Volk* alemão. O ideal romântico de um único *Volk* ajudou a fornecer um quadro conceitual para a unificação política das regiões de língua alemã que foi efetuada por Otto von Bismarck em 1871. Com a criação de uma Alemanha unida, o estudo do passado nacional tornou-se ainda mais importante. O líder Armínio, que destruíra três legiões romanas na batalha da Floresta Teutoburger em 9 d.C., emergiu como o símbolo mais potente do espírito alemão eterno; nessa encarnação do nacionalismo moderno como o típico alemão, Armínio se tornou o objeto de um belo e famoso monumento, o Hermannsdenkmal, colocado nas proximidades de Detmold como tributo à nação alemã livre.[29]

O Estudo Pré e Pós-Guerra

Dada a importância do passado antigo dos germânicos para a formação da Alemanha moderna, não é surpresa que o passado tenha sido utilizado para justificar algumas das piores manifestações do nacional-socialismo alemão. A política externa nazista dizia que a pureza da raça germânica estava enraizada em um passado muito remoto.

---

29. Demonstrou-se que o verdadeiro local da batalha foi a aproximadamente 80 quilômetros de distância de Detmold, em Kalkriese.

A ampla distribuição dos antigos germânicos pela Europa poderia justificar a conquista dos vizinhos da Alemanha moderna como uma "reconquista" das terras do *Volk* alemão. A comprovação da natureza "germânica" da população original da Europa oriental – com base em textos antigos ou na arqueologia e na antropologia física – tinha uma importância política moderna. Por essa razão, os historiadores e os serviços arqueológicos seguiram a trilha da Wehrmacht, a força militar alemã, à medida que esta conquistava largas faixas da Europa. A história da migração gótica da Escandinávia para a Polônia báltica e a Ucrânia foi, por razões óbvias, um testemunho precioso do *Lebensraum* alemão. Hoje sabemos que para um historiador alemão na década de 1930 seria impossível não se associar ao regime nazista, da mesma forma que os historiadores soviéticos tinham de começar seus trabalhos com um capítulo obrigatório sobre a ortodoxia marxista antes do estudo propriamente dito. Como resultado, junto com grandes quantidades de disparate nacionalista e racista, alguns pilares da erudição moderna derivam da era nazista; por exemplo, ainda hoje não podemos estudar os godos ou quaisquer bárbaros da Antiguidade sem referência à segunda edição revisada do *Geschichte der deutschen Stämme* [História das Tribos Germânicas], de Ludwig Schmidt, escrito entre 1933 e 1942 em simpatia à ideologia nacionalista daquela era.

No período pós-guerra, os estudiosos de toda a Europa repudiaram conscientemente muitos dos aspectos nacionalistas visíveis do pré-guerra sobre o passado do norte europeu, analisando tribos bárbaras como construtos sociais, "comunidades imaginadas", e não imutáveis e imemoriais linhas de sangue. Com o desenvolvimento das instituições pan-européias na segunda metade do século XX, primeiro pelo Mercado Comum Europeu e depois pela União Européia, a abordagem, de acordo com a visão política moderna, tem como objetivo evitar a repetição dos desastres nacionalistas do início do século XX. Apesar desse distanciamento consciente, muitos aspectos dos estudos do pré-guerra sobre o passado germânico sobreviveram às discussões dos anos de 1950 e posteriores. As ideias sobre lordes germânicos, por exemplo, com seu foco no papel do líder aristocrático na formação do *Volk*, são proeminentes nos estudos pós-guerra de Walter Schlesinger, e influenciam até os mais recentes debates sobre a história dos bárbaros. Isso posto, é muito importante sermos claros sobre um ponto da história intelectual: reconhecer continuidades acadêmicas e intelectuais dos debates históricos do período anterior e da guerra não significa sugerir a continuidade da visão política ou das motivações. Não podemos deixar de firmar esse ponto, pois debates recentes sobre sociedades bárbaras e a origem gótica foram envenenados por crenças errôneas de que dar continuidade a estudos do pré e pós-guerra deve implicar continuidade política. Esse não é o caso. A continuidade intelectual é de importância fundamental, não por razões políticas, mas por mostrar que mesmo a mais consciente das obras modernas a respeito dos bárbaros se baseia nos velhos estudos que estavam enraizados em uma busca das origens germânicas. Os godos, e particularmente a história gótica de Jordanes, foram centrais para essa busca desde a Renascença, e grande parte da contínua dependência da obra de Jordanes tem suas raízes nessa tradição. Infelizmente, como veremos, a história de Jordanes não pode suportar o peso que lhe é imposto.

O Problema de Jordanes

Desde a primeira impressão da história gótica de Jordanes, em 1515, pelo humanista Conrad Peutinger, que foi até a oitava edição só no século XVI, ela permaneceu como o núcleo a partir do qual devem começar todos aqueles que querem criar uma única e longínqua linha da história gótica. Nenhuma outra fonte sugere que os godos tiveram uma história antes do século III, e, se a *Getica* não tivesse sobrevivido, o estudo sobre os bárbaros pré-medievais não teria se desenvolvido dessa forma. De certo modo, a *Getica* de Jordanes nada mais é do que a mais antiga manifestação do impulso de dar um passado não romano a não romanos, o mesmo impulso de muitas histórias que seguiram os passos de Jordanes.

Não sabemos nada sobre o autor e seu trabalho além daquilo que nos diz: Jordanes era filho de Alanoviamuth e neto de Paria, assessor do líder bárbaro Candac. Antes de ser convertido ao Cristianismo, Jordanes foi assessor de um general bárbaro a serviço do império, um certo Gunthigis, também conhecido como Baza. Os nomes dos parentes do autor são claramente bárbaros, e ele pode afirmar ser de origem gótica, dependendo da leitura que fizermos de uma difícil passagem na *Getica*.[30] Nada em seus escritos remanescentes sugere simpatia à ascendência gótica, e seu ponto de vista é inteiramente cristão e imperial. Jordanes escreveu duas obras que ainda existem: a *Romana,* ou "História Romana", e a *Getica,* o título curto aceito para seu *De origine actibusque Getarum,* "Sobre a origem e feitos dos godos". Ele escreveu em latim em Constantinopla, como muitos de seus contemporâneos na capital do Império Romano do Oriente. Sua *Getica* foi escrita após o ano 550, data da última alusão visível no texto, mas não sabemos quanto tempo depois. Sua autoria foi durante o império de Justiniano (r. 527-565), que lançou guerras sangrentas de (re)conquista contra três reinos bárbaros que se desenvolveram no antigo Império Romano do Ocidente durante o século V. Enquanto Jordanes escrevia, o reino vândalo da África havia sido destruído pelas tropas imperiais e o reino gótico na Itália estava perto da aniquilação, endossada pela *Getica*. Mas, apesar da clara perspectiva pró-imperial de Jordanes, há muito se considera que sua ascendência gótica nos oferece uma visão privilegiada da mente e do antigo passado góticos. Essa suposição infeliz é compreensível, mas é complicada ainda mais pela história textual da *Getica*.

Jordanes e Cassiodoro

Jordanes dedica sua obra a Castálio, que havia lhe pedido que resumisse uma história gótica muito maior, agora perdida – os 12 livros escritos pelo nobre romano Cassiodoro.[31] Cassiodoro servira como prefeito pretoriano dos reis ostrogodos da Itália, antes de deixar a causa gótica e exilar-se em Constantinopla por volta de 540. Antes de 533, em sua posição de chefe *littérateur* na corte gótica do rei Teodorico (r. 489-526) e de seu sucessor, Cassiodoro escreveu sua história gótica. Como apropriado ao trabalho de um cortesão leal, o ápice da história era Teodorico e sua dinastia Amal, e demonstrava uma linhagem contínua de reis godos até o grande Teodorico. Nada resta da história original

---

30. Jordanes, *Getica* 316.
31. Jordanes, *Getica* 1.

de Cassiodoro. Apenas a obra de Jordanes sobreviveu, mas sua relação com a de Cassiodoro é controversa. O próprio autor conta ter tido três dias de acesso à história de Cassiodoro quando lhe foi permitida a leitura pelo mordomo da residência da família. Ao compor a *Getica*, ele não tinha uma cópia do obra de Cassiodoro e precisou trabalhar a partir de sua memória. Jordanes afirma que, apesar de não reproduzir as palavras de Cassiodoro, cita seu argumento e a substância factual do relato. Por outro lado, ele também diz ter adicionado uma introdução e uma conclusão, muitos fatos de seus próprios estudos e dados adicionais de fontes gregas e latinas.[32]

Qual é a proximidade entre Jordanes e Cassiodoro? Diversos autores do século VI, como o grego Zósimo, que provavelmente escreveu pouco antes de Jordanes, não fizeram nada além de juntar trechos de autores anteriores em suas próprias narrativas. Jordanes diz não ter feito isso, mas talvez não devamos acreditar. Talvez sua *Getica* não seja mais do que uma pálida sombra da história perdida de Cassiodoro. Se assim for, e se tivermos acesso a Cassiodoro por meio de Jordanes, estaremos repentinamente na órbita do maior rei bárbaro do século VI, e talvez ligados às tradições e memórias de sua família e sua corte. A relação entre Jordanes e Cassiodoro é de real importância; se se quer acreditar nas histórias da origem e migração gótica que se encontram em Jordanes, então se deve transformá-lo em pouco mais do que um conduíte de Cassiodoro. Jordanes, é claro, relata todo tipo de histórias sobre os godos, localizando suas origens cerca de 2.030 anos antes dele, e ligando-as à história bíblica, grega, romana e do Oriente Próximo em uma mistura bizarra de diferentes fontes. A maior parte dessas histórias é de pouco interesse para os estudiosos desde a Renascença; ninguém tentou provar a historicidade do casamento de Felipe da Macedônia com Medopa, a suposta filha de um hipotético rei gótico Gudila.[33] Pelo contrário, há apenas uma história em Jordanes à qual os estudiosos se apegaram por séculos: a narrativa da migração gótica da Escandinávia, "como se de um útero de nações".[34]

Uma das várias histórias conflitantes sobre a origem relatada por Jordanes nos diz que os godos deixaram "Scandza" em três barcos e

---

32. Jordanes, *Getica* 2-3.
33. Jordanes, *Getica* 65.
34. Jordanes, *Getica* 25: *velut vagina nationum*.

migraram através do Báltico sob o rei Berig. Então Filimer, talvez o quinto rei depois de Berig, conduziu o exército dos godos do Báltico para a Cítia, perto do Mar Negro.[35] Depois disso, Jordanes começa a mencionar nomes conhecidos de fontes gregas e latinas mais próximas aos eventos que registram, mas estes são misturados com toda espécie de material pseudo-histórico e lendário, e a cronologia mencionada por Jordanes é impossível de um ponto de vista coerente. O importante para o autor era utilizar todas as histórias de tantas fontes diferentes e formar uma única narrativa linear da história gótica, na qual o heroísmo gótico e sua força fossem efetivamente imbatíveis até Justiniano. Ele situa o início da relação dos godos com o Império Romano nos tempos de Júlio César e interpreta a narrativa dessas relações em termos legais do século VI como uma série de tratados oficiais entre os godos e o imperador, que eram repetidamente quebrados por um ou outro e então renegociados.[36] A história gótica da Escandinávia ao Mar Negro, aos Bálcãs e até a Itália é o trecho da narrativa de Jordanes que os estudiosos modernos se esforçaram para defender. Fornecendo uma narrativa contínua da história gótica que precede a da Grécia e de Roma, a *Getica* de Jordanes foi tão preciosa aos humanistas nórdicos quanto a *Germania* de Tácito. Para eles e para os nacionalistas modernos, ambas provaram a antiguidade da identidade germânica. Hoje, os estudiosos repudiam objetivos tão explicitamente nacionalistas, mas sua contínua relutância em descartar as narrativas de origem e migração reside em uma atitude similar em relação à evidência de um passado gótico anterior ao contato com o Império Romano.

"Etnogênese"

Mesmo hoje, alguns estudiosos proeminentes defendem a posição de que o testemunho de Jordanes é uma fonte histórica válida e um repositório das tradições étnicas góticas. Tais argumentos estão geralmente embutidos nas discussões da "etnogênese", um neologismo emprestado das ciências sociais americanas, mas agora utilizado para

---

35. Jordanes, *Getica* 25-28.
36. Por exemplo, Jordanes, *Getica* 68, em que a conexão é mais explícita.

o "vir a ser" de um grupo étnico bárbaro e associado ao historiador vienense Herwig Wolfram. Ele e seus seguidores argumentam que a etnia bárbara não foi fruto de comunidades de ascendência genuína, mas de *Traditionskerne* ("núcleos de tradição"), pequenos grupos de guerreiros aristocratas que levavam tradições étnicas consigo de parte a parte e transmitiam a identidade étnica de geração a geração; grupos étnicos maiores agrupavam-se e dissolviam-se em torno desses núcleos de tradição em um processo contínuo de transformação ou reinvenção étnica: etnogênese. Por esse motivo, as identidades étnicas bárbaras eram fugidias, disponíveis livremente para ser adotadas por aqueles que quisessem participar delas. Parte desse modelo teórico não é novo: mesmo os historiadores nacionalistas do início do século XX sabiam que a composição das tribos bárbaras fluía e se subdividia de acordo com o sucesso ou o fracasso, de forma que o laço de sangue que supostamente as mantinha juntas era parcialmente ficcional. O papel das famílias de nobres na formação do *Traditionskern* é igualmente um eco dos estudos pré-guerra sobre a nobreza. Por outro lado, o impacto do viés vienense foi enorme e sua ampla aceitação por um público de não especialistas fez com que parecesse mais atrativo do que é de fato. Até recentemente, a literatura e o material didático popular sobre os bárbaros foram dominados por um viés essencialista da etnia bárbara: cada grupo étnico era uma "tribo" (*Stamm*, em alemão), a qual possuía características essenciais que, por sua vez, constituíam suas diferenças evidentes em relação a outras tribos e faziam sua história contínua e única. Partidários da teoria etnogenética, cuja pesquisa foi desenvolvida com frequência nos simpósios pan-europeus, geralmente defendem que ela é a única alternativa ao estudo racista e nacionalista que afligiu as gerações passadas. Apesar do exagero, a teoria etnogenética certamente eliminou a visão essencialista da identidade bárbara tribal, o que é um excelente resultado.[37]

Por outro lado, a teoria etnogenética permitiu a manutenção da historicidade das histórias migratórias de Jordanes, tratando-as não como uma migração tribal, mas como a memória étnica de um pequeno grupo de nobres, em particular a família Amal, de Teodorico. O único

---

37. A obra mais sutil e importante a emergir dessa escola de pensamento é Walter Pohl, "Aux origines d'une Europe ethnique. Transformations d'identités entre Antiquité et Moyen Âge", *Annales HSS* 60 (2005), p. 183-208.

tratamento recente da história gótica que discorda da escola de Viena e de seu foco nas tradições aristocráticas é o de Peter Heather. Entretanto, ele também aceita a historicidade básica da narrativa migratória, interpretando-a como evidência da migração em larga escala de uma população gótica livre cujo tamanho era tal que sua "goticidade" era compreendida amplamente pelos homens godos adultos. Dessa forma, tanto para Heather quanto para Wolfram, assim como para muitas gerações acadêmicas anteriores, a história dos godos se inicia em uma distante terra nórdica, afastada da fronteira romana, de onde a migração ou "processos étnicos" trouxera os godos ou a identidade gótica aos limites do mundo romano. Para ambos, portanto, a narrativa de base é a de Jordanes.

O Método Histórico e a História Gótica de Jordanes

Mas quanto devemos confiar em Jordanes? Ele é mais confiável a respeito de eventos longínquos do que outros autores bizantinos do século VI? Em caso afirmativo, suas histórias da migração nórdica são mais confiáveis do que a origem dos godos que parte do Gog e Magog bíblico? Os ancestrais bíblicos eram aceitos por escritores gregos e latinos a partir do século IV, e o próprio Jordanes se refere a isso.[38] Por que a história da migração de Jordanes deveria ser mais crível do que sua narrativa sobre o rei egípcio Vesosis, que declarou guerra ao rei gótico Tanausis, derrotando-o e perseguindo-o até o Nilo?[39] Juntamente com muitas outras mudanças em nosso entendimento dos textos históricos antigos, as últimas duas décadas testemunharam a percepção de que precisamos tomá-los como um todo, em seu contexto e na íntegra. Não podemos simplesmente escolher parte da evidência oferecida por um texto por parecer plausível ou "histórica". Precisamos, em vez disso, demonstrar por que, no contexto em que surge, uma evidência em particular é autêntica.

---

38. Jordanes, *Getica* 29.
39. Jordanes, *Getica* 47.

Não há como fazer isso com as histórias de origem em Jordanes. É possível que ele, por meio de Cassiodoro, tivesse acesso a histórias genuínas contadas pelos godos do século VI sobre seu passado distante; é também possível que essas histórias tenham chegado a Jordanes por um misterioso historiador mencionado por ele, chamado Ablábio, do qual não temos documentos sobreviventes.[40] É provável *a priori* que os godos contassem essas histórias, e esse fato provavelmente se confirma pela menção explícita de Jordanes das antigas canções góticas.[41] Contudo, mesmo que qualquer uma dessas linhas de transmissão seja real e que os godos do século VI acreditassem genuinamente na migração do norte, isso não a torna verdadeira – não mais do que a famosa história de Rômulo e Remo, já que os romanos do século III a.C. acreditavam nela. Como demonstrado por modernos estudos antropológicos, a transmissão oral pode preservar partes de dados históricos precisos, mas o contexto em que isso acontece é sempre distorcido. Sem meios de controle exterior, não podemos dizer qual elemento de uma história transmitida oralmente pode ser verdadeiro. Na maioria das vezes, como aqui, o controle externo simplesmente não existe.

Assim, não há justificativa na utilização da *Getica* de Jordanes como a base narrativa de nossos próprios estudos góticos. Uma das diferenças mais importantes entre o presente livro e outros estudos recentes da história gótica é a avaliação de Jordanes nos mesmos termos de outros escritores bizantinos do século VI. Percebemos desse modo que ele tem informações e um entendimento muito limitados dos eventos dos séculos IV e V, em particular daqueles da parte ocidental do império. Quando podemos descobrir a fonte de um fragmento em particular de Jordanes ou quando sua evidência é corroborada por outro documento, podemos utilizá-la com a devida cautela. Esse é o caso, por exemplo, dos líderes godos Argait e Guntérico, que saquearam Marcianópolis, como mencionado no Capítulo 1: a informação quase certamente deriva do confiável historiador Déxipo, do século III, e a modificação dos nomes dos líderes é confirmada em um texto do século IV, a *Historia Augusta*, também baseada em Déxipo. Nessas circunstâncias, não pode

---

40. Jordanes, *Getica* 28.
41. Jordanes, *Getica* 43.

haver muitas objeções em aceitar a evidência de Jordanes como autêntica. Mas, enquanto Jordanes é nossa única voz e não há evidência de fonte confiável, devemos deixá-lo de lado. Este é o caminho da cautela a respeito das histórias da migração gótica, que se apoiam unicamente em Jordanes. Nenhuma outra fonte torna essa longa história gótica provável.[42] Em vez de migrantes do norte distante, é mais provável que os godos que entraram na história imperial no início do século III foram um produto das circunstâncias da fronteira imperial.

Como vimos no último capítulo, bárbaros poderosos tendiam a surgir nas fronteiras romanas em resposta à existência do império, como uma função das mudanças que uma cultura complexa e imperial pode estabelecer em culturas vizinhas menos estratificadas socialmente e menos avançadas tecnologicamente. Essas foram as forças sociais que criaram as coalizões de francos e alamanos ao longo do Reno e no alto Danúbio no século III, e sugerimos que os godos do baixo Danúbio devem ser entendidos da mesma forma. Antes de tratarmos essa questão mais detalhadamente, precisamos considerar as diferenças entre os godos ou qualquer outro grupo bárbaro em relação aos demais. Precisamos pensar em particular nas formas com as quais tanto gregos quanto latinos e mesmo nós "percebemos as diferenças", como Walter Pohl coloca.[43]

Identidade Bárbara: a Etnografia Greco-Romana

Como diferenciamos godos de francos ou alamanos de sármatas? Como os romanos o faziam? Em termos mais abstratos, como uma pessoa e aqueles com que em ela se identifica se diferenciam de outro povo com o qual eles não se identificam? A definição dessas diferenças era um assunto muito importante para escritores gregos e romanos; para eles, a etnografia, a descrição literária de não gregos e não romanos, era um

---

42. Os gotones mencionados em Tacitus, *Germania* 44.1, e localizados onde hoje é a Polônia não seriam considerados godos se as histórias da migração de Jordanes não existissem.
43. W. Pohl, "Telling the diference: signs of ethnic identity", in W. Pohl e H. Reimitz (eds.), *Strategies of Distinction: The Construction of Ethnic Communities, 300-800*. Leiden: 1998, p. 17-69.

gênero tão conhecido que Virgílio pôde parodiá-lo no livro quarto das *Geórgicas* com a etnografia poética das abelhas. Estudiosos modernos, ao tentar explicar a miríade de nomes de povos, têm dificuldades para entender os critérios com que os antigos escritores os diferenciavam e estabelecer critérios para poder fazer o mesmo. Dessas questões surge uma terceira: como os diferentes povos que conhecemos em nossas fontes se diferenciavam de seus vizinhos? Essa questão é muito mais difícil, pois nenhum dos povos ao norte do mundo greco-romano deixou fontes escritas de onde podemos obter essas informações. A arqueologia, usada para esse propósito, pode nos dar respostas, mas, como observaremos, extrair a etnicidade ou a identidade de grupos com base em evidências arqueológicas é muito difícil na maioria das circunstâncias. Vamos olhar as fontes literárias primeiro.

As três palavras que as fontes greco-romanas usam mais frequentemente para descrever grupos bárbaros são *gens, natio* e *ethnos* (no plural, *gentes, nationes* e *ethne*), sendo as duas primeiras do latim e a terceira do grego. Teoricamente, em termos etimológicos, a palavra *gens* se refere primariamente à família estendida e *natio*, a uma comunidade de *gentes,* mas na prática elas eram intercambiáveis, e seu equivalente grego era *ethnos*. Não existe uma palavra moderna que seja boa para descrever nenhum dos três termos. "Tribo" (equivalente no alemão moderno a *Stamm*) é útil, pois implica um senso de comunidade e talvez de relações de sangue (reais ou fictícias), mas também conota o primitivo de forma que só a palavra latina *gentes* nos dá (e mesmo assim só no plural quando usada para não romanos). "Povo" poderia funcionar, mas ela implica um sentido político que não existe em grego ou em latim. "Nação" ou "raça" têm uma conotação muito moderna para nos servir. Os estudiosos modernos fixaram o termo "grupo", sem graça mas propositalmente neutro, como o modo mais seguro de traduzir *gens, natio* e *ethnos* no contexto dos antigos bárbaros. Isso é muito sensato, pois evita implicações não intencionadas de características políticas e culturais. Por outro lado, é importante que saibamos que as fontes gregas e romanas a partir das quais nos guiamos usam essas palavras para designar um grupo coerente e inter-relacionado de não gregos e não romanos que podem ser identificados como diferentes e que têm um sentimento de pertencimento por realmente fazerem parte de um grupo. Em outras palavras, os gregos e os romanos não tinham nossas preocupações conceituais sobre a natureza da existência dos grupos de bárbaros; eles se preocupavam em como diferenciá-los.

Um Espelho Distorcido:
Interpretatio Romana

Todas as nossas evidências sobre a diferenciação dos grupos bárbaros são filtradas pela percepções greco-romanas das diferenças dos não gregos e não romanos. Esse filtro é chamado por estudiosos de *interpretatio romana*, a "interpretação romana" ou talvez distorção romana da realidade bárbara que ela afirma relatar. A *interpretatio romana* traz grandes dificuldades, em parte porque uma disjunção cognitiva principal está no coração do pensamento etnográfico greco-romano. Por um lado, gregos e romanos pensavam que os bárbaros eram fundamentalmente iguais. A própria palavra "bárbaro" pode ser uma onomatopéia para descrever os sons que saíam das bocas de bárbaros – um som animalesco, e não uma língua, que era especialmente preservada pelos gregos.[44] Os bárbaros não tinham uma língua, então eram todos iguais. Mas não eram: a etnografia, de fato, existia para diferenciá-los; ela se propunha a abstrair do "outro" universal, que eram os bárbaros, um conjunto de *gens* ou *ethne* que organizava o mundo além da civilização. Apesar de os generais romanos terem muita experiência prática e algumas vezes informações bem detalhadas sobre os vizinhos com quem tinham de lutar, a tradição etnográfica não estava tão preocupada com tais assuntos práticos quanto com abstrair a realidade em categorias analíticas. Essas categorias poderiam organizar a experiência da realidade de onde elas derivavam. Para esse propósito, os escritores gregos e romanos tinham uma série de critérios que podiam ser utilizados para identificar as diferenças entre bárbaros vizinhos ou súditos. Os principais critérios eram o modo de

---

44. Mas a palavra grega pode ser na verdade um empréstimo do sumério: Jonathan Hall, *Hellenicity: Between Ethnicity and Culture*. Chicago: 2002, p. 112.

se vestir, as armas ou os estilos de lutas tradicionais, hábitos sexuais e papéis dos sexos, religião e, talvez o mais importante, a língua.

Infelizmente, cada um desses critérios classificatórios trazia problemas interpretativos aos etnógrafos antigos, porque nenhum deles era infalível no diagnóstico da diferença étnica. Havia, por exemplo, mais *gentes* do que línguas; havia menos estilos de lutas do que povos que os utilizavam. E, nas artes, será que não se usava um conjunto de roupas estereotípicas dos bárbaros para representar qualquer um deles? Os monumentos de vitórias tinham ícones em que o observador podia ver claramente os bárbaros, sejam barretes "frígios", calças para germanos e persas ou o nó alto de cabelo suevo. Os antigos escritores sabiam que as classificações eram problemáticas. Por essa razão, mesmo acreditando que essas categorias serviam para separar um *gens* de outro, os autores greco-romanos também usavam classes etnográficas como conjuntos existenciais amplos, aos quais novos grupos de bárbaros encontrados poderiam ser colocados conforme a necessidade, de acordo com o critério classificatório que parecesse empiricamente mais adequado no momento. Categorias como germanos, celtas ou citas eram bem amplas e suas definições, abertas a discussões. Por exemplo, levou-se um longo tempo para que a distinção entre germânicos e celtas fosse aceita em geral pelos autores greco-romanos, pois por muitos anos esses dois povos foram regularmente considerados como sendo o mesmo. Novamente, enquanto Déxipo, no século III, podia classificar os alamanos como citas, nenhum autor do século IV faria o mesmo, pois os alamanos eram claramente fixados como germanos nessa época.[45] Para nós, isso significa um constante confronto com as limitações de nossas fontes greco-romanas sobre os bárbaros. Essa crença em um tipo de bárbaro eterno explica a constante identificação dos godos como sendo os citas de Heródoto, e também por que os autores do século IV livremente combinam os bárbaros das poesias, como os cimérios e gelonianos, com os muito reais iutungos e francos de seus dias.

Essas contradições conceituais, ou disjunções cognitivas, estão presentes em todos os documentos, e, por serem tudo o que temos, interpõem-se como uma barreira entre nós e os bárbaros. Não sabemos

---

45. Dexippus, frag. 6.1 (Jacoby) = 24 (Müller); Zosimus, *HN* 1.37.2, derivado de Dexippus.

se essas categorias greco-romanas significavam algo para os povos nelas classificados. No caso de metacategorias como germanos ou citas, a resposta, até onde podemos dizer, é não. Nada em nossas fontes, mesmo filtradas pela *interpretatio romana*, sugerem que os germanos da época de fins do império sentiam qualquer laço de irmandade entre si, ou que godos e sármatas, ambos citas em nossas fontes, sabiam de similaridades entre si. Temos ainda menos certeza nos etnônimos mais específicos: iutungos, iáziges ou tervíngios, por exemplo, que parecem designar grupos que apresentavam um senso de parentesco e, por isso, agiam em conjunto. Diferentemente dos germanos e citas, os nomes desses grupos menores podem ter sido gerados por eles mesmos, e não impostos pelos gregos e romanos.

Entretanto, mesmo sendo verdade, o fato não nos diz muito sobre como se constituía um senso de identidade dentro de um grupo ou entre grupos bárbaros. Como os tervíngios se diferenciavam dos greutungos, já que ambos aparecem como divisões políticas dos godos no século IV? Em outras palavras, podemos saber que critérios de identidade e alteridade os próprios bárbaros usavam? A língua deve ser certamente um fator importante em criar um senso de alteridade. Apesar da enraizada convicção do século XIX que pertencer à mesma família linguística produz alguma espécie de identidade comum, muitas *gentes* diferentes falavam línguas mutuamente inteligíveis para que isso contribuísse muito para uma identidade. A religião pode ter sido mais significativa; alguns etnônimos, por exemplo o dos suevos, podem não ter se referido originalmente a unidades políticas ou de parentesco, mas a uma variedade de grupos que compartilhavam locais sagrados de cultos. Infelizmente não temos quase nenhum acesso a vestígios autênticos de religiões bárbaras, certamente não o bastante para interpretar que função elas tinham na definição dos limites de identidade e alteridade. E as vestimentas, que sempre tiveram um papel importante para demonstrar a identidade? Exatamente por serem automaticamente visíveis, as vestimentas podem ter uma função emblemática para aqueles capazes de interpretar o que um item particular, ou uma combinação de itens, significa. Gregos e romanos conheciam muito bem sua importância, sendo proibido por lei o uso de roupas "bárbaras" em certos lugares – por exemplo, o banimento de calças na cidade de Roma em 397 d.C.⁴⁶ Contudo, se tentarmos ir do reconhecimento de que as roupas podiam ser usadas para a diferenciação a uma análise de como isso ocorria, encontramos uma das questões mais controversas dos estudos sobre a Antiguidade tardia e a Alta Idade Média: o que evidências arqueológicas podem nos informar sobre a identidade, e mais especificamente sobre a identidade étnica?

Arqueologia, Identidade e Etnicidade

Os restos materiais das regiões de fronteira são fontes extremamente valiosas da história social dos bárbaros, como ficará claro no próximo capítulo, mas são muito menos úteis como provas de divisões étnicas antigas. Embora esse fato tenha sido demonstrado em muitos trabalhos, teóricos e práticos, ele contradiz mais de um século de trabalhos acadêmicos. A correlação de tipos específicos de evidências materiais com grupos particulares de bárbaros citados em fontes literárias foi, e continua sendo, uma prática normal, assim como traçar as migrações mediante artefatos. A origem desses enfoques vem do início do século XX, particularmente associada ao arqueólogo Gustav Kossinna, e está na base dos trabalhos de outros grandes arqueólogos do *barbaricum* europeu, como Hans Zeiß e Joachim Werner. A *Siedlungsarchäologie* ("arqueologia de povoamento") de Kossinna postulava que culturas arqueológicas materialmente homogêneas poderiam ser relacionadas com grupos étnicos atestados em nossas fontes literárias e com os grupos linguísticos definidos pelos filólogos. A mudança de culturas materiais deveria, portanto, ser considerada como a movimentação dos povos. A rigidez do enfoque de Kossinna foi muito repudiada, mas sua influência está por toda a parte. Uma crença disseminada que em última instância tem suas raízes nessa tradição era a de que os próprios artefatos possuíam etnicidade: que uma forma particular de broche é gótica, outra vândala, e onde podemos encontrar tais broches localizamos godos e vândalos. Essa "atribuição étnica" – imbuir artefatos materiais de identidade étnica – ainda paira sobre o estudo arqueológico sobre os bárbaros, assim como a designação de complexos de evidência material com nomes étnicos

---

46. *Codex Theodosianus* 14.10.2.

tirados da evidência literária. A atribuição étnica é o que permite a alguns estudiosos afirmar que a migração gótica de Jordanes é visível na evidência arqueológica.

Infelizmente, agora definitivamente se demonstrou que os artefatos não possuem etnicidade dessa maneira.[47] Seja em cemitérios, de onde a maior parte de nossos artefatos provém, ou nos restos de povoamentos bárbaros, a evidência material nos diz muito a respeito das relações sociais verticais, entre diferentes níveis de *status* de uma sociedade, mas muito menos sobre as relações horizontais entre grupos étnicos ou linguísticos de identidades distintas. Portanto, enquanto é comparativamente fácil caracterizar as diferenças verticais dentro de uma única coleção arqueológica, tais como casas maiores e melhores itens funerários, a definição por contraste a outros é muito mais difícil. É um processo inteiramente artificial selecionar diversas características, como o posicionamento de armas em enterros, formas particulares de broches ou técnicas de construção, e afirmar que elas sejam o diagnóstico, separadamente ou em combinação, de uma cultura arqueológica em particular. A seleção de características definidoras pode ser um problema em si, pois há sempre o perigo de considerar como características diagnósticas aquelas que são na verdade bastante difundidas. Mesmo que evitemos esse perigo, ainda estamos fazendo outra afirmação problemática: a de que as características que selecionamos são as mesmas que os contemporâneos dos artefatos teriam considerado como definidoras de sua identidade ou alteridade. Tal afirmação nunca é possível em termos arqueológicos puros. Embora possamos ter certeza de que certos tipos de vestimenta eram usados como emblemas de identidade e alteridade, de pertencimento ou de exclusão, precisamos da voz humana do passado para nos dizer quais itens comunicavam o senso de identidade e como o faziam. Como visto, a única voz humana que existe de nossos bárbaros do final da Antiguidade é a da *interpretatio romana*, que é tão estranha à perspectiva bárbara quanto nós. Por essa razão, não podemos ter certeza de

---

47. S. Brather. *Ethnische Interpretationen in der frühgeschichtlichen Archäologie: Geschichte, Grundlagen und Alternativen*. Berlin: 2004. Para uma curta introdução em inglês das ideias desenvolvidas detalhadamente no livro de Brather, veja seu "Ethnic identities as constructions of archaeology: the case of the *Alamanni*", in Andrew Gillett (ed.), *On Barbarian Identity: Critical Approaches to Ethnicity in the Early Middle Ages*. Turnhout: 2002, p. 149-176.

que nossas culturas arqueológicas realmente representam algo além de nossa própria seleção de restos mortais, que de fato identificam um senso de identidade cultural que seus contemporâneos pudessem reconhecer. Consequentemente, arriscamos investir a evidência material de um significado histórico que ele não possui intrinsecamente, ou seja, arriscamos tornar um conjunto abstrato de marcas materiais que nós mesmos selecionamos em um grupo historicamente real de humanos aos quais então atribuímos uma identidade coletiva ou ações coletivas. Esses riscos intrínsecos só são exacerbados quando traçamos uma conexão entre cultura arqueológica e um grupo histórico presente em nossas fontes.

Os Godos e a Cultura Sântana-de-Mureş/Černjachov

Algumas vezes é possível, claro, estabelecer uma conexão legítima entre a evidência material e os bárbaros de nossas fontes gregas e latinas. Se uma cultura material datada corretamente estiver presente de forma ampla em uma região na qual nossas fontes localizam determinado grupo étnico por um período de tempo substancial, podemos dizer com alguma certeza que esse grupo tinha aquela cultura material. Contudo, a correspondência nunca é absoluta. Todas as zonas de cultura arqueológica que conhecemos estendem-se por regiões nas quais as fontes literárias descrevem mais de um grupo étnico ou político. Em outras palavras, uma cultura material nunca é idêntica aos agrupamentos étnicos que encontramos nas fontes escritas. O melhor exemplo dessa posição teórica, de fato, são os próprios godos. Sabemos que eles surgiram nas fontes literárias da época nas primeiras décadas do século III e que, na companhia de vários outros grupos, ameaçaram a paz no império a partir de bases na região ao norte e a oeste do Mar Negro. Como veremos no próximo capítulo, no princípio do século IV, os godos haviam certamente se tornado o grupo mais poderoso da região. Na mesma região, aproximadamente entre a Volínia ao norte, os Cárpatos a oeste, o Danúbio e o Mar Negro ao sul, e o Donets a leste, uma única cultura arqueológica é visível entre o final do século III até o início do século V. Essa cultura arqueológica é conhecida como cultura Sântana-de-Mureș/Černjachov e é razoavelmente bem datada em termos arqueológicos. Ou seja, a região onde os godos foram dominantes se situava dentro dessa zona cultural. Isso significa que podemos usar a evidência sócio-histórica dessa cultura material para ajudar na descrição das estruturas sociais e relações econômicas dos godos do século IV, como veremos no próximo capítulo.

Migração Gótica na Evidência Arqueológica

Mas a identificação permite que façamos mais do que isso? Por exemplo, a identificação da cultura Sântana-de-Mureș/Černjachov com os godos do século IV permite que encontremos os godos em outras regiões? Muitos arqueólogos e historiadores responderiam que sim. O argumento foi colocado mais explicitamente por Volker Bierbrauer: a cultura arqueológica de Sântana-de-Mureș/Černjachov é gótica; algumas de suas características – tipos de broches e de cerâmica, uma tendência de não deixar armas em túmulos – são similares àquelas da cultura Wielbark, que se centrava no rio Vístula e durou dos séculos I a IV; a cultura Wielbark deve, portanto, ser gótica. Adicionalmente, sendo gótica a cultura Mureș/Černjachov, e porque alguns artefatos associados a ela aparecem dentro das fronteiras do Império Romano, esses artefatos devem representar o movimento dos godos do Danúbio à Itália, e então à Gália e à Espanha. O modelo de atribuição étnica de Bierbrauer é simplista e extremo, mas apenas por ser articulado tão claramente.[48] Infelizmente, muitos outros arqueólogos e historiadores aceitam suas premissas principais sem reconhecê-lo. Mesmo Peter Heather, o mais sutil dos intérpretes modernos da história gótica, menciona "trabalhar em direção ao passado" a partir da cultura Sântana-de-Mureș/Černjachov em direção aos estágios mais antigos da arqueologia "gótica".[49] Duas considerações distintas, uma prática e outra teórica, tornam essa abordagem impraticável.

---

48. Por exemplo, V. Bierbrauer, "Archäologie und Geschichte der Goten vom 1.-7. Jahrhundert, *Frühmittelalterlichen Studien* 28 (1994), p. 51-172.
49. P. Heather, *The Goths*. Oxford: 1996, p. 19.

Primeiro, a cultura Sântana-de-Mureş/Černjachov é extremamente diversificada. Como veremos no próximo capítulo, os artefatos, as técnicas de construção e as práticas funerárias encontradas na zona de Sântana-de-Mureş/Černjachov têm paralelos com as tradições culturais anteriores presentes na mesma zona, com a cultura provincial romana, com as culturas Wielbark e Przeworsk a norte e oeste, e com as culturas das estepes do leste. Os elementos de Wielbark na cultura Sântana-de-Mureş/Černjachov não são mais numerosos do que outros elementos, de forma que não há razão arqueológica para privilegiá-los. Mesmo que os artefatos de Wielbark fossem dominantes na zona de Sântana-de-Mureş/Černjachov, eles não necessariamente teriam o mesmo significado em ambos os lugares: os artefatos podem variar radicalmente de significado se transportados de um lugar para outro. Mais importante, a proximidade das conexões entre os artefatos das duas culturas não é tão grande quanto se costuma afirmar. Na verdade, o principal ponto de interseção não é o de artefatos específicos, mas o fato de que os enterros de armas são inexistentes na zona de Wielbark e raros na zona de Sântana-de-Mureş/Černjachov. Em termos puramente lógicos, uma característica negativa é prova menos convincente de semelhança do que uma característica positiva, e o fato de que enterros de armas são mais comuns onde a investigação arqueológica foi mais intensa sugere que nossa base de evidências é pouco representativa. Isso posto, por que a conexão Wielbark-Sântana-de-Mureş/Černjachov parece tão evidente a tantos estudiosos? Uma resposta é uma velha metodologia que busca explicar mudanças na cultura material pela referência à migração. A outra é Jordanes.

Teorias de Migração *versus* Difusão

O problema metodológico é antigo. No início do desenvolvimento da Arqueologia como disciplina científica, era normal entender as mudanças culturais como o resultado da conquista ou do deslocamento de uma tribo ou povo e a substituição da cultura material pela nova. Esse paradigma interpretativo remonta em parte ao estudo nacionalista do *Volk*, que já comentamos, em parte à preocupação de nossas fontes históricas antigas com a invasão, migração e conquista, e em parte à atribuição de Kossinna de culturas materiais fixas e definidas a agrupamentos etnopolíticos. Durante as décadas de 1970 e 1980, certos teóricos da Arqueologia reagiram radicalmente a tais teorias de migração. Partindo da simples e óbvia observação de que a cultura material de um local pode mudar radicalmente sem quase qualquer mudança populacional, esses arqueólogos procuraram explicar a mudança nas culturas arqueológicas pela referência à difusão de materiais e ideias em vez da migração. A teoria difusionista se tornou e permanece sendo a norma, particularmente entre os arqueólogos britânicos.

Por outro lado, a teoria difusionista, como qualquer outra, pode ser levada a extremos não realistas. Afinal de contas, é um fato simples o de que as pessoas se movem e sempre o fizeram, algumas vezes por longas distâncias. Um bom exemplo de nosso período são os iáziges sármatas, que se deslocaram em massa da vizinhança dos rios Dniéper e Dniéster, onde Estrabão coloca-os no início do século I, para o Alföld, entre o Danúbio e o Tisza, onde Plínio os localiza na década de 70 d.C., chegando lá a pedido do rei quado Vânio para ajudá-lo contra os hermunduros. Quando as pessoas se mudam, elas geralmente levam boa parte de sua cultura nativa, mesmo que transformada por um novo ambiente: precisamos apenas observar qualquer grande bairro de imigrantes para perceber a verdade nisso. Além disso, a conquista de uma região por um povo de outra pode alterar profundamente a cultura do local conquistado, com ou sem grandes movimentos populacionais: a expansão do Império Romano é o melhor exemplo disso na história. Cada um desses argumentos contradiz as afirmações mais extremas da teoria radical de difusão, mas é lamentável que esse tipo de exagero tenha confortado aqueles que prefeririam pensar unicamente em termos de migração e conquista. A verdade, como quase sempre, jaz no meio-termo: grandes mudanças culturais podem ocorrer sem movimentos populacionais; do mesmo modo, migrações em larga escala obviamente já ocorreram no passado, o que significa que algumas grandes mudanças culturais devem ser explicadas em termos de migração. Migração e difusão não são apropriadas a todos os casos, e nem sempre podem ser negadas, e devemos ter uma razão para utilizar uma das explicações em qualquer caso dado.

A profunda ligação das teorias migratórias, no caso dos godos, e a interpretação de conexões entre as culturas Wielbark e Sântana-de-Mureş/Černjachov, em termos de migração gótica, podem ser explicadas sem qualquer comprometimento com a teoria arqueológica. A leitura de ambas as culturas é um caso do que podemos qualificar como "escondida no texto", e Jordanes é o culpado.[50] Sua história migratória leva os godos da Escandinávia ao Báltico e então ao Mar Negro. Os arqueólogos, portanto, têm sido consultados para provar ou negar a autenticidade do texto de Jordanes em vez de examinar a evidência material em si. Em 1970, Rolf Hachmann negou a conexão escandinava com base arqueológica, fazendo necessárias as novas teorias de etnogênese, como já mencionamos.[51] Mas a questão continua a mesma para a sequência Báltico-Mar Negro: é possível provar ou refutar Jordanes? Para um arqueólogo dos godos como Michel Kazanski, essa não é uma pergunta: o texto de Jordanes afirma que os godos estiveram no Báltico e depois na Ucrânia; portanto, a cultura material de ambas as regiões deve ser gótica e estudada como tal.[52] Isso é precisamente o que queremos dizer com "escondido no texto": conscientemente ou não, a questão arqueológica é sempre estruturada por Jordanes, daí a insistência em traçar paralelos materiais entre as culturas Wielbark-Sântana-de-Mureş/Černjachov.

Se não tivéssemos Jordanes, a conexão não pareceria evidente. Em termos puramente arqueológicos, sem a referência de nossa única evidência textual, não há razão para aparentarmos as culturas Wielbark e Sântana-de-Mureş/Černjachov. Esta última representa uma mistura de muitas culturas materiais diferentes e anteriores, algumas nativas e outras não. Pode-se dizer, como a maioria, que a cultura Sântana-de-Mureş/Černjachov surgiu da migração das regiões de Wielbark, mas pode-se igualmente argumentar que ela é um desenvolvimento nativo de culturas locais de Ponto, dos Cárpatos e da Dácia, ou da migração dos nômades da estepe oriental que se encontraram com os guerreiros da cultura Przeworsk do ocidente. Em termos puramente arqueológicos,

---

50. A frase está em R. Reece, "Interpreting Roman hoards", *World Archaeology* 20 (1988), p. 261-269, que a cita de M. Jarrett, "Magnus Maximus and the Roman Britain", *Transactions of the Honourable Society of Cymmrodorion for 1983* (1983), p. 22.
51. Rolf Hachmann, *Die Goten und Skandinavien*. Berlin: 1970.
52. Michel Kazanski, *Les Goths*. Paris: 1993.

todas essas interpretações são igualmente possíveis, pois, como visto, os elementos culturais de Wielbark não são mais numerosos na cultura Sântana-de-Mureş/Černjachov do que são as muitas outras tradições culturais que a formam. Apenas o texto de Jordanes leva os estudiosos a privilegiar a conexão com Wielbark, pois, se Jordanes não existisse e estivéssemos lidando com culturas pré-históricas, é altamente improvável que fosse feita a mesma conexão.

Como a Cultura Sântana-de-Mureş/ Černjachov se Tornou Gótica

Então, que conclusão devemos tirar de tudo isso? Como devemos interpretar as origens da cultura Sântana-de-Mureş/Černjachov e da hegemonia gótica com a qual coincide cronologicamente? A história gótica existe antes do século III? A resposta, ao menos em minha opinião, é de que não há história gótica antes do século III. Os godos são um produto da fronteira romana, assim como os francos e os alamanos que surgem no mesmo período. Isso é demonstrado claramente pela evidência literária da época, e de fato por toda a evidência dos séculos IV e V, exceto pelo caso de Jordanes no século VI. No século III, o Império Romano foi atacado a partir das regiões ao norte do Danúbio e do Mar Negro por diversos grupos bárbaros, dentre os quais surgem pela primeira vez os godos. Pouco tempo depois, os godos são claramente o grupo mais poderoso da região, enquanto a maior parte dos outros grupos bárbaros com os quais surgem no século III desaparece dos registros ou passa a ser subordinada a eles. A explicação mais plausível para essa evidência é encararmos um grupo, dentre os muitos bárbaros diferentes ao norte do Mar Negro, que estabelece sua hegemonia sobre a esparsa e até então dividida população da região, que passa, a partir daí, a ser identificada como godos pelos observadores greco-romanos.

A evidência arqueológica da cultura Sântana-de-Mureş/ Černjachov faz sentido nesses termos. A proeminência de alguns poucos líderes criou uma zona política estável na qual veio a existir uma única cultura material, sintetizada a partir de tradições variadas.

Nenhuma delas era mais importante do que as outras, como demonstrado claramente pela evidência material, e não há necessidade da procura pelos godos "originais" que vieram de outro lugar para impor sua liderança e identidade. Houve, é claro, imigrantes na região da cultura Sântana-de-Mureş/Černjachov que vieram da Europa do norte e central, bem como das estepes ao leste. Entretanto, eles não precisam ter sido godos, pois não há prova clara de que estes existiram antes do século III.

O que Criou os Godos e como Podemos Saber?

Voltemos ao senso de identidade coletiva, o problema da diferenciação mencionado anteriormente. Como essas pessoas diferentes sabiam que eram godos em vez de outra coisa, se é que o souberam? Como os gregos e os romanos sabiam disso? Qual era sua marca distintiva? Na maior parte dos casos, o contexto teria fornecido pistas. Pode ter havido objetos emblemáticos de vestimenta que estabeleciam o *status* de membros e forasteiros. Mas isso não significa que possamos construir a roupagem gótica com base nos achados tumulares, pois na maioria das vezes esses itens eram exibidos para outros godos e comunicavam informações sobre o *status* dentro da comunidade, não sobre relações externas. A língua provavelmente fazia diferença, e, quando o gótico foi codificado como uma língua religiosa escrita no século IV, o uso da bíblia gótica teria identificado seu usuário como godo e cristão. Mas as línguas podem ser aprendidas e muitas das línguas filologicamente germânicas faladas na Europa central eram mutuamente inteligíveis. Não temos fontes que nos digam que sotaques e idiomatismos góticos específicos podiam ser usados para diferenciar um godo de um gépida na fronteira do Danúbio; talvez isso não fosse possível. O que, então, criava um senso de comunidade entre os godos do final do século III e do século IV? Como sabiam o que os observadores gregos e romanos afirmavam conhecer – que todas aquelas pessoas eram godos?

É possível que o próprio discurso da elite romana que nos é acessível hoje tenha ajudado a cultivar uma identidade bárbara coletiva em diferentes regiões da fronteira. Assim como o contato com o Império Romano moldava e algumas vezes criava novas hierarquias políticas e sociais além da fronteira, também a percepção e a ideologia romanas podem ter ajudado a determinar elementos na cultura dos bárbaros que viriam a definir o seu próprio senso de comunidade. Em outras palavras, os discursos da elite romana sobre os godos ajudaram a identificá-los como godos, a codificar os signos da goticidade. A possibilidade não é tão estranha como pode parecer em princípio, como os estudos pós-colonialistas sobre períodos mais recentes demonstraram. O imperialismo moderno teve efeitos profundos em moldar a identidade dos povos nativos e sujeitos a ele – por exemplo, a codificação de uma identidade cultural sikh em oposição à religiosa foi em grande parte um resultado da necessidade britânica de ter um grupo prontamente identificável que pudesse ser empregado pelo exército colonial.[53] É plausível que um processo semelhante tenha ocorrido nas fronteiras do Império Romano: os diversos grupos a quem os romanos chamavam de francos ou godos por viverem em um lugar em particular e que eram recrutados por unidades do exército romano eventualmente se tornaram francos e godos, pois assim eram descritos em suas relações políticas com o império, quando eram recrutados pelo exército romano ou derrotados por um imperador e descritos em um título de vitória imperial. À medida que os líderes a quem os romanos identificavam como godos cresciam em força e seus seguidores em número, eles se tornavam mais parecidos uns com os outros, impulsionados pela relação militar como império vizinho. É possível chamar essa transformação de "etnogênese": novas comunidades góticas passaram a existir no final do século III e início do IV. Mas não é necessário apelar aos aristocratas góticos ou às linhagens reais, tampouco às tradições ou aos processos étnicos para explicar o que aconteceu. A evidência não nos deixa saber se essas novas comunidades estavam conscientes se eram um *gens* ou um *ethnos*.

O *barbaricum* sempre foi um lugar vasto e mutável da perspectiva greco-romana. Sua mutabilidade pode ter sido evidente para aqueles

---

53. Bernard S. Cohen, *Colonialism and Its Forms of Knowledge: The British in India*. Princeton: 1996.

que viviam nela. As pessoas se moviam nesse mundo, e as alianças mudavam repetidamente, algumas vezes longe das fronteiras onde nem gregos nem romanos conseguiriam descrever as circunstâncias precisas. Algumas vezes há minúsculos traços apagados de mudança nos padrões das alianças, do comércio e da interação, geralmente não mais do que a alteração nas rotas de dispersão dos bens e das moedas romanas. No século III, na região a noroeste do Mar Negro, o *stratum* guerreiro de uma população heterogênea agrupou-se para se beneficiar da guerra civil imperial e para pilhar uma colheita tanto quanto a agilidade e a violência permitissem. No final do século III, alguns desses guerreiros tinham poder o bastante para coordenar o controle político em regiões ao norte do Danúbio e do Mar Negro. Algumas vezes lutavam contra o império, outras uns contra os outros; algumas vezes serviam ao império ou uniam-se e agiam em interesse comum. Em seu centro, havia os líderes vistos como godos pelos romanos, e que talvez de fato se consideravam como tais. Com o tempo, depois de serem denominados de godos repetidamente, e de serem chamados líderes das *gentes* góticas com as quais o império lutaria e faria tratados, não havia dúvida de que eram godos. Da mesma forma, a cultura Sântana-de-Mureş/Černjachov deve ser o resultado de uma estabilidade política duradoura o bastante para o estabelecimento de relações culturais. Essa estabilidade é confirmada pela crescente sofisticação política dos líderes góticos que encontramos no século IV e que formam o objeto do próximo capítulo.

Capítulo 4

Política Imperial e a Ascensão do Poder Gótico

Nossa tentativa de explicar as origens góticas nos distanciou da narrativa, e mesmo do mundo antigo, até a história intelectual moderna. O desvio foi importante, pois nos permitiu um olhar sobre como os relatos modernos da migração gótica, que argumentam estar baseados em evidência histórica, arqueológica ou linguística, são, de uma forma ou de outra, ecos da Getica de Jordanes. Conscientemente ou não, as narrativas modernas estão enraizadas na velha busca pelas origens germânicas, uma busca para dar ao norte da Europa um passado independente da história romana. Infelizmente, como visto, a evidência da época não corrobora as histórias da migração ou qualquer narrativa derivada de Jordanes. Pelo contrário, ela sugere que, tal como os francos e os alamanos mais a oeste na fronteira, os godos foram um produto da própria fronteira do império. Essa conclusão não só explica a evidência

Mapa 3. O Império Romano de Diocleciano.

Política Imperial e a Ascensão do Poder Gótico

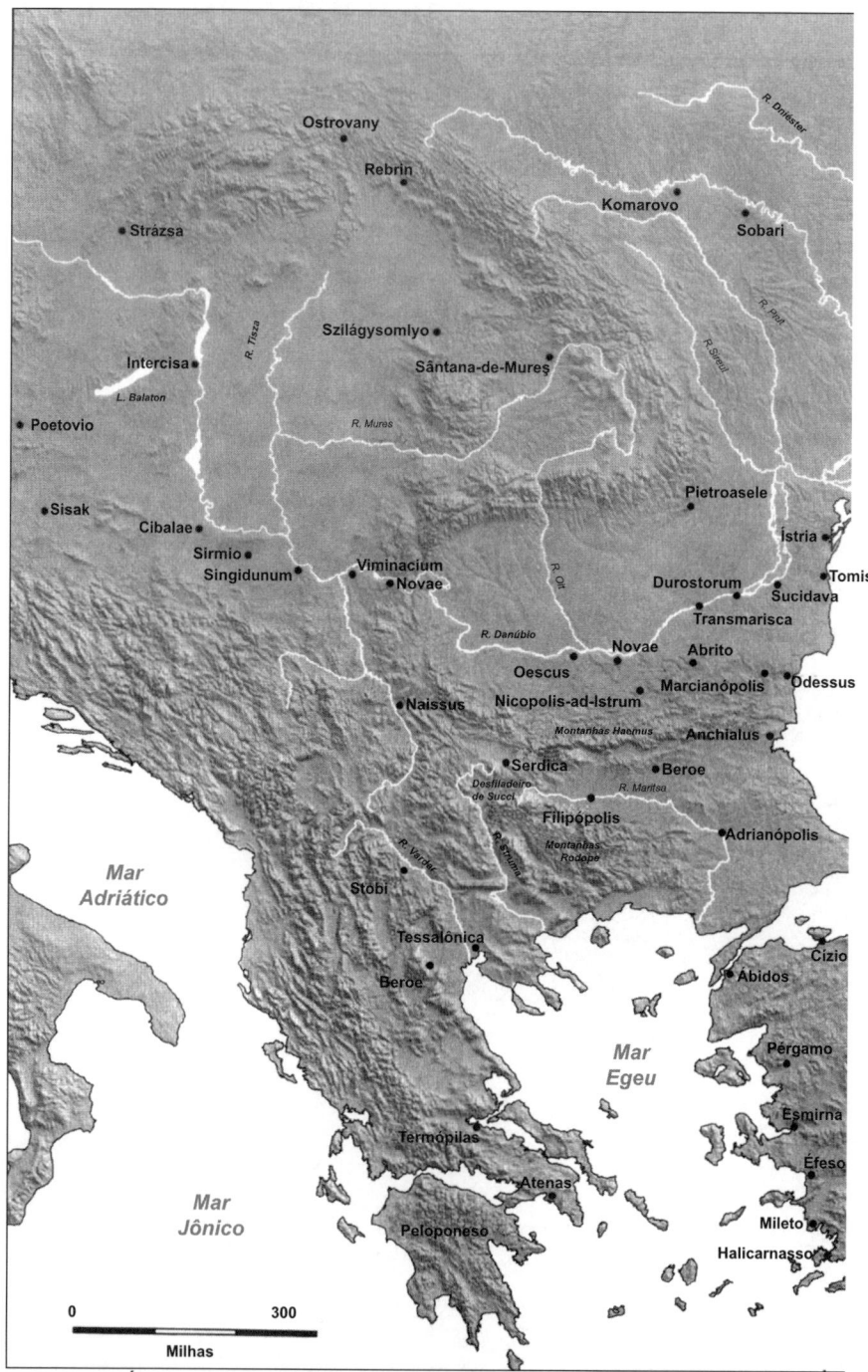

Mapa 4. A Ásia Menor, os Bálcãs e o Mar Negro com as cidades romanas e os sítios Sântana-de-Mureş/Černjachov mencionados no texto.

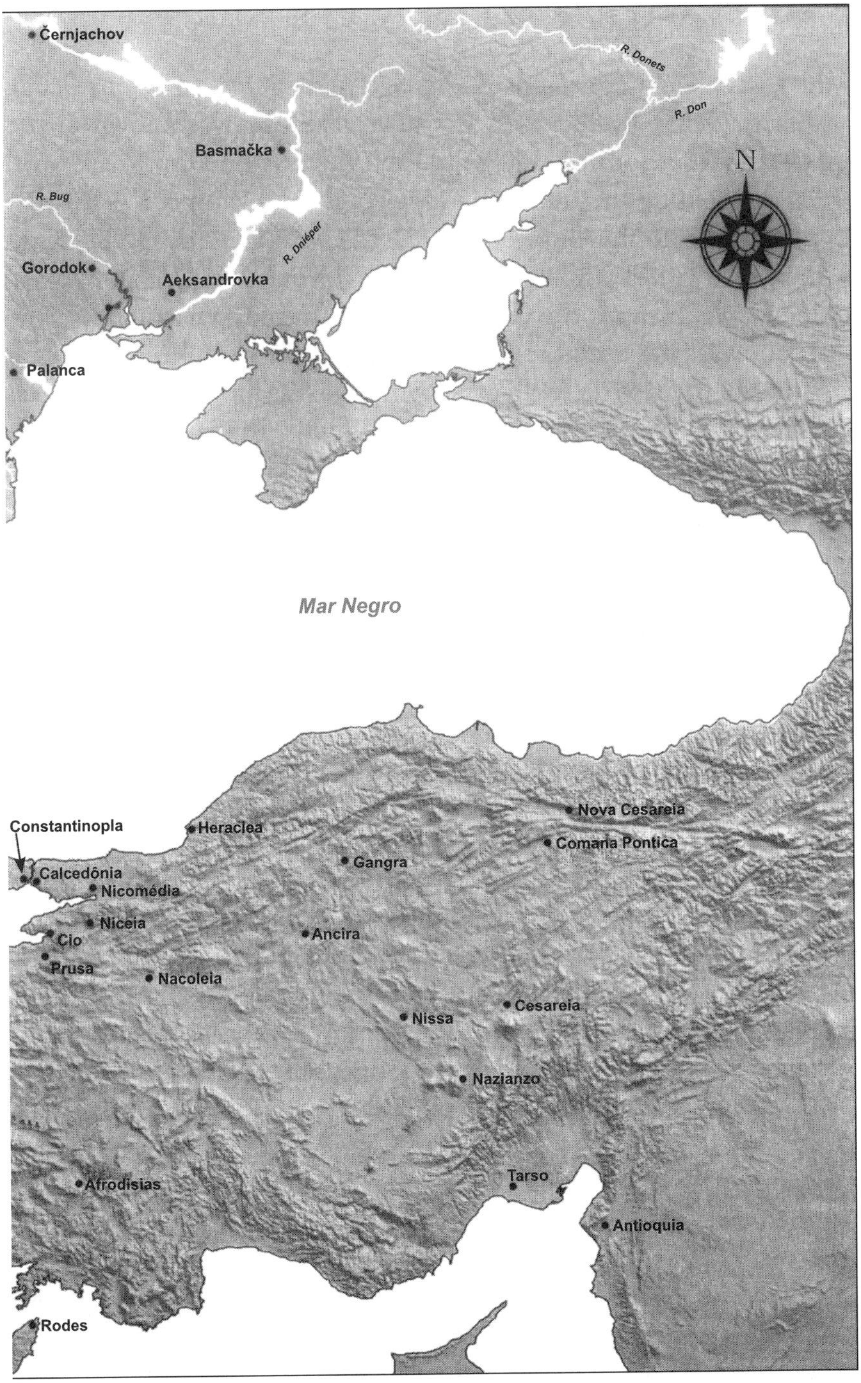
Černjachov
R. Donets
R. Don
Basmačka
N
R. Bug
R. Dniéper
Gorodok
Aeksandrovka
Palanca
Mar Negro
Constantinopla
Heraclea
Nova Cesareia
Comana Pontica
Calcedônia
Gangra
Nicomédia
Niceia
Cio
Ancira
Prusa
Nacoleia
Cesareia
Nissa
Nazianzo
Afrodisias
Tarso
Antioquia
Rodes

do final do século III, como também está de acordo com uma melhor compreensão da evidência do século IV.

Nas primeiras três décadas desse século, como veremos neste e no próximo capítulo, os godos se tornaram os senhores absolutos do baixo Danúbio, desde o limite oriental dos Cárpatos até os arredores das estepes caucasianas. A própria língua iniciou o reconhecimento desses fatos. Por volta da década de 320, o baixo Danúbio era conhecido como *ripa gothica*, a margem gótica. Pouco depois, encontramos a palavra grega *Gothia* para designar a extensão de terra além do Danúbio, que foi importada para a língua gótica na forma *Gutthiuda,* que definia suas próprias terras. A enorme extensão do poder gótico não era inevitável. Os godos foram encorajados a se tornar tão poderosos, pois isso era útil aos planos políticos de sucessivos imperadores romanos. Em outras palavras, do mesmo modo que os próprios godos foram criados pela pressão política da vida na zona fronteiriça romana, os imperadores romanos fizeram dos godos do século IV o que eram. O governo revolucionário de Diocleciano marca o momento da virada.

O Novo Império Romano de Diocleciano

Nos anos de 290, Diocleciano transformou profundamente o Império Romano. A revolução no governo se desenvolveu a partir de medidas emergenciais que ele implementou pouco a pouco a fim de manter o poder. O efeito cumulativo dessas medidas foi enorme. Elas removeram muitas das causas sistêmicas de desordem de que sofria o império do século III, e criaram o poderoso Estado romano com o qual os godos do século IV tiveram de lidar. Como visto, o primeiro passo importante de Diocleciano foi indicar Maximiano como seu augusto, ou coimperador, em 285. O objetivo dessa medida foi o de multiplicar a habilidade imperial de lidar com diferentes ameaças ao mesmo tempo. Um imperador local visto fazendo seu trabalho era um poderoso incentivo contrário à usurpação de um governador ou general local. Diocleciano levou esse princípio adiante indicando dois imperadores juniores, chamados de césar, como complemento aos dois augustos. Juntos, esses quatro imperadores formariam um colégio imperial no qual as ações de cada um deles seriam simbolicamente as ações dos quatro: uma lei promulgada por um imperador seria feita em nome dos quatro, e, quando um imperador obtivesse uma vitória, os quatro receberiam o título de vitória associado a ela. Esse colégio de quatro imperadores é conhecido como tetrarquia. Enquanto durou, a nova tetrarquia de Diocleciano e Maximiano com seus césares Constâncio e Galério garantiu que um imperador estivesse presente em praticamente todas as regiões problemáticas do império, pronto para suprimir uma ameaça e desencorajar qualquer resposta local que pudesse desafiar o controle do trono por Diocleciano e seus colegas. O sistema tetrárquico também tinha o objetivo de garantir uma sucessão tranquila, já que um césar estaria esperando para suceder um augusto quando houvesse necessidade.

A reforma do ofício imperial por Diocleciano foi acompanhada de uma elaborada ideologia religiosa que atribuía aos imperadores regentes ascendência divina de Júpiter e Hércules, os deuses de maior ostentação romana no panteão tradicional. A tetrarquia insistia também na renovada atenção ao culto imperial: a veneração do passado, aos imperadores deificados e ao gênio ou espírito protetor do imperador. Ambas as medidas foram desenvolvidas para assegurar que os deuses favoreceriam e protegeriam o império. A famosa perseguição dos cristãos por Diocleciano, conhecida como "a grande perseguição", foi consequência da ideologia tetrárquica, pois os cristãos se recusavam a venerar qualquer deus além do seu próprio, e dessa forma podiam colocar a saúde do Estado em perigo. A religião era uma das bases sobre as quais Diocleciano apoiava sua autoridade, mas ele também tomou outras medidas: a reforma da moeda, a expansão do exército, o reforço das unidades da guarda de elite que viajavam com o imperador. Mais importante, ele dividiu as grandes províncias do início do império em mais de uma centena de províncias menores, ao mesmo tempo que separou as hierarquias civis e militares no governo imperial. A primeira medida reduziu dramaticamente a escala de comando, enquanto a segunda fez com que os oficiais que coletavam impostos e distribuíam os salários aos soldados não fossem os mesmos que comandavam as tropas no campo. Juntas, as medidas minaram a habilidade tanto dos civis como dos militares de reclamar o trono. Como dissemos, as várias reformas dioclecianas eram *ad hoc,* feitas de encontro a vários problemas que haviam afligido o império do século III; entretanto, eram revolucionárias em conjunto: elas não apenas permitiram que Diocleciano mantivesse o trono por mais de duas décadas, mas produziram um sistema de governo que permaneceu efetivo mesmo após a queda da tetrarquia. Em outras palavras, o tipo de governo imperial originalmente esboçado por Diocleciano e a tetrarquia era essencialmente o mesmo com o qual Alarico teve de lidar cem anos depois. Mais importante para nossos propósitos imediatos, entretanto, as reformas de Diocleciano significavam que, pela primeira vez em mais de meio século, um imperador romano estava seguro o bastante em seu trono para lidar efetivamente com os bárbaros além da fronteira do norte, o que teve sérias consequências para os godos.

Os Membros da Tetrarquia e as Fronteiras do Norte

Essa nova força imperial significou a diminuição do ciclo constante de guerras de fronteira antes de 305, quando os augustos Diocleciano e Maximiano abdicaram do título e o passaram aos césares Constâncio e Galério, que então indicaram dois novos césares. Em vez de reagir constantemente a eventos que estavam além de seu controle, a tetrarquia era cada vez melhor nas decisões sobre onde e quando lutar nas fronteiras. Eles começaram a cooptar os líderes bárbaros poderosos para fazer parte dos círculos imperiais e a administrar as relações de seus vizinhos bárbaros de acordo com o que consideravam os melhores interesses romanos. Infere-se essa política a partir de tumultos obscuros, mas claramente importantes, ao longo do baixo Danúbio a partir de 290 até o século seguinte. No Capítulo 1, vimos como Diocleciano derrotara um grupo de godos, os tervíngios, como atesta o panegírico de 291. Não sabemos o que causou a campanha que levou a essa vitória, mas a década seguinte parece testemunhar o crescimento substancial do poder tervíngio. Embora a expansão gótica não seja confirmada por evidência positiva, ela pode ser inferida a partir de outros eventos conhecidos, o mais importante deles sendo o deslocamento de um grupo bárbaro mais antigo. Antes de 307, Galério liderou uma campanha contra os sármatas, na região entre o Danúbio e o Tisza. Em meados daquele ano, ele atacou os carpos a leste, assentando um grande número deles em uma província romana ao sul do Danúbio como súditos do império.[54]

A vontade dos carpos – ao que parece, de quase todos eles – de serem removidos de um território que habitavam há mais de um século é significativa. Ela sugere que a pressão militar de um grupo bárbaro vizinho era grande demais para que pudessem se manter, e que suas tentativas de encontrar refúgio no império haviam provocado uma campanha imperial punitiva. Esse grupo bárbaro que afetou os carpos dessa forma era provavelmente o dos tervíngios. Aparentemente, vemos uma comunidade tervíngia próxima à foz do Danúbio que aumentava em poder à custa dos vizinhos imediatos, talvez com o auxílio tácito do governo imperial. Podemos inferir esse apoio a partir do fato de que a tetrarquia não enfrentou os tervíngios depois de 291. Pelo contrário, é possível que os godos tenham sido recrutados pelo exército imperial e servido com Galério na Pérsia, embora a única evidência venha de Jordanes e seja, portanto, suspeita.[55] É bastante provável que a tetrarquia fosse cúmplice no aumento do poder tervíngio, usando-o como um grupo bárbaro favorecido que pudesse defender a região de outros bárbaros Danúbio acima.

Havia uma lógica para essa política. Enquanto o baixo Danúbio estava sob o firme controle de um imperador residente nos Bálcãs (primeiro Galério, depois Licínio), as províncias do médio e alto Danúbio foram o cenário de confrontos entre rivais após 305. Por causa dessa preocupação imperial com o alto e médio Danúbio, que duraria ainda duas décadas, o apoio imperial à hegemonia tervíngia nesse período é bastante plausível. Além disso, essa hegemonia permite entender as duas maciças fortificações construídas no período na Bessarábia e em Galatz, muito além das fronteiras imperiais, assim como o longo sistema de fortificações conhecido como Csörsz-árok, construído

---

54. Para a campanha sármata ver T. D. Barnes, *Constantine and Eusebius*. Cambridge, MA: 1981, 299 n. 15. Para a campanha dos carpos, *ibid.*, p. 300 n. 30.
55. Jordanes, *Getica* 110.

além da fronteira panoniana na atual Hungria. Essas fortificações são de uma escala e qualidade que não poderiam ser atingidas sem a aprovação imperial. Do ponto de vista do império, seria útil obter um confiável aliado gótico para manter a paz no baixo Danúbio. Ao favorecer os tervíngios e permitir a construção de tais fortificações, sua força e segurança agiriam como uma camada adicional da defesa imperial, o que permitiria aos imperadores enfrentar ameaças mais imediatas em outros lugares. O apoio imperial nesses moldes explica por que os tervíngios são tão mais poderosos em nossas fontes quando os reencontramos por volta de 320.

A Queda da Tetrarquia

Nesse meio-tempo, entretanto, terminara o experimento da tetrarquia. Diocleciano e Maximiano abdicaram em 305 por razões que permanecem extremamente controversas. Galério e Constâncio tornaram-se augustos, mas a escolha dos novos césares causou problemas. Em vez da indicação dos filhos de Maximiano e Constâncio, que haviam sido criados para a sucessão, dois partidários próximos de Galério foram apontados. Contudo, em pouco tempo, os dois filhos dos imperadores tomaram o trono. Depois da morte de seu pai em York, em 306, Constantino foi aclamado imperador, supostamente instigado pelo rei alamano Crocus, um cliente do falecido Constâncio e exemplo de um nobre bárbaro que mantinha uma alta posição no exército romano.[56] Maxêncio, filho de Maximiano, foi proclamado imperador em Roma no mesmo ano, com o apoio da população da cidade. A proclamação de Constantino foi logo reconhecida pelo augusto Galério, enquanto Maxêncio nunca foi aceito como imperador legítimo. Entre 307 e 313, o Império Romano foi abalado por guerras civis que gradualmente eliminaram a maior parte dos pretendentes ao trono. Só havia dois deles em 313: no Ocidente, o filho de Constâncio, Constantino (r. 306-337), agora um cristão fervoroso; no Oriente, Licínio (r. 308-324), um velho colega de Galério. Apesar da violência, as guerras civis de 307 a 313 demonstraram a solidez das reformas de Diocleciano, pois os

---

56. *Epitome de Caesaribus* 41.3.

principais fatos da crise do século III estavam ausentes durante os conflitos pós-tetrarquia: nenhum general de província tentou uma cartada oportunista, as províncias não se dissolveram em sucessões imperiais e os reis bárbaros não se aproveitaram da situação para lançar ataques maciços às fronteiras.

De fato, manteve-se uma mão firme sobre as fronteiras imperiais apesar da guerra civil ativa. Mesmo antes de derrotarem os outros rivais, Constantino e Licínio controlavam a maior parte da fronteira Reno-Danúbio. Ambos empreenderam campanhas imperiais tradicionais ao *barbaricum*: Constantino liderou os reis francos na vitória em Trier, Licínio atacou os sármatas no Danúbio.[57] Como sempre, não podemos saber precisamente as razões das campanhas, mas a demanda perpétua de vitórias imperiais, combinada à necessidade de controlar a política dos bárbaros enquanto se preparavam para um conflito interno, pode explicar a maior parte delas. Um cálculo semelhante provavelmente está por trás da decisão que Constantino tomou em 310. Na velha ideologia tetrárquica, Constâncio era o filho adotivo de Maximiano, e dessa forma assumiu a suposta ascendência de seu pai adotivo, que viria do deus Hércules, juntamente com o nome Hercúleo, que a representava. Entretanto, em 310, Constantino repudiou o nome herculeano herdado de Constâncio. Ele começou a afirmar a ascendência do imperador Cláudio Gótico, uma ficção cujo primeiro registro é de 25 de julho de 310.[58] Fazia sentido que Constantino se livrasse da conexão antiga com Hércules após sua ruptura com Maximiano e Maxêncio em 310, mas pode haver outros motivos. Cláudio, um dos maiores heróis militares do século III, obteve suas vitórias contra os godos nos Bálcãs. A ascendência claudiana de Constantino pode ser a primeira indicação das ambições balcânicas que demonstraria em pouco tempo.

---

57. Constantine (306/307): *Pan. Lat.* 6.10.2; 4.16.4-5; 7.4.2; Lactantius, *De mort. pers.* 29.3; Eusebius, *Vita Const.* 1.25. Licinius: *ILS* 660 (27 de junho de 310).
58. Pan. *Lat.* 6.2.1.

Constantino e Licínio

Entre 313 e 316, Constantino e Licínio mantiveram a neutralidade cordial que permitira a cooperação durante os últimos anos das guerras civis, mas a trégua era tênue e eles vieram a se enfrentar em 316. O oeste dos Bálcãs foi tomado por Constantino. Ele assumiu o controle da residência de Licínio em Sírmio, dividindo seu tempo entre essa cidade e Serdica, e deixando seu filho e césar, Crispo, em Trier para guardar a fronteira do Reno e lutar contra francos e alamanos.[59] A ambição oriental de Constantino agora era clara, como demonstrava sua escolha de residência, e ele usou a velha tática de disciplinar os bárbaros para provocar o confronto final com Licínio. Em 323, Constantino enfrentou os sármatas nas fronteiras da Panônia, vencendo uma batalha contra o rei Rausímodo, em Campona, na província panônica de Valéria, e uma segunda batalha consideravelmente longe dali, na confluência do Danúbio e do Morava na Mésia Superior.[60] As moedas cunhadas em Trier, Arles, Lyons e Sírmio celebravam a conquista com a legenda *Sarmatia devicta* ("Sarmácia conquistada"). Constantino recebeu o título de vitória *Sarmaticus*.[61] Ele pode ter instituído novos combates de gladiadores como celebração, como sugere a referência epigráfica *ludi sarmatici* ("jogos sármatas").[62] De qualquer modo, as campanhas foram uma provocação para Licínio, em cujo território Constantino marchara enquanto atacava os sármatas. Quase certamente intencional, essa violação da soberania de seu colega imperador levou à ruptura definitiva entre Constantino e Licínio – este último supostamente teria derretido as moedas que celebravam a vitória para afirmar publicamente sua posição.[63]

Na guerra civil subsequente, ambos os lados fizeram uso constante de soldados bárbaros. Licínio vencera os godos antes de 315, e os

---

59. Pan. Lat. 4.17.1-2; Optatianus, *Carm*. 10.24-28; *Anon. post Dionem* 15.1 (FHG 4:199); *RIC* 7.185 (Trier 240, 241) para a vitória de Crispo sobre os francos, *ibid*. (Trier 237-239) para os alamanos.
60. As vitórias estão registradas em Optatianus, *Carm*. 6.18-21 e Zosimus, *HN* 2.21. *Orig. Const*. 21 descreve a vitória como gótica, mas a evidência numismática e epigráfica é decisiva.
61. *RIC* 7.135 (Lyons 209-222); *AE* (1934), 158.
62. *CIL* 1: 2335; para a data apropriada: A. Lippold, "Konstantin und die Barbaren (Konfrontation? Integration? Koexistenz?)", *Studi Italiani di Filologia Classica* 85 (1992), p. 377.
63. *Anon. post Dionem* 14.1 (*FHG* 4:199).

termos de paz teriam incluído o serviço em seu exército.[64] Na guerra contra Constantino, os godos lutaram ao lado de Licínio, provavelmente sob o comando de um general chamado Alica. Constantino empregara auxiliares francos em suas campanhas anteriores e, na época da guerra com Licínio, o general franco Bonitus assumira uma posição de patente no exército de Constantino.[65] Como visto, os bárbaros sempre serviram nos exércitos imperiais, mas há razão para se pensar que as preparações da guerra de Constantino e Licínio representem uma nova fase do fenômeno. O início da década de 320 foi o primeiro período desde a crise militar do século III em que imperadores rivais tiveram tempo o bastante para recrutar tropas pessoalmente. Além disso, tanto Licínio quanto Constantino competiam, grosso modo, pelo mesmo contingente, ou seja, de bárbaros do médio e baixo Danúbio – sármatas e godos, genericamente conhecidos como citas – sendo que tal competição quase sempre aumenta tanto a oferta quanto a demanda. A dependência crescente nos recrutas bárbaros é parcialmente hipotética, mas é provavelmente confirmada pelo testemunho de *Caesares*, uma sátira escrita pelo imperador Juliano a respeito de seus predecessores, na qual é devastador quanto ao recrutamento e subsídio dos bárbaros por Constantino.[66] Certamente, ao longo do século IV, os imperadores fizeram cada vez mais uso de bárbaros para preencher as fileiras do exército. Sendo esse o caso, parece provável que o precedente deixado por Constantino e Licínio no início da década de 320 fosse validado justamente por seu sucesso: Constantino derrotou Licínio.

Constantino e a Fronteira do Danúbio

A vitória permitiu a Constantino maior liberdade nos Bálcãs, que usou parcialmente para planos de construção grandiosos. A mão-de-obra necessária é demonstrada por um aumento dramático no suprimento de moedas de bronze na região no final da década de 320. No vale de Porecka, próximo aos Portões de Ferro, um grande sistema de muralhas foi erguido para o controle das ameaças vindas

---

64. *ILS* 8942, *ILS* 696, antes de 315.
65. Alica: *Orig. Const.* 27, com emendas de Valésio. O testemunho de Jordanes, *Getica* 111, é confuso. Francos e Constantino: Zosimus, *HN* 2.15.1. Bonitus: Ammianus, *RG* 15.5.33.
66. Julian, *Caes.* 329B.

do outro lado do rio. Isso era eminentemente prático, mas uma empreitada mais espetacular foi a nova ponte sobre o Danúbio ligando Oescus a Sucidava, que em 328 estabeleceu uma cabeça de ponte real e simbólica no que uma fonte chama de *ripa gothica*.[67] Constantino continuou com o programa tetrárquico construindo *quadriburgia* ao longo do Danúbio. Esses pequenos fortes de menos de um hectare eram um novo avanço do século IV. Eles se caracterizavam por torres em cada um de seus quatro cantos (daí o nome), e foram construídos tanto na margem direita do rio, nas províncias romanas de Mésia Segunda e Cítia, quanto na margem esquerda bárbara. Úteis primariamente na observação dos bárbaros, os *quadriburgia* também podiam servir como postos avançados de ações militares romanas. Apesar de toda a fronteira do Danúbio ter recebido esse tipo de atenção, a parte inferior do rio, e portanto presumivelmente os tervíngios além dela, era o foco principal. Assim, paralelamente à ponte Oescus-Sucidava, Constantino construiu um novo *quadriburgium* em Dafne, do lado esquerdo do Danúbio em Transmarisca. Como podemos avaliar esse foco no trecho do Danúbio oposto às terras dos tervíngios góticos? Talvez a explicação mais óbvia seja o fato de que os godos haviam lutado ao lado de Licínio na recente guerra civil. Mas o apoio que os tetrarcas e Licínio parecem ter dado à ascensão do poder tervíngio na região provavelmente também preocupava Constantino.

A Guerra Gótica de Constantino

Ao final da década de 320, testemunharam-se tumultos além da fronteira do Danúbio, o que pode ter justificado tais preocupações. De forma semelhante ao deslocamento dos carpos 20 anos antes, esses eventos podem ser vistos em termos da ameaça tervíngia a seus vizinhos. Primeiro, em 330, uma série de taifali invadiu as províncias balcânicas, talvez levados a isso pelos tervíngios.[68] Seguiu-se um pedido de ajuda imperial por parte dos vizinhos sármatas dos tervíngios, que logo se desdobrou em uma grande guerra gótica. Havia muito, os sármatas

---

67. Aurelius Victor 41; *Epitome de Caesaribus* 41.13; *Chronicon Paschale*, s.a. 328 (Bonn, 527); comemorado em moedas: *RIC* 7:331 (Roma, 298); *Orig. Const.* 35 para a *ripa gothica*.
68. Zosimus, *HN* 2.31.3.

estavam sujeitos à mescla usual de subsídios e punições romanas. Os restos dos grandes sistemas defensivos dos sármatas ao leste da curva do Danúbio, dos quais o mais famoso é o Csörz-árok, já mencionado, foram sem dúvida construídos com permissão romana e sugerem o tipo de aliança que teria justificado o pedido de ajuda pelos sármatas. A extensão do poder gótico se revela pela resposta a esse pedido: Constantino lançou uma campanha contra os godos, e venceu o primeiro estágio "nas terras dos sármatas", portanto, além da parte panônica da fronteira do Danúbio.[69] Isso implica uma abrangência da ação militar gótica muito maior do que as mencionadas pelas fontes anteriores.

É necessário supor que, na sequência da vitória de Constantino sobre Licínio, enquanto o primeiro estava distraído por problemas políticos internos, um rei tervíngio aproveitou a oportunidade para expandir sua hegemonia à custa dos vizinhos bárbaros, sem ameaçar diretamente uma província romana. Ele provavelmente esperava uma repetição dos eventos das duas décadas anteriores: seus inimigos derrotados seriam aceitos e assentados pelo Império Romano, enquanto lhe seria permitido continuar a expansão do controle das terras transdanubianas. Se esses foram de fato os seus cálculos, ele não previu a escala da resposta imperial. Constantino enviou seu filho sobrevivente mais velho, o césar Constantino, em campanha pelo Danúbio. A investida imperial, como somos informados, levou muitos godos (as fonte falam de improváveis 100 mil) a morrer de fome e de frio em regiões selvagens. Constantino (filho) exigiu e recebeu reféns dos godos, dentre eles o filho do rei Erarico.[70] A derrota dos godos foi seguida de uma campanha bem-sucedida contra os sármatas, que supostamente não teriam sido fiéis a seus acordos com o imperador.

A Paz de 332

Constantino (filho) conquistara uma grande e duradoura vitória que permanecia digna de nota duas décadas depois: em 355, quando o sobrinho de Constantino, Juliano, entregou um panegírico para outro dos filhos de Constantino, o imperador Constâncio, a grandiosidade

---

69. *Descriptio consulum*, s.a. 332 (Burgess, 236).
70. Eusebius, *Vita Const.* 4.5.1-2; *Orig. Const.* 31; Aurelius Victor 41.13; Eutropius 10.7.

da vitória contra os godos ainda era celebrada.[71] De fato, o baixo Danúbio permaneceu em paz por mais de 30 anos desde 332. Contudo, apesar de sua evidente importância, sabemos muito pouco sobre a paz gótica de Constantino. As limitações de nossas evidências encorajaram os estudiosos modernos a muitas reconstruções hipotéticas sob dois olhares diferentes: o primeiro da continuidade da liderança gótica, o segundo nos termos da paz. Em ambos os casos, o testemunho de Jordanes é um fator complicador. O verdadeiro problema é a obscuridade das fontes do século IV, pois nenhuma delas nos permite medir a importância do rei Erarico e nenhuma nos diz como ou se ele era parente dos líderes tervíngios do final do século IV. Temos de inferir essa informação a partir da evidência limitada que temos.

A primeira pista está na localização da primeira campanha gótica de Constantino. Dado que aconteceu na distante Sarmácia, e dada a escala do deslocamento tribal que a precedeu, talvez possamos inferir que Erarico fosse o governante de uma ampla população. Embora não possamos ter certeza de que fosse o único rei gótico envolvido na guerra de 332, ele é o único mencionado por nome, provável sinal de sua importância. Temos menos certeza ainda em relação à sua conexão com líderes tervíngios posteriores. Muitos concordam que Erarico tenha sido avô de Atanarico, o poderoso líder tervíngio contra o qual o imperador Valente lutou na década de 360. Contudo, a ligação genealógica se baseia na identificação hipotética do filho refém não nomeado de Erarico com o igualmente não nomeado pai de Atanarico, para quem uma estátua teria sido erigida em Constantinopla.[72] A única fonte antiga que o conecta explicitamente aos líderes tervíngios do final do século IV é Jordanes.[73] Mas, como mencionado, Jordanes estava determinado a construir uma história gótica contínua. Dado que, em outros trechos da obra, ele inventa ligações demonstravelmente espúrias para fornecer continuidade genealógica, o valor de seu testemunho é suspeito. Em outras palavras, mesmo que seja plausível a ligação entre Erarico e os reis tervíngios posteriores, ela é apenas especulação.

---

71. Julian, *Or*. 1.9D.
72. Themistius, *Or*. 15.191a.
73. Jordanes, *Getica* 112.

O mesmo é verdade quanto aos termos do tratado. A evidência do século IV é limitada enquanto Jordanes impõe uma interpretação bizantina anacrônica. Ele supõe que os godos de Erarico tornaram-se *foederati,* uma palavra que no século VI tinha conteúdo técnico legal que implicava responsabilidades específicas por parte do império e dos aliados federados. Em 332, o *status* formal de *foederatus* não existia, e a palavra para "tratado", *foedus*, não é um termo técnico. Mesmo que muitos estudiosos pensem que o tratado de 332 inventou o tipo de *foedus* técnico conhecido no século VI, não há nada que torne essa explicação plausível na evidência do século IV. A paz de 332 marca um estágio significativo de ambas as histórias romana e gótica, devido não a inovações legais, mas por ter sido tão decisiva. Trinta anos de paz foram impostos no baixo Danúbio ou, como coloca o bispo Eusébio de Cesareia na *Vida de Constantino*, que escreveu logo depois da morte do imperador em 337: "os godos finalmente aprenderam a servir aos romanos".[74] De fato, alguns godos derrotados continuariam a manter uma lealdade especial à dinastia de Constantino por muitos anos, apoiando décadas depois um usurpador chamado Procópio em virtude de suas ligações dinásticas.[75]

Nesse ínterim, eles ofereceram tributo ao imperador e um grande número de recrutas ao exército romano. O serviço militar não era exigido explicitamente pelos termos de 332, como esclarece o testemunho de Eusébio: este não afirma que os godos serviam no exército como resultado do tratado, mesmo que no texto ele seja consistentemente entusiasta, e muito específico, quanto ao recrutamento por Constantino de bárbaros derrotados.[76] Independentemente disso, a paz trouxe benefícios a ambos os lados.

---

74. Eusebius, *Vita Const.* 4.5.2.
75. Eunapius, frag. 37 (Blokley) = 37 (Müller); Zosimus, *HN* 4.10; Ammianus, *RG* 26.10.3, que coloca o número de seguidores góticos de Procópio em 3 mil.
76. Tributo: Eusebius, *Vita Const.* 4.5.2; Ammianus, *RG* 17.12. Serviço militar em 332: Eusebius, *Vita Const.* 4.5 é vago sobre os godos e inteiramente explícito a respeito de os sármatas serem forçados a servir no exército como condição de paz (*Vita Const.* 4.6); cf. o testemunho posterior de Jordanes, *Getica* 112 (os godos enviaram 40 mil soldados como resultado do tratado). O serviço depende do caso depois disso: Libanius, Or. 59.89 para 348; Ammianus, *RG* 20.8.1 para 360 e id. 23.2.7 para 363.

A Paz e a Economia Gótica

A fronteira foi aberta para o comércio em toda a sua extensão, medida incomum dado que os imperadores romanos haviam regulado durante séculos a fio a exportação de tecnologia para fora do império. O fato de que o comércio fluía ao longo do rio é demonstrado pelo grande número de moedas encontradas ao norte do Danúbio. Moedas de bronze do final da década de 330 até 360 dominam o registro arqueológico, o que sugere que o lado gótico do baixo Danúbio veio a ser bastante integrado à economia monetária romana, durante esses anos. De fato, a distribuição de moedas de bronze na região imediatamente além da fronteira é quase tão intensa quanto a da província romana da Cítia.[77] A produção local de imitações de moedas romanas, que devem ter resultado da falta do suprimento de moedas genuínas, comprova, além de qualquer dúvida, que havia comércio. Devemos notar que as moedas encontradas concentravam-se nas proximidades da fronteira, dentro de um campo de até cerca de 30 quilômetros dela, com uma presença menor nas regiões góticas opostas à Cítia e à Mésia Segunda do que naquelas do outro lado do rio na Mésia Primeira. Alguns estudiosos questionam o nível de monetarização da economia gótica por causa desse fato, mas a imensa quantidade de moedas de baixo valor além da fronteira torna difícil de sustentar as objeções.

A distribuição de moedas de prata romanas sugere que as ligações diplomáticas com a elite gótica também aumentaram rapidamente a partir de 330. Muito menos comum nas vizinhanças do Danúbio, a prata é encontrada em grande quantidade ao norte e ao leste, na Moldávia e na Ucrânia atuais. Ao contrário do bronze, a cunhagem de prata é incomum em achados isolados de sítios industriais e residenciais. Em vez disso, *siliquae* de prata concentram-se em pequenos tesouros, como por exemplo em um encontrado em Kholmskoĕ, próximo ao Lago Kitaj, ou outro encontrado em Taráclia, na Moldávia. O tesouro de Kholmskoĕ é especialmente significativo: suas 93 moedas de prata de Constâncio II eram todas do mesmo

---

77. Ver em particular G. L. Duncan, *Coin Circulation in the Danubian and Balkan Provinces of the Roman Empire, AD 294-578* (London: 1993) e E. Stoljarik, *Essays on Monetary Circulation in the North-western Black Sea Region in the Late Roman and Byzantine Periods, Late 3rd Century-Early 13th Century AD* (Odessa: 1993).

valor e tipo, cunhadas entre 351 e 355, com a legenda VOTIS.XXX – MULTIS. XXXX, e praticamente sem uso. O fato levanta algumas questões quanto à circulação como dinheiro ou como metal precioso. É possível que nossos achados de prata não sejam evidência de comércio através da fronteira – especialmente porque *siliquae* de prata são muito raras na própria província da Cítia –, mas, em vez disso, sejam evidência de presentes a líderes góticos a quem o império tinha interesse em agradar. De todo modo, não há dúvida de que a economia da Gothia era razoavelmente sofisticada e ligada ao mundo romano. De fato, a evidência arqueológica das atuais Romênia, Moldávia e Ucrânia nos fornece uma preciosa janela ao mundo socioeconômico dos godos do século IV.

A Sociedade Gótica e a Evidência Arqueológica

Como visto no Capítulo 3, é raramente possível designar uma cultura material em particular a um grupo bárbaro específico conhecido por fontes escritas. Felizmente, um dos poucos lugares onde podemos fazer precisamente isso é na área ocupada pela chamada cultura Sântana-de-Mureş/Černjachov, entre os séculos III e IV. Essa cultura arqueológica recebeu esse nome pouco prático de dois cemitérios, um na atual Romênia e outro na atual Ucrânia, coincidentemente nos limites da extensão da cultura, entre o rio Donets a leste e os Cárpatos e a Transilvânia a oeste. A cultura Sântana-de-Mureş/Černjachov data, parcialmente com base em achados arqueológicos independentes, do mesmo período em que as fontes literárias se referem aos godos como a força política dominante do baixo Danúbio e do noroeste do Mar Negro. Muitos grupos bárbaros além dos godos viviam na região Sântana-de-Mureş/Černjachov, e a própria cultura é diversificada e derivada de diferentes tradições culturais. No entanto, por ser um novo desenvolvimento do final do século III, exatamente o período no qual as fontes escritas confirmam o crescimento da hegemonia gótica, é possível que os líderes dos godos tenham criado uma zona política nos limites do Império Romano na qual uma nova cultura material poderia se desenvolver a partir de numerosos antecessores. Pelo fato de a nova cultura Sântana-de-Mureş/Černjachov ter sido o contexto material da qual a história gótica fez parte, ela pode nos ajudar a entender o mundo gótico que encontramos em nossas fontes escritas.

A geografia da região Sântana-de-Mureş/Černjachov moldou a diversidade social de sua cultura arqueológica. A cultura se estendia por três grandes zonas geográficas. Ao norte, ela ocupava as estepes de floresta, uma ampla transição entre as regiões de densa floresta do norte da Europa e as planícies abertas imediatamente ao norte do Mar Negro. Essa região ao noroeste do Mar Negro é, na verdade, o limite ocidental da grande planície eurasiana, que se amplia na Ásia central e se reduz gradualmente a uma faixa estreita ao longo da costa do Mar Negro até o leste dos Cárpatos. Diferentemente da estepe de floresta ao norte, a estepe do Mar Negro não possuía vegetação densa, e seu clima seco era mais apropriado aos pastores comuns da estepe eurasiana do que à agricultura. Muitos rios importantes atravessam a região até o Mar Negro, entre eles o Dniéper, o Bug e o Dniéster, bem como o Sireul (Sereth) e Prut, que se unem ao Danúbio pouco antes da curva a leste até o Mar Negro. Ao longo desses rios e de seus muitos afluentes, há uma terra rica e apropriada à agricultura intensiva, em particular de grãos. Devido a esses contrastes ambientais, a região sempre permitiu duas formas paralelas de vida, a das populações sedentárias de agricultores nos vales dos rios e a dos pastores semi-nômades das estepes. Esses pastores tinham, frequentemente, fortes laços culturais e algumas vezes políticos com outros grupos nômades mais a leste, onde a estepe eurasiana se amplia ao norte do Mar de Azov e do Cáucaso. A coexistência parece ter caracterizado a região desde a pré-história, e certamente continuou durante a Idade Média. Nos séculos III e IV, a população nômade da zona Sântana-de-Mureş/Černjachov tinha contato regular com a população sedentária: em um sítio como Kholmskoë, por exemplo, os restos de um acampamento nômade estão muito próximos ao de uma vila de agricultores. Embora tenha sido um lugar comum, até recentemente, interpretar tais contrastes entre pastores e agricultores em termos étnicos (nômades alanos e sármatas *vs.* godos e taifali sedentários), a comparação com a Arábia do mesmo período facilita o entendimento, pois nesse caso os pastores beduínos dos desertos viviam ao lado de populações sedentárias dos oásis e limites do deserto, sendo politicamente, mas não etnicamente, diferentes.

A Vida dos Agricultores

Apesar da presença de pastores, a cultura Sântana-de-Mureş/Černjachov era fundamentalmente agrícola, e a maior parte de sua população era de fazendeiros. Os povoamentos se concentravam ao longo dos vales de rios e de seus afluentes. Mesmo com os dados limitados que temos, fica claro que a população era densa, com vilas espalhadas a cada poucos quilômetros ao longo dos rios. As vilas podiam ser bem grandes, com 12 a 15 famílias, juntamente com seu gado e ovelhas/cabras (difíceis de distinguir arqueologicamente) ou porcos como animais secundários, dependendo do que melhor conviesse de acordo com a topografia local. Os cavalos eram raros nos povoamentos agrícolas, provavelmente reservados ao uso da elite. Na maior parte das vezes, os povoamentos eram bem organizados, com casas enfileiradas. As casas eram construídas de um modo conhecido em toda a Europa central, ao qual os estudiosos sempre se referem pelo nome alemão *Grubenhäuser* (casas afundadas). As *Grubenhäuser* eram semienterradas, em variáveis proporções, sendo que algumas vezes apenas o teto se projetava acima da superfície. As casas eram geralmente de madeira e algumas vezes de pau-a-pique, mas em regiões mais próximas ao Mar Báltico era comum o chão de pedra. De qualquer modo, a construção afundada maximizava o isolamento térmico tanto no inverno como no verão, o que era muito útil no clima continental, em que há variações consideráveis de temperatura. Outro tipo de casa comum no *barbaricum* encontrada juntamente com as *Grubenhäuser* em muitos povoamentos Sântana-de-Mureş/Černjachov era as *Wohnstallhäuser*. Essas casas eram feitas de madeira e ficavam inteiramente sobre o solo, combinando em uma única estrutura uma área para os residentes humanos e os estábulos para os animais.

Assim como os tipos de casas encontrados na zona Sântana-de-Mureş/Černjachov, não há nada incomum a respeito da economia da região, que estava de acordo com os padrões encontrados nas culturas agrícolas do *barbaricum*. A economia da maior parte das vilas de Sântana-de-Mureş/Černjachov era autossuficiente. Trigo, milhete e cevada eram os grãos principais, e a maior parte deles parece ter sido moída em casa. Eram comuns os instrumentos para a agricultura e a carpintaria feitos de ferro, embora quase não se conheçam forjas e não possamos dizer se cada vila tinha um ferreiro ou se havia uma distribuição mais centralizada de ferramentas. Na cozinha, usavam-se panelas feitas à mão juntamente com cerâmica de melhor qualidade modelada no torno, e muitos dos tipos de cerâmica encontrados na região têm origens locais muito antigas. A maior parte da cerâmica deve ter sido feita nas vilas onde era usada, mas há também evidência de manufaturas comerciais de diferentes tipos – por exemplo, uma conhecida fábrica de vidro em Komarovo –, e evidência de comércio com a província romana da Cítia.[78] Os ornamentos de bronze e ocasionalmente de prata que são bastante comuns nos túmulos da região foram presumivelmente feitos em manufaturas regionais e distribuídos por meio de comércio. Similarmente, foram descobertas manufaturas de pentes de osso, com produção em uma escala grande demais para o consumo puramente local.

O Comércio de Longa Distância

Também temos evidência de comércio com o Império Romano e com outras regiões mais distantes do *barbaricum*. Embora alguns opinem que tenha havido importação de alimentos do Império Romano para as regiões Sântana-de-Mureş/Černjachov, a evidência é discutível. Ânforas do Mediterrâneo foram encontradas em sítios de Sântana-de-Mureş/Černjachov, possivelmente um sinal de comércio de grãos, óleo e vinho transportados em ânforas. Por outro lado, os restos de ânforas não são extensivos e não sabemos o quanto se tinha preferência pelo óleo de oliva além do baixo Danúbio, pois certamente se utilizava mais gordura animal na maior parte da Europa central.

---

78. Alexandru Popa, *Romains ou barbares? Architecture en pierre dans le barbaricum à l'époque romaine tardive (sur le matériel archéologique du Nord-Ouest du Pont Euxin.* Chisinau *[Moldava]*: 2001, p. 55-61; Andrei Opait, *Local and imported ceramics in the roman province of Scythia (4th-6th centuries AD): Aspects of Economic Life in the Province of Scythia*, British Archaeological Reports, International Series 1274. Oxford: 2004.

Igualmente, é difícil imaginar um grande comércio de grãos: muitos tipos, incluindo alguns não cultivados no império, eram amplamente plantados na região, que historicamente serviu de importante reserva de grãos para o mundo grego do Mediterrâneo.[79] O vinho, em contraste, pode ter sido um artigo muito exportado para as regiões de Sântana de Mureş/Černjachov, mas precisamos de um estudo mais detalhado das evidências de ânforas para termos certeza.

O vinho, sendo um item de valor relativamente alto e não disponível de fontes locais, servia provavelmente às necessidades das elites de Sântana-de-Mureş/Černjachov, assim como o vidro e a cerâmica fina romana. Entretanto, são esses bens de maior valor que mais claramente demonstram a existência de algum tipo de interação com o império. Vimos que as moedas romanas de bronze eram comuns nas proximidades da fronteira e representam a monetarização da economia local. Mais marcantes são as grandes moedas de ouro – múltiplos do *solidus*, usados como medalhões no *barbaricum*. Na zona Sântana-de-Mureş/Černjachov tais *multipla* datam do século III ao início do século V, mas 80% dos achados são da metade do século IV, época de Constâncio II, Valentiniano e Valente. A distribuição dessas *multipla* ocorre na zona entre o baixo Danúbio e o Mar Negro, por um lado, e os rios Vístula e Oder, por outro, o que sugere que elas passaram do império para as elites de Sântana-de-Mureş/Černjachov, e seguiram adiante por meio de uma rede de relações comerciais com a Europa central e ocidental. A ausência de medalhões no alto Danúbio e no Reno sugere que seja um fenômeno específico das relações entre o império e os godos, e, por sua vez, entre as elites dos godos e os vizinhos ao norte. Os exemplares de arte portátil mais representativos das regiões escandinava, dinamarquesa e do noroeste alemão encontrados em sítios de Sântana-de-Mureş/Černjachov, como o grande cemitério em Dančeny, sugere o movimento do mesmo tipo na direção oposta.[80]

---

79. A. Suceveanu e A.Barnea, *La Dobroudja romaine*. Bucareste: 1991, p. 260.
80. Veja os artigos em Bente Magnus, (ed.), *Roman Gold and the Development of the Early Germanic Kingdoms: Symposium in Stockholm 14-16 November 1997*, Kungl. Vitterhets Historie och Antikvitets Akademien, Konferenser 51 (Stockholm, 2001); Attila Kiss; "Die 'barbarischen' Könige des 4.-7. Jahrhunderts im Karpatenbecken, als Verbündeten des römischen bzw. byzantinischen Reiches". *Communicationes Archaeologicae Hungariae* (1991), p. 115-128.

A População de Elite

Muito provavelmente, a atividade comercial e diplomática entre o império e as elites de Sântana-de-Mureş/Černjachov trouxe bens de luxo romanos ao *barbaricum*, enquanto a troca de presentes distribuiu alguns desses bens aos vizinhos imediatos da fronteira e para partes mais remotas da Europa central e do norte. Infelizmente, sabemos menos a respeito das elites de Sântana-de-Mureş/Černjachov do que sabemos sobre as elites bárbaras mais a oeste. Por exemplo, os arqueólogos não descobriram nada semelhante à grande quantidade de sítios fortificados erguidos pelos líderes alamanos no alto Reno. Por outro lado, sítios como os de Bašmačka, Aleksandrovka e Gorodok são distintamente maiores se comparados às pequenas vilas usuais, e todos apresentam números muito maiores de ânforas romanas importadas. Eles eram provavelmente fortalezas reais ou aristocráticas e não apenas vilas de fazendeiros. Traços de fortificações confirmam essa impressão: Aleksandrovka, por exemplo, situada na confluência do Inguleč e do Dniéper, era cercada por um fosso e uma fortificação de terra, e as fundações dos muros eram de pedra com evidência de três torres, sendo esse planejamento muito semelhante à arquitetura grega tardia da costa do Mar Negro; Palanca, próxima ao Dniéster, Gorodok, no baixo Bug, e Bašmačka, próxima às corredeiras do Dniéper, também tinham muros de pedra.[81] Os três sítios controlavam as importantes rotas leste-oeste que cruzavam a região a noroeste do Mar Negro.

Um sítio muito mais intrigante pode ser interpretado no contexto da elite de Sântana-de-Mureş/Černjachov. A vila do século IV em Sobari, na atual república da Moldávia, entre o alto Prut e o Dniéster, foi descoberta em 1950 e escavada intermitentemente desde então, com a descoberta dos restos de oito casas e de uma manufatura de cerâmica. A vila ficava próxima ao Rio Dniéster e tinha muros – dos quais três lados foram encontrados – com grandes pedras de granito cortado e preenchimento de cascalho. O que torna o sítio tão impressionante é a extravagância de uma das estruturas. Embora provavelmente

---

81. A. Popa, *Romains ou barbares*, p. 19-21. Bašmačka: *ibid.*, p. 22-34. Gorodok: *ibid.*, p. 42-43. Palanca: *ibid.*, p. 64-65.

consistisse de apenas dois cômodos, um de aproximadamente 5,5 por 7,5 metros, e o outro de 7,5 por 10 metros, a construção não tem paralelo no *barbaricum* pelo uso de colunas, das quais 16 bases restam. O teto é feito da forma tradicional romana, com telhas de terracota, e mais de 14 mil telhas foram encontradas. Ainda mais impressionante, pelo menos algumas das janelas eram de vidro. Não podemos ter certeza se a estrutura era um prédio público, como uma igreja ou um templo, ou se era uma residência, mas ela certamente é uma anomalia em uma vila onde os achados de cerâmica são típicos da região de Sântana-de-Mureş/Černjachov como um todo. Sobari está a aproximadamente 300 quilômetros da fronteira romana, mas quem quer que tenha construído essa casa sabia o que um povoado da elite romana deveria ter, isto é, uma estrutura central com colunas, telhas e janelas de vidro. Não é demasiado dizer que a estrutura em Sobari possa ter sido de um lorde gótico que servira ao império, possivelmente se convertido a uma de suas religiões, e desenvolvido um gosto por seus hábitos estéticos.[82] Uma interpretação semelhante pode ser usada para explicar a grande vila agrícola de Kamenka-Ančekrak, perto do Mar Negro, onde a estrutura central e vários outros prédios foram construídos em pedra e revelam uma incidência ainda maior de cerâmica importada do que as casas comuns da vila que a rodeava.[83]

Os nobres das residências em Sobari e Kamenka-Ančekrak eram provavelmente os proprietários dos poucos cavalos conhecidos nas vilas de Sântana-de-Mureş/Černjachov, e é possível que eles tenham sido os responsáveis pelo número relativamente pequeno de ossos de animais selvagens encontrados nesses sítios, já que a caça era um passatempo aristocrata no mundo antigo. A mesma elite deve ter sido responsável pelos tesouros descobertos na região Sântana-de-Mureş/Černjachov. De fato, a distribuição de tais tesouros pode nos ajudar a mapear as fortalezas reais e aristocráticas se interpretarmos os achados como pontos de coleta de tributo e de exercício das funções governamentais existentes. A evidente redistribuição de riqueza portátil era uma das partes principais do relacionamento de todos os líderes bárbaros com seus seguidores, e temos considerável evidência, mesmo

---

82. A. Popa, "Die Siedlung Sobari, Kr. Soroca (Republik Moldau)", *Germania* 75 (1997), p. 119-131.
83. A. Popa, *Romains ou barbares*, p. 45-49.

que tardia, da importância dos tesouros herdados para a continuidade da linhagem real bárbara. Infelizmente, na zona de Sântana-de-Mureş/ Černjachov não temos o mesmo tipo de evidência das regiões a oeste ao longo do Danúbio. Lá, em sítios como Strásza, Ostrovany, Rebrin e Szilágysolmlyó, temos uma variedade de fíbulas de ouro e símbolos imperiais que devem representar o apoio diplomático direto do Estado romano. O famoso tesouro de Pietroasele, apesar de encontrado dentro da região Sântana-de-Mureş/Černjachov, pertence a um período um pouco mais tardio, e a maior parte dos itens de prestígio da cultura era de prata, e não de ouro, como por exemplo os itens de prata de cerca de 380 d.C. no tesouro de Valea Strîmbă.[84] Independentemente de dados específicos de qualquer achado em particular, a habilidade de exibir e dispor de valiosos tesouros era claramente um índice de distinção social importante entre as elites de Sântana-de-Mureş/Černjachov. A exibição social é particularmente evidente nos muitos achados tumulares da região.

O Mundo dos Mortos

Como é usual nos estudos dos bárbaros no fim da Antiguidade, os sítios de cemitérios são muito mais conhecidos do que os de povoamentos, um fato que cria todo tipo de problemas, pois o que as pessoas levam a seus túmulos nem sempre revela o que faziam ou pensavam em vida. De todo modo, toda a região de Sântana-de-Mureş/Černjachov se destaca do resto do *barbaricum* pela grande variedade de costumes funerários. Alguns cemitérios contêm tanto restos cremados, enterrados em urnas ou diretamente em buracos no chão, quanto inumações, algumas em câmaras de madeira, outras em túmulos mais ou menos elaborados, sendo ou não cobertas de pedra. Em geral, podemos observar uma tendência na região de Sântana-de-Mureş/Černjachov da cremação para a inumação, mas a cronologia dos cemitérios é incerta

---

84. Ver Attila Kiss, "Die Schatzfunde I und II von Szilágyomlyó als Quellen der gepidischen Geschichte", *Archaeologia Austriaca* 75 (1991), p. 249-260; Radu Harhoiu, *The Treasure from Pietroasa in Romania*, British Archaeological Reports, International Series 24 (Oxford, 1997); *id., Die frühe Völkerwanderungszeit in Rumänien* (Bucharest, 1997); Florin Curta, "Frontier ethnogenesis in late antiquity: the Danube, the Tervingi, and the Slavs", *in id.*, ed., *Borders, Barriers and Ethnogenesis: Frontier in Late Antiquity and the Early Middle Ages*. Turnhout: 2005, p. 173-204. Para as fortificações do local, Popa, *Romains ou Barbares*, p. 66-69.

demais para uma afirmação contundente. Os bens tumulares variam tanto quanto a tipologia dos enterros. Com muito poucas exceções, os enterros enormemente ricos e "principescos", carregados com ouro e prata e conhecidos no oeste e no centro-norte da Europa, são desconhecidos na zona Sântana-de-Mureș/Černjachov.[85] A maior parte dos túmulos de Sântana-de-Mureș/Černjachov é despojada, alguns somente com cerâmica e outros com fíbulas (com um ou dois broches). Muitos corpos tinham cintos, já que as fivelas aparecem em grandes quantidades, sendo alguns cintos decorados com ornamentos pendurados. Os enterros de armas são ainda mais raros do que no Reno e no alto Danúbio, mas não totalmente desconhecidos. Os bens tumulares podiam ser posicionados de formas diversas nos diferentes tipos de enterro, enquanto nas cremações eles eram por vezes queimados com o corpo ou depositados de forma intacta com as cinzas. Em alguns enterros, o corpo era posto em uma plataforma dentro do túmulo, e pouquíssimos corpos mostram sinais de deformação deliberada dos crânios dos mortos. Esses hábitos eram característicos dos nômades das estepes de períodos anteriores e posteriores, e bastante comuns no Oriente.[86]

Essas variações nos tipos de enterro são talvez o melhor sinal das diferentes tradições culturais que formaram a cultura Sântana-de-Mureș/Černjachov. Os artefatos do dia-a-dia também mostram uma mistura de tradições nômades, romanas, nórdicas e locais, mas a diversidade de rituais de enterro em Sântana-de-Mureș/Černjachov é verdadeiramente extraordinária, o que traz questões de diferentes níveis. As diferenças nos costumes funerários foram em geral interpretadas em termos étnicos, com alguns rituais e artefatos atribuídos

---

85. O túmulo 14 em Hanska-Luterija, com fragmentos de diversos vasos de bronze, um bracelete de ouro e itens de vidro, é uma rara exceção.
86. M. Kazanski, *Les Goths* (Paris: 1993) é a melhor introdução breve dos sítios funerários de Sântana-de-Mureș/Černjachov, mas veja os diversos artigos úteis coletados nas seguintes publicações: Herwig Wolfram e Falko Daim (ed.), *Die Völker an der Mittleren und unteren Donau im fünften und sechsten Jahrhundert*. Viena: 1980; Patrick Perin (ed.), *Gallo-Romains, Wisigoths et Francs en Aquitaine, Septimanie et Espagne (Actes des VIIe Journées internationales d'Archéologie mérovingienne. Toulouse, 1985)*. Paris: 1991; Françoise Vallet e Michel Kazanski (eds.), *L'armée romaine et les barbares du IIIe au VIIe siècle*, Mémoires publiées par l'Association Française d'Archéologie Mérovingienne V. Paris: 1993; Françoise Vallet e Michel Kazanski (eds.), *La noblesse romaine et les chefs barbares du IIIe au VIIe siècle*. Mémoires publiées par l'Association Française d'Archéologie Mérovingienne IX. Paris: 1995.

a um ou outro grupo. Mas isso é problemático. A cultura material da população viva era relativamente uniforme por toda a zona de Sântana-de-Mureș/Černjachov, apesar de muitas tradições culturais diferentes estarem por trás dela. Em contraste, a cultura material dos mortos era altamente diferenciada tanto dentro como entre os sítios de cemitério. Em outras palavras, as diferenças culturais não são distribuídas uniformemente em cada contexto social na cultura Sântana-de-Mureș/Černjachov, mas são confinadas ao contexto específico do ritual funerário. Além disso, ninguém foi capaz de demonstrar que os ornamentos escolhidos para um enterro eram usados na vida cotidiana. Por essa razão, embora as diferenças no ritual funerário possam muito bem refletir crenças diferentes sobre o pós-vida, não há evidência de que os costumes e objetos funerários diferenciassem as pessoas, exceto durante o breve momento em que o corpo era exposto antes de sua cremação ou enterro. O fato nos ajuda a interpretar os funerais de Sântana-de-Mureș/Černjachov com mais *nuances* do que requer uma leitura estritamente étnica.

O Ritual Funerário e o que Ele nos Diz

As formas pelas quais o ritual funerário nos dá pistas sobre a identidade têm sido rigorosamente examinadas no mundo dos francos, e parte dessa pesquisa também pode ser aplicada na zona Sântana-de-Mureș/Černjachov.[87] O ritual funerário é, ao menos originalmente, um reflexo das crenças no pós-vida, mas ele é também um ritual social para que aqueles que permanecem vivos enterrem o morto. Apesar de os materiais depositados em tumbas serem tudo o que resta para o estudo, não foram deixados para nós; ao contrário, eles são os traços sobreviventes de um ritual que foi visto e vivido por um curto período pelas pessoas que dele participaram. Esse ritual funerário não apenas celebrou o falecido e preparou seu caminho para o pós-vida, mas também ajudou a delinear as relações sociais entre as pessoas que se juntaram para enterrar o morto. Em outras palavras, os observadores

---

87. Ver especialmente Guy Halsall, *Settlement and Social Organization: The Merovingian Region of Metz*. Cambridge: 1995; Bonnie Effros, *Merovingian Mortuary Archaeology and the Making of the Early Middle Ages*. Berkeley and Los Angeles: 2003.

da época dentro e fora do círculo familiar do morto iriam ler e interpretar o ritual funerário pelos sinais sociais que representava. Assim, pessoas enterradas com mais ou melhores bens podem ter ocupado uma posição social mais alta do que a daquelas com menos, ou ao menos suas relações vivas estariam afirmando o *status* mais alto do falecido e, portanto, seu próprio *status* como herdeiros ou família do morto. Na zona Sântana-de-Mureş/Černjachov parece haver uma correlação entre bens tumulares mais ricos e o alinhamento dos corpos com a cabeça para o norte, e isso também pode ter tido uma ligação com o *status* agora perdido.

Entretanto, só a heterogeneidade em si dos enterros em Sântana-de-Mureş/Černjachov é tal que explicações baseadas apenas em *status* parecem inadequadas. Devem fazer parte do quadro as crenças sobre o pós-vida, crenças que diferiam muito entre vizinhos. Fosse alguém queimado ou enterrado, com ou sem uma espada, elevado em uma plataforma de madeira ou depositado na terra, seria evidente que isso revelasse expectativas diferentes sobre o que aconteceria na morte. A questão mais enfatizada pelos estudiosos, claro, é se essas crenças refletiam diferença étnica, e se podemos separar os godos de seus súditos com base na forma como eram enterrados. A resposta é complicada pelo fato de haver duas questões separadas. Em algum momento, os costumes funerários divergentes que encontramos na zona Sântana-de-Mureş/Černjachov devem ter derivado de populações com crenças diferentes sobre o pós-vida. Essa impressão é reforçada pelos paralelos que existem entre os rituais funerários na zona Sântana-de-Mureş/ Černjachov e aqueles em outras partes da Europa e da Ásia central. Mas o fato de existirem derivações e mesmo derivações étnicas diferentes não significa que o ritual funerário continuou tendo um significado étnico dentro da cultura Sântana-de-Mureş/Černjachov. Isso é verdadeiro, pois, graças aos padrões de preservação material, não temos evidência de que a população da zona marcava tais diferenças em qualquer outro contexto que não o do ritual funerário.

Isso sugere que os rituais que representavam crenças diferentes no pós-vida, que anteriormente correspondiam a origens étnicas, não tinham conteúdo étnico na cultura Sântana-de-Mureş/Černjachov. Essa sugestão pode não ser plausível para aqueles que acreditam que o ritual funerário é uma fonte primordial de crenças étnicas, mas, de fato, não é tão improvável. Sabemos que grupos de pessoas de uma mesma sociedade podem ter crenças incompatíveis sobre o que acontece após a morte sem que, no entanto, deixem de dividir um plano étnico e social comum. O melhor exemplo antigo é o próprio Império Romano. Lá, as elites romanas dos séculos II a IV dividiam uma única cultura material, literária e estética, bem como o *status* legal de cidadãos romanos, mas suas posições religiosas e filosóficas diferiam enormemente e provinham das mais variadas tradições provinciais e étnicas. As diferenças no ritual funerário da cultura Sântana-de-Mureş/Černjachov devem ser interpretadas como um paralelo dessa realidade romana da mesma época.

Por que a Cultura Sântana-de-Mureş/Černjachov é Gótica

Nesse ponto de vista, a cultura Sântana-de-Mureş/Černjachov foi um mundo cultural complexo, em que muitos ramos históricos haviam se mesclado. Ela pode ter sido muito menor em escala e menos variada socialmente que sua vizinha, a Roma imperial, mas não era fundamentalmente diferente em tipo de cultura. A elite militar abastada, cujas demonstrações de *status* permanecem visíveis para nós, conduzia uma sociedade que era reconhecivelmente gótica para os observadores greco-romanos. Quando os romanos do século IV olhavam para além do Danúbio, eles viam godos, divididos em diversos grupos como os tervíngios, mas mesmo assim godos. Eles não viam o que tinham vislumbrado na curva do Danúbio, na "terra dos sármatas", onde uma população subjugada etnicamente distinta podia ser diferenciada dos sármatas. Tampouco avistariam o que depois veriam na zona Sântana-de-Mureş/Černjachov posteriormente no século V, quando mestres hunos governavam diversas populações subjugadas, inclusive os godos.

Em outras palavras, é fundamentalmente errado seguir muitos historiadores modernos que chamam o reino gótico do século IV de "poliétnico". Ele era poliétnico somente no sentido de que nenhuma cultura é totalmente autônoma e livre de influências de outros ramos culturais. A cultura Sântana-de-Mureş/Černjachov emergiu em duas gerações depois do aparecimento dos godos em fontes escritas da época. De acordo com as fontes literárias, suas origens são contemporâneas com a década em que os godos passaram a dominar o baixo Danúbio e a região noroeste do Mar Negro. Como vimos no último capítulo, nenhuma evidência material sugere que "os godos" vieram de outros lugares e se impuseram sobre uma coalizão poliétnica; nada da época nos diz que os godos "vieram" de outro lugar. Em vez disso, o que vemos é o surgimento de pessoas de diferentes origens, nas fronteiras políticas de Roma, unindo-se sob o comando de líderes definidos como godos em suas constantes interações com o Império Romano. A relativa clareza dessas relações com o império levou-os a um sistema político estável além da fronteira onde a cultura material que chamamos de Sântana-de-Mureş/Černjachov se desenvolveu. Essa cultura, sua base agrícola e seu interior nômade foram as bases sobre as quais diversos agrupamentos góticos cresceram e se solidificaram no século IV. Alguns desses agrupamentos são profundamente obscuros, vislumbrados apenas como sombras em nossas fontes. Outros, mais próximos da fronteira, estavam mais presentes na vida das províncias de fronteira de Roma e, portanto, bem conhecidas por nós. A história desses grupos góticos, e dos tervíngios em particular, será o nosso foco no próximo capítulo.

Capítulo 5

Godos e Romanos entre 332 e 376

Como sugerido no último capítulo, a cultura Sântana-de-Mureş/Černjachov era a expressão material da hegemonia gótica no baixo Danúbio. Em outras palavras, era o produto da relativa estabilidade política garantida pelo apoio imperial à hegemonia gótica. Mas essa mesma estabilidade continha perigos inerentes ao Império Romano. A derrota do rei Erarico em 332 para Constantino e os 30 anos seguintes de paz entre o império e os tervíngios não fizeram nada para impedir o crescimento do poder militar destes últimos. Assim, quando um imperador romano veio a enfrentar novamente uma grande guerra gótica, como ocorreu com Valente no final da década de 360, ele se confrontou com um oponente cujo poder teria surpreendido Constantino. Ainda mais chocante foi a vitória gótica em Adrianópolis que, em 378, eliminou a maior parte do exército romano oriental. Seria muito importante saber como o poder gótico cresceu tanto nesse período. Infelizmente, sabemos muito pouco a respeito da história da região ocupada pelos tervíngios nas três décadas de paz que seguiram a vitória de Constantino – nem mesmo sabemos se devemos falar sobre um ou vários reinos tervíngios –, e menos ainda a respeito de grupos góticos mais distantes.

Como já vimos, é impossível ter certeza se Erarico foi o único rei tervíngio envolvido nas campanhas de 332, e como (ou se) ele era aparentado dos líderes posteriores dos tervíngios. A evidência da metade do século IV é igualmente incerta. Nos anos de 364-365, ouvimos a respeito de mais de um rei gótico que enviou tropas de apoio a uma tentativa malsucedida de tomada do trono imperial.[88] Mas, no fim da década de 360 e início da década de 370, nossas fontes se referem a um godo em particular, Atanarico, como o único líder dos tervíngios, mesmo que se refiram a ele como *iudex*, "juiz", e não rei. Outras fontes, no entanto, demonstram claramente que Atanarico não era o único líder tervíngio: encontramos personagens reais – uma certa rainha Gaath e outros sem nome – que agem de forma contrária ao *iudex* Atanarico, também chamado *iudex regum*, "juiz de reis", em uma fonte, mesmo que altamente retórica.[89] Assim, embora um juiz fosse claramente superior a um rei, as distinções não são claras, apesar das centenas de páginas de especulação acadêmica. Nossas fontes greco-romanas traduziam a distinção genuína entre a palavra para rei, *reiks*, cognato do latim *rex*, e a palavra gótica para juiz, *thiudans*. O fato de que *thiudans* era usado para traduzir o grego *basileús*, "imperador", em um calendário de mártires góticos é uma pista significativa da importância do título, mas nunca saberemos quanta autoridade um juiz tervíngio possuía sobre um *reiks*, e quão permanente ela era.[90]

A Morte de Constantino e Suas Consequências

A consequência a curto prazo da vitória de Constantino foi meramente uma mudança de foco para confrontos com outros inimigos bárbaros. Em 334, Constantino lutou contra os sármatas, provavelmente

---

88. Ammianus, *RG* 26.10.3.
89. Ambrosius, *De spir. sanct.*, prol. 17 (= CSEL 79: 23).
90. Hippolyte Delehaye, "Saints de Thrace et de Mésie", *Analecta Bollandiana* 31 (1912), p. 276; *Kunstanteinus* (*recte* Kunstanteius) *thiudanis*, que são as grafias góticas para Constantino e (o correto) Constâncio.

contra aqueles que haviam pedido sua ajuda contra os godos inicialmente. Somos informados de que a população servil das terras sármatas se rebelou contra seus senhores, e que muitos sármatas, 30 mil segundo uma fonte, fugiram para servir os romanos. Ao chegarem no território do império, foram divididos entre as províncias balcânicas e italianas.[91] Quaisquer que tenham sido os eventos sombrios que precederam a guerra gótica, é claro que toda a estrutura do *barbaricum* do Danúbio havia sido profundamente alterada, já que as velhas hierarquias do poder foram derrubadas. Depois da campanha de 334, Constantino tomou o título de vitória *Sarmaticus Maximus* para acompanhar seus múltiplos títulos de *Gothicus Maximus*. Ele também adotou o título *Dacicus Maximus*, que provavelmente representa a alegação de ter restaurado a província da Dácia de Trajano. A região dos Cárpatos da velha província não foi reanexada e ressubmetida à administração romana, mas as novas fortificações dos *quadriburgia* transdanubianos e outros pequenos fortes provavelmente justificavam tal alegação. De qualquer forma, Constantino era uma força familiar e assustadora além do *limes*, como se vê pelo número de embaixadores bárbaros presentes em 335 na celebração da *tricennalia*, seu trigésimo aniversário no trono, que foi descrito por Eusébio, uma testemunha ocular.[92]

Percebe-se a extensão do prestígio de Constantino pelas consequências imediatas de sua morte em 337: por quase dois anos, não temos registros de quaisquer campanhas contra os bárbaros do norte, uma estabilidade inédita, dado que os vizinhos bárbaros quase inevitavelmente aproveitavam a oportunidade das sucessões imperiais para atacar as províncias romanas. No ano de sua morte, Constantino estava se preparando para uma maciça invasão da Pérsia, que talvez pretendesse como ápice de sua carreira de conquistador. Sua morte deixou um legado de instabilidade na fronteira persa para os sucessores, e o quadro piorou com a própria competição entre eles. Constantino foi sucedido por três filhos e dois sobrinhos, sendo que estes últimos morreram em um massacre de quase todos os parentes homens que foi organizado para garantir o controle do trono pelos seus filhos; entretanto, estes – Constantino, Constâncio II e Constante –

---

91. Eusebius, *Vita Const.* 4.6; *Descriptio consulum*, s.a. 334 (Burgess, 236); *Orig. Const.* 31.
92. Eusebius, *Vita Const.* 4.7.

logo se enfrentariam. O filho mais velho, Constantino, não ficou satisfeito com a divisão do império que lhe cabia. Ele atacou seu irmão mais novo, Constante, em 340, mas morreu na guerra subsequente. Depois disso, Constâncio e Constante conviveram mais ou menos pacificamente por uma década, tendo provavelmente combatido juntos contra os sármatas pouco antes da morte de seu irmão mais velho.[93] Quando Constante foi deposto pelo golpe militar de 350, Constâncio lançou uma guerra contra o usurpador Magnêncio. No meio da guerra civil, foram os habitantes das províncias de fronteira que saíram perdendo. Da mesma forma que no século III, a defesa das fronteiras perdeu importância para as disputas internas, encorajando as incursões bárbaras durante os embates da guerra civil nas décadas de 340 e 350. Ao longo do baixo Danúbio, a paz de 332 se mantinha, sendo que os tervíngios honraram os termos e forneceram soldados para as campanhas militares do imperador Constâncio. A fronteira do Reno, em contraste, apresentava dificuldades quase permanentes. Foi lá que Constante enfrentara a revolta de Magnêncio, e de onde este retirara as tropas para sua guerra contra Constâncio. A conexão entre usurpadores e invasores bárbaros é explícita em um discurso atribuído ao imperador Constâncio, pouco antes de indicar seu primo Juliano como césar e dar a ele a tarefa ingrata de restaurar o Reno.[94]

Nossa Fonte Principal: Amiano Marcelino

A fonte desse discurso é Amiano Marcelino, um dos maiores historiadores de toda a Antiguidade e nossa fonte principal para a história do fim do século IV, incluindo a relação entre os godos e o império; sem Amiano, este e o próximo capítulo dificilmente poderiam ter sido escritos. Dada a sua importância ao nosso entendimento dos godos, devemos dedicar alguns instantes para observar o próprio Amiano

---

93. Antes de 340, tanto Constâncio quanto Constante haviam tomado o título de *Sarmaticus*, indicando uma campanha conjunta ou duas campanhas consecutivas: T. D. Barnes, *Constantine and Eusebius*. Cambridge, MA: 1981, p. 262, com referências.
94. Ammianus, *RG* 15.8.

antes de prosseguir. Amiano era grego de uma das grandes cidades da Síria, provavelmente Antioquia. Provinha de uma boa família que foi desobrigada de servir o conselho local da cidade e era, em vez disso, ligada à administração imperial. Quando jovem, Amiano serviu como *protector domesticus,* parte de um grupo de elite de soldados que exercia diversas funções especiais e que frequentemente operava em proximidade do próprio imperador. Os *protectores* frequentemente eram promovidos ao comando de tropas em serviço: a instituição era uma espécie de academia de treinamento de oficiais e mais de um *protector* se tornou imperador. Amiano se viu pessoalmente envolvido em várias missões muito importantes, e finalmente se juntou à invasão da Pérsia lançada em 363 pelo imperador pagão Juliano, primo e herdeiro de Constâncio. Diferentemente de seus primos e do tio Constantino, todos cristãos, Juliano (r. 361-363) repudiava o Cristianismo, provavelmente como reação à fé cristã de Constantino e de seus filhos, que haviam assassinado praticamente todas as pessoas próximas a Juliano. Este, em seu governo, fez uma tentativa de eliminar a cristianização de Constantino do império, tentativa que se desfez imediatamente com sua morte prematura durante uma campanha. No entanto, Juliano era o herói de Amiano, que pode até ter sido apóstata da cristandade como ele. Certamente, sua promissora carreira parou repentinamente com a morte de Juliano, em 363, e é possível que os seguidores pagãos mais fiéis tiveram suas perspectivas frustradas pela reação cristã ao imperador morto.

Com sua carreira terminada, Amiano se dedicou à pesquisa e, por fim, a escrever a história do Império Romano. Sabemos que ele viajou muito, e que se mudou do Oriente grego, onde nasceu, para Roma antes de 384. Ele escreveu muito de sua obra historiográfica em Roma, talvez sob o patronato de uma das grandes famílias senatoriais que dominavam a cidade. Seu trabalho mistura livremente uma história política do império com trechos de estudo e reminiscências pessoais. A obra deve ter sido finalizada aproximadamente em 390, e Amiano pode ter morrido logo depois, pois não sabemos mais nada sobre ele nos anos seguintes. O título de sua história era *Res Gestae,* literalmente "coisas feitas", e indica que o período histórico-político entre o reinado do imperador Nerva (r. 96-97) e o de Valente (r. 364-378) é seu foco principal. A versão sobrevivente do texto infelizmente começa no início do livro 14 e relata os eventos do verão de 353 em diante, e termina, com o livro 31, logo após a morte de Valente na batalha de Adrianópolis em agosto de 378. A estrutura da história é complexa e não podemos ter certeza sobre a forma com que foi organizada originalmente, ou mesmo se a numeração que temos dos livros está correta. É possível que o texto original consistisse de 36 livros, cinco dos quais estão perdidos e o resto numerado erroneamente.[95] Quase todo o material gótico de Amiano está contido no livro 31, que é estrutural e tematicamente muito diverso de todos os que o precedem e pode ter sido escrito inicialmente como um tratado separado. De qualquer forma, o pessimismo que permeia a *Res Gestae* é moldado pela derrota catastrófica de Valente contra os godos em Adrianópolis, sendo que o relato se concentra nessa batalha. Toda a narrativa, portanto, é filtrada pelo entendimento do terrível desastre que estava por vir, um desastre que Amiano atribui à falha em honrar as antigas tradições de Roma. Tal melancolia penetrante precisa ser levada em conta em nossa própria leitura de Amiano se quisermos garimpar o texto por informações sobre os eventos do período; devemos sempre perguntar por que ele diz o que diz da forma que o faz, pois é um mestre da insinuação e do subterfúgio. Por outro lado, ele foi um observador atento do declínio romano, e entendia como os erros podiam levar diretamente aos sucessos dos bárbaros. De fato, ele é o único a demonstrar que ao menos algumas pessoas da época entendiam e articulavam as razões pelas quais a interseção entre os combates romanos mutuamente destrutivos e a invasão bárbara foi tão letal: os bárbaros "eram como bestas selvagens que haviam se habituado a roubar sua presa pela negligência dos pastores".[96]

Constâncio no Danúbio

O maior perigo bárbaro, mostra a narrativa de Amiano, ficava ao longo do Reno e no alto Danúbio, onde a negligência e a guerra civil que seguiram a morte de Constante enfraqueceram as fronteiras.

---

95. Esse é o argumento de T. D. Barnes, *Ammianus Marcellinus and the Representation of Historical Reality*. Ithaca: 1998.
96. Ammianus, *RG* 16.5.

Tanto alamanos quanto francos agitavam-se, sendo que os últimos conseguiram saquear uma cidade importante, a residência imperial de Trier. Constâncio, o último herdeiro sobrevivente de Constantino, suspeitava profundamente de todos, e não menos de sua própria família. Mas ele não podia governar sozinho, especialmente com os distúrbios simultâneos no Reno, no Danúbio e no fronte oriental, e mesmo um primo suspeito era preferível a outro usurpador como Magnêncio. Constâncio voltou-se a seus poucos parentes homens vivos, mas o césar Galo, irmão mais velho de Juliano, provou ser um desastre e logo morreria nas mãos do executor. Em 356, restava apenas Juliano, que foi indicado césar. Durante 50 anos, ele lutou mais ou menos continuamente ao longo e além do Reno. Enquanto isso, Constâncio dedicava-se aos sármatas e quados do médio Danúbio, ano após ano. Em 358 e 359, Constâncio conduziu ataques maciços de retaliação contra esses dois grupos, e depois contra o antigo grupo submetido aos sármatas, os limigantes. Semeando deliberadamente o terror, Constâncio julgava os muitos reis da região, alocando territórios a grupos diferentes.[97] Como resultado dessas campanhas, os sármatas foram eliminados como uma força do *barbaricum*. Além disso, a supressão dos limigantes criou uma espécie de terra-de-ninguém do lado oposto da curva do Danúbio, entre os poderosos chefes quados a noroeste e os tervíngios ao sul e ao leste. Ambos iriam se beneficiar.

O poder gótico tornou-se presumivelmente mais estável com essas campanhas. Certamente nem Constâncio nem Juliano sentiram a necessidade de lutar ao longo da *ripa gothica* do baixo Danúbio, que permaneceu em completa paz entre as décadas de 330 e 360. A paz permitiu relações comerciais anunciadas no nome de um pequeno forte chamado *Commercium*, "o mercado", e o recrutamento de soldados góticos nas fortificações do lado imperial do rio.[98] Tais guarnições são provavelmente responsáveis pela distribuição razoavelmente ampla dos estilos decorativos de Sântana-de-Mureş/Černjachov em lugares como Iatrus ao sul da fronteira, e sabemos que Constâncio recrutou muitos godos para suas campanhas persas dos anos 350. O preço da paz danubiana de Constâncio só ficou claro a longo prazo. Seus

---

97. Ataques sármatas em 357: Ammianus, *RG* 16.10. Campanha em 358: Ammianus, *RG* 17.12-13; Aurelius Victor 42. Destruição dos limigantes (359): Ammianus, *RG* 19.3.
98. CIL 3:3653 = *ILS* 775.

sucessores, os irmãos imperiais Valentiniano (r. 364-375) e Valente (r. 364-378), não tiveram de lutar entre o Danúbio e o Tisza, onde Constâncio suprimira sármatas e limigantes. Entretanto, a ausência desses vizinhos problemáticos apenas aumentou o poder de líderes quados e tervíngios em seus próprios territórios, e tanto Valentiniano quanto Valente morreram em campanha contra quados e godos, respectivamente. Amiano relata como, em 361, o imperador Juliano declarou estar satisfeito em deixar os godos aos mercadores de escravos, pois eles não mereciam a atenção militar.[99] Sem dúvida, Amiano escreveu com a onisciência da posteridade, e queria nos fornecer um relato do trágico declínio do julgamento de Juliano, que levaria à sua morte em um campo de batalha persa. Mas se Juliano realmente disse tais palavras ou algo semelhante foi uma espantosa subestimação do poder tervíngio. Esse poder, que em grande parte era um produto da política imperial, seria revelado em três amargos anos de guerra entre o *iudex* tervíngio Atanarico e o imperador Valente. Antes disso, contudo, outro elemento da política imperial seria pesadamente imposto à sociedade gótica, na forma de missões cristãs.

Úlfila e a Cristandade Gótica

No longo período de estabilidade depois de 332, a ambição de Constantino de evangelizar os godos foi parcialmente realizada. Constantino, como visto, tornou-se um cristão devoto já em 312 ou talvez antes. Quando de sua vitória em 332, ele estava implementando em todo o império políticas pró-cristãs havia décadas, particularmente no Oriente grego, que conquistara de Licínio como libertador dos cristãos orientais. Ele via a si mesmo como um bispo para aqueles fora do império, e se considerava um evangelizador de *gentes* além da fronteira. A guerra contra a Pérsia, que Constantino estava preparando pouco antes de morrer, foi idealizada, ao menos em parte, por seu senso de missão cristã. É incerto se Constantino planejou a evangelização dos godos explicitamente. Argumenta-se às vezes que ele deliberadamente impôs a cristandade aos godos, com os quais fez

---

99. Ammianus, *RG* 22.7.8.

a paz em 332, mas a evidência não é precisa.¹⁰⁰ Pelo contrário, pode ter sido simplesmente um acaso que trouxe a oportunidade de ensinar o Cristianismo aos godos por meio do bispo Úlfila, algumas vezes chamado de Wulfila ou Úlfilas.

Nossa informação sobre a vida de Úlfila deriva de apenas duas fontes, uma carta escrita pelo discípulo Auxêncio e uma versão muito abreviada da *História Eclesiástica,* de Filostórgio, do século V. Úlfila descendia de capadócios levados como prisioneiros pelos godos durante os ataques da época de Galieno, mas ele mesmo usava um nome gótico. A data de sua consagração como bispo e o início de sua missão são alvo de debates. Ele chegou da Gothia como embaixador do imperador – talvez Constantino, talvez Constâncio II – e foi consagrado em *c.* 336 ou *c.* 341 por Eusébio de Nicomédia e outros bispos. Eusébio seguia uma variedade do Cristianismo associada ao padre egípcio Ário, que dizia que o Deus Filho era subordinado ao Deus Pai na Santa Trindade. O Arianismo havia sido condenado como falsa doutrina ou heresia no Concílio de Nicéia, reunido por Constantino em 325 logo após a conquista do Império do Oriente. Ao rejeitar o Arianismo, os bispos de Nicéia decidiram que o Pai e o Filho eram idênticos, da mesma substância (*homoousion* em grego). Apesar disso, formas modificadas da teologia da consubstanciação (homoeana) de Ário – assim chamada devido à palavra grega para "semelhança", que dizia que Pai e Filho eram de substância similar, mas não idêntica – continuavam a ter apelo considerável até para Constantino, que foi batizado pelo próprio Eusébio de Nicomédia. Os leitores modernos, incluindo os mais cristãos, estão desacostumados e são quase totalmente indiferentes à Teologia, e acham difícil entender por que as definições de Cristo e da trindade alimentavam tantas controvérsias na Igreja antiga. Isso ocorria pois a consequência da definição errada, de acreditar em algo errado sobre as pessoas da trindade, comprometeria a salvação. O custo político de ter a visão teológica condenada como heresia era muito grande, pois, após Constantino, o Estado romano

---

100. Eusebius, *Vita Const.* 4.5 não demonstra estipulações religiosas no tratado, afirmando meramente que Constantino havia subjugado os bárbaros sob o signo da cruz, enquanto não há pormenores em *Vita Const.* 4.14.1, na qual se diz que todas as nações eram regidas unicamente por Constantino. O relato de Eusébio é, nesse ponto, preferível a Sócrates, do século V, *HE* 1.18 e Sozomenes, *HE* 2.6.1, em que suspeitamos da adição de lendas.

recebeu a tarefa de garantir a ortodoxia cristã. Para entender a história do século IV, precisamos levar a sério o significado político e religioso das disputas teológicas.

O fato de que a posição de Nicéia não foi aceita universalmente por vários imperadores do século IV era mais um fator complicante. Constâncio II, por exemplo, era um convicto defensor da crença da consubstancialidade e tentou impô-la como ortodoxia, mesmo que tenha sido criticado por muitos bispos no império que apoiavam a definição da trindade de Nicéia. Úlfila era membro do grupo de Ário e, como consequência, o primeiro evangelho cristão entre os godos tinha essa forma. A tendência da cristandade gótica foi reforçada por eventos posteriores durante o império de Valente, um fervoroso adepto da consubstancialidade que perseguia seus oponentes de Nicéia ativamente. Quando concordou em deixar muitos tervíngios entrarem no império em 376, ele pode ter adotado a conversão como pré-requisito, e certamente já havia patrocinado missões antes disso.[101] Valente, no entanto, foi o último imperador a apoiar a doutrina e, a partir de sua morte, uma avassaladora reação da doutrina de Nicéia fez com que quaisquer tendências arianas permanecessem uma heresia injuriosa. De qualquer forma, com o passar dos anos, os cristãos góticos continuavam comprometidos com a fé e a liturgia arianas. Quando passou a existir um poderoso reino gótico dentro do Império Romano cem anos após a primeira missão de Úlfila, o Arianismo servia tanto como um símbolo de identidade gótica quanto como um grande obstáculo à coexistência pacífica entre os reis góticos e os romanos nicenos governados por eles.

De todo modo, quando sua missão começou, no mais tardar em 341, Úlfila estava simplesmente aderindo à doutrina cristã endossada como ortodoxia oficial pelo imperador e pelos bispos por ele favorecidos. Úlfila devia servir como bispo a todos os cristãos que já estivessem na terra dos godos, mas não temos ideia de quantos eles eram, nem quantos deles eram descendentes de ex-prisioneiros do Império Romano, tampouco quantos haviam sido convertidos além da fronteira. Entretanto, após dez anos da chegada de Úlfila no território gótico, o número de cristãos deve ter aumentado o bastante a ponto de preocupar os líderes dos godos, que associavam a nova religião ao poder imperial e, portanto,

---

101. Socrates, *HE* 4.33-34.

achavam algo suspeita a lealdade daqueles cristãos. Não sabemos o que provocou isso, ou quais líderes góticos estavam envolvidos, mas, oito anos depois da chegada de Úlfila na Gothia, iniciou-se uma perseguição aos cristãos góticos. Um comentário impensado do bispo Cirilo de Jerusalém parece implicar que a perseguição produziu mártires, mas nenhum deles é conhecido pelo nome.[102] Úlfila e seus seguidores foram expulsos para o império, onde receberam terras na província de Mésia Segunda, possivelmente perto da cidade de Nicópolis.[103] Constâncio se referiu a Úlfila como um novo Moisés, por guiar seu povo para longe da servidão de seu Egito transdanubiano.[104] No império, Úlfila envolveu-se intensamente com a política eclesiástica de Constâncio e foi um teólogo influente por muitos anos, até sua morte, em 383.

A Bíblia Gótica

Úlfila e seus seguidores na Mésia podem ter mantido ligações próximas com os correligionários além do Danúbio, mas não podemos ter certeza, pois a evidência vem do historiador eclesiástico do século V, Sozomenes, que frequentemente se engana ou simplifica os eventos do século IV. Faria sentido se Úlfila continuasse a estar envolvido na diplomacia entre imperadores e godos, mas, na década de 370, o bispo de Tomis no Mar Negro, e não Úlfila, provavelmente era responsável por todos os cristãos da Cítia, tanto da província romana quanto da ampla região gótica além da fronteira.[105] Independentemente disso, o maior impacto de Úlfila na história gótica veio da invenção de um alfabeto no qual a língua gótica seria escrita. Ele baseou esse alfabeto no grego, mas incluiu novas letras para representar sons diferentes.[106] Úlfila tinha apenas um objetivo ao criar o alfabeto: traduzir para o gótico o texto da Bíblia a fim de auxiliar o trabalho de evangelização. Ele traduziu para o gótico o texto completo da Bíblia, exceto pelo Livro dos Reis, "pois esse livro contém a história das guerras, e o povo gótico, sendo

---

102. Cyril of Jerusalem, *Catech.* 10.19 (*PG* 34: 688C).
103. Província: Auxentius 35-37 (CCSL 87: 164-165) = 56-59 (*PLS* 1: 703-706); Philostorgius, *HE* 2.5. Nicópolis: Jordanes, *Getica* 267.
104. Philostorgius, *HE* 2.5.
105. Sozomen, *HE* 6.37.
106. Sozomen, *HE* 6.37.11.

amante da guerra, necessitava de algo que refreasse a paixão pela luta, ao invés de incitá-la".[107] Esse trabalho de tradução pode muito bem ter envolvido seus seguidores, e foi provavelmente produto do tempo passado na Mésia, e não os poucos oito anos que passaram na Gothia. A obra foi duradoura. Nos reinos góticos dos séculos V e VI, a Bíblia gótica era o texto básico da liturgia ariana, e fragmentos dela nos foram transmitidos de muitas fontes diferentes. Quase tudo que resta é do Novo Testamento, com pequenos fragmentos do Velho Testamento. Esses textos bíblicos são o mais antigo registro substancial que possuímos da morfologia e do vocabulário de uma língua germânica, e são, portanto, de valor inestimável aos filólogos modernos.

Quer seja a missão de Úlfila um produto direto das ambições missionárias de Constantino ou não, ela é claramente resultado da paz de Constantino com os tervíngios. Não podemos relacionar o crescimento da cristandade na Gothia com os escassos fragmentos que conhecemos da história dos tervíngios durante o império de Constâncio e Juliano. Mas podemos ter certeza de que a cristandade estava se alastrando pela região, o que fica claro pelos documentos. Como logo veremos, o resultado das guerras góticas de Valente na década de 360 trouxe uma segunda e muito maior perseguição aos cristãos no território gótico, que é mais bem documentada em fontes eclesiásticas e litúrgicas. A maior parte das vítimas conhecidas dessa segunda perseguição parece ter sido de godos nicenos e não arianos. Isso parece indicar a existência de dois ramos separados de missionários além da fronteira do baixo Danúbio no período, mesmo que os detalhes pareçam obscuros.

Tervíngios, Greutungos e Outros Godos

Ainda mais obscura do que a ascensão da cristandade tervíngia é o mundo gótico além dos tervíngios. Não há evidência da época, e quase tudo que sabemos sobre o grande mundo gótico da metade do século IV, além da evidência arqueológica das estruturas sociais mencionadas no último capítulo, vem de relatos retrospectivos escritos depois do desastre de Adrianópolis. Jordanes tem muito a dizer sobre

---

107. Philostorgius, *HE* 2.5; trad. P. Heather e J. Mathews, *The Goths in the Fourth Century*. Liverpool: 1991, p. 144.

o período, mas é quase tudo ficção baseada em figuras genuínas de fontes da época inseridas em uma história sucessória artificial do rei ostrogodo Teodorico, o Grande, do século VI. A única coisa de que podemos ter certeza é que além do território dos tervíngios do século IV havia outro reino gótico, cujos habitantes eram chamados greutungos. Os tervíngios e greutungos foram interpretados como ancestrais lineares dos visigodos e ostrogodos do século V, e a divisão de longa data dos godos em dois segmentos, com dinastias reais separadas, é uma invenção da literatura antiga (ainda mantida por seguidores da teoria etnogenética, pela insistência de que as dinastias reais transmitem identidade étnica). De fato, a divisão entre visigodos e ostrogodos é produto da política do século V dentro do Império Romano e dos hunos, e os nomes são derivados do texto de Jordanes do século VI: eles não têm uma relação provável com as divisões do século IV. Os grupos góticos que emergiram no século IV depois de Adrianópolis e no século V depois do colapso do Império Huno eram de origens variadas, com ligações a diversos grupos góticos diferentes no século IV. Desses, os tervíngios são relativamente bem documentados, mas nosso conhecimento dos greutungos provém quase inteiramente de poucas páginas de Amiano Marcelino. Ele, por sua vez, só menciona os greutungos ao descrever a destruição de seu reino pelos hunos e a morte do rei Ermanarico.

Na verdade, Amiano sabia muito pouco sobre o reino dos greutungos. Ele nos diz que Ermanarico governava "terras ricas e amplas" e era "um rei muito guerreiro e, por seus muitos e variados feitos, temido pelos povos vizinhos".[108] Essa é na íntegra a única evidência da época que existe do reino de Ermanarico. Jordanes, no entanto, expande esse relato em uma elaborada lista de povos governados por Ermanarico, baseando-se em tradições de etnografia clássica e estendendo o império fictício até o norte da Rússia. O "império de Ermanarico" de Jordanes não merece a atenção dada por estudiosos, sérios se não fosse por isso, desesperados por quaisquer informações sobre os antigos godos. Exceto pela única linha de Amiano, a extensão do poder de Ermanarico deve permanecer um mistério. Após o colapso do reino diante do ataque dos hunos, sabemos de vários grupos

---

108. Ammianus, *RG* 31.3.1.

diferentes de greutungos, que não podemos identificar positivamente como os antigos seguidores de Ermanarico. O fato sugere que, tal qual nas diferentes facções conhecidas dentre os tervíngios diante das invasões de Valente na década de 360, dentre os greutungos, Ermanarico não era a única fonte de poder. A evidência arqueológica que verificamos não oferece ajuda, e não há diferença material entre os territórios de Sântana-de-Mureş/Černjachov nos quais os tervíngios eram dominantes e aqueles nos quais os greutungos de Ermanarico viveram. Devemos, em outras palavras, contentar-nos com um senso muito imperfeito de história gótica entre a vitória de Constantino em 332 e a de Valente em 369, sobre a qual falaremos agora.

Valentiniano e Valente

Como grande parte da história da fronteira romana, as guerras góticas de Valente estão ligadas aos conflitos internos do império, particularmente com o legado deixado por seus predecessores Constâncio II e Juliano. Este havia sido indicado como césar por Constâncio, na esperança de que restaurasse a fronteira do Reno, tão enfraquecida pela usurpação de Magnêncio. Em 359, após muitos sucessos contra francos e alamanos no Reno, Juliano foi declarado augusto por suas tropas. Tanto ele quanto Constâncio se prepararam para a guerra civil, sendo que este último terminou sua campanha na Pérsia abruptamente para lidar com o primo. O conflito aberto só foi impedido pela oportuna morte de Constâncio, por causas naturais, em 361. Juliano lançou imediatamente um ambicioso programa de reformas com a finalidade de reverter a cristianização do império e seguir os sonhos do tio e do primo de conquistar a Pérsia. Após o sucesso inicial que levou o exército aos muros da capital persa em Ctesifonte, a campanha de Juliano se despedaçou; ele morreu de um ferimento recebido em uma emboscada. O exército elegeu um oficial pouco eficiente chamado Joviano (r. 363-364) para recuar da Pérsia, o que fez ao custo de um tratado humilhante que entregou diversas cidades importantes da Mesopotâmia. Joviano, um beberrão, logo morreu dessa inclinação aos prazeres da vida, e o alto comando elegeu Valentiniano (r. 364-375) como imperador. Este, um *protector* como o historiador

Amiano, indicou seu irmão mais novo, Valente (r. 364-378), como seu coimperador.

Os irmãos eram da Panônia, da região do Lago Balaton na atual Hungria, e portanto de uma região proverbialmente atrasada, causa de muitas piadas dos romanos da época. Esse estereótipo cultural afeta profundamente o tratamento que eles têm em nossas fontes narrativas, que invariavelmente retratam os dois como desprezíveis e cruéis, um julgamento atenuado apenas pela inegável habilidade de Valentiniano como general. Amiano, o grego culto da Síria, achava-os abomináveis: Valente era um *subrusticum hominem*, um parvo, que teria sido assassinado pelos soldados caso o destino não o tivesse poupado de sofrer um desastre maior.[109] Tudo que sabemos sobre Valente é de uma hostilidade uniforme tanto em Amiano quanto na rica tradição histórica grega. Nossa própria interpretação, como a de seus contemporâneos, permanece influenciada não apenas pelas palavras, mas por seu destino final: ele foi morto pelos godos, com grande parte do exército romano do Oriente, no campo de Adrianópolis. Argumentos recentes não interpretam Valente como um imperador desastroso e certamente não como o incompetente que aparenta ser nas fontes. Pelo contrário, ele foi um comandante romano mais ou menos mediano que enfrentou uma série de circunstâncias impossíveis, que levaram finalmente à sua derrocada.[110] Mesmo que isso seja um pouco generoso, não há dúvida de que Valente e Valentiniano enfrentaram desafios terríveis ao ascender ao trono.

A possibilidade de guerra civil entre Juliano e Constâncio e o fato de que Juliano lançou sua campanha na Pérsia imediatamente após a morte de seu rival levaram aos problemas costumeiros de fronteira. Como nas décadas de 340 e 350, os distúrbios foram piores ao longo do Reno, embora os quados, liberados da pressão dos vizinhos sármatas, exigissem repetidas campanhas de Valentiniano. Isso demonstra os perigos estruturais inerentes da política – padrão do império em relação aos bárbaros. O modo como Constâncio tratou as questões na região entre o Danúbio e o Tisza criara ressentimento entre os quados, que haviam sofrido ataques degradantes na mesma época em que os

---

109. Ammianus, *RG* 29.1.11.
110. N. Lenski, *Failure of Empire: Valens and the Roman State in the Fourth Century A.D.* Berkeley: 2002.

sármatas foram derrotados. Mas sua posição também foi tão fortalecida que, assim que a oportunidade se apresentou, com a partida de Juliano e sua morte, os quados puderam lançar ataques devastadores às províncias de Nórica e Valéria. Os quados tornaram-se tão confiantes na segurança de sua posição que alguns de seus enviados chegaram a tratar Valentiniano como um igual durante a campanha de 375. Seu ultraje por essa afronta causou o derrame que o matou, deixando as províncias ocidentais para seus filhos, um jovem inexperiente chamado Graciano e seu meio-irmão, Valentiniano II, este ainda uma criança. Desde 365, quando dividiram o império e o exército entre eles, Valentiniano e Valente não interferiram um com o outro. Valente não interveio no Ocidente quando da morte prematura de seu irmão, da mesma forma que Valentiniano deixara Valente cuidar sozinho da longa série de perturbações que enfrentara na década seguinte a 365. A primeira destas foi a usurpação de Procópio, e foi desse episódio que, em última instância, surgiram as campanhas góticas de Valente.

A Usurpação de Procópio e o Fim da Paz Gótica

Procópio podia traçar sua linhagem até a dinastia de Constantino, cujo ramo principal havia morrido com Juliano. Ele se lançou como usurpador em Constantinopla em 365, subornando tropas que estavam a caminho da fronteira do Danúbio, e quase conseguiu derrubar o novo e instável regime de Valente. Foi só a oportuna traição de velhos associados de Constâncio II que salvou Valente. Procópio foi capturado e executado em 366. Vários reis góticos apoiaram Procópio, supostamente com 3 mil soldados, mas eles deram a desculpa de estar a favor do tratado com a casa de Constantino ao aceitar a legitimidade de Procópio.[111] Não podemos dizer se acreditavam em suas próprias desculpas, mas sabemos que seus serviços foram bem recompensados: o maior tesouro de moedas de prata em território gótico, o de Caracal no Rio Olt, na atual Romênia, continha quase 3 mil moedas, incluindo 30 de Procópio.

---

111. Ammianus, *RG* 26.10.3; 27. 5.1-2; Eunapius, frag. 37 (Blockley) = 37 (Müller).

Valente, como podemos imaginar, não pretendia aceitar as desculpas. Ele precisava desesperadamente de uma vitória sobre a qual poderia alicerçar seu prestígio danificado pela tentativa quase bem-sucedida de derrubá-lo. Os godos eram um alvo mais fácil e atraente do que a intratável fronteira persa, e ele poderia retratar a guerra gótica como uma punição bem merecida pelo apoio a um usurpador. Ele capturou os godos que haviam apoiado Procópio e deportou-os para a Ásia Menor. Depois disso, em três campanhas de verão de 367 a 369, Valente atacou os godos do outro lado do Danúbio. As campanhas foram bem planejadas, como atestam várias leis feitas para o prefeito pretoriano Auxônio, responsável pela organização logística. A importância das campanhas foi antecipada no Império do Oriente, pois Valente recebeu a dedicatória de um estranho tratado, agora de autoria desconhecida, chamado *De rebus bellicis*, "Sobre assuntos militares", que recomenda medidas sensatas e apropriadas para as condições na Trácia e novas máquinas de guerra bizarras que nenhum general teria utilizado. O orador Temístio, grande celebridade em Constantinopla e porta-voz da propaganda imperial desde Constâncio, preparou a opinião pública para o sucesso vindouro. Infelizmente para Valente, o entusiasmo de Temístio seria refutado pelos eventos a seguir.

As Três Campanhas Góticas de Valente

Na primeira campanha, iniciada no verão de 367, Valente cruzou o rio em Dafne em uma ponte de barcos, o que sugere que a ponte construída por Constantino de Oescus a Sucidava não era mais apropriada para operações militares em larga escala. O imperador causou danos nos territórios além do rio, mas não conseguiu engajar um grande número de godos em batalha, pois estes fugiram para os Cárpatos ou para os Alpes da Transilvânia diante de seu avanço. No entanto, Valente estava disposto a oferecer um prêmio pela cabeça de qualquer godo que seus homens pudessem capturar, o que lhe permitiu alegar ao menos algumas vitórias na campanha.[112] Em 368, chuvas e inundações limitaram o movimento do exército, e Valente passou a maior parte, se não todo o verão, acampado às margens do Danúbio sem grande

---

112. Zosimus, *HN* 4.10-11.

efeito militar. No entanto, ele realizou uma campanha considerável de construções, restaurando e construindo novos *quadriburgia* e menores *burgi*, nomeando-os em homenagem a si mesmo e a membros da família (por exemplo, Valência, Valenciniana, Graciana).[113] Esses esforços são reafirmados por moedas de bronze que mostram um *burgus* no verso, e por uma inscrição fragmentada de Cius datada de 368.[114] O terceiro ano da guerra foi mais satisfatório. Depois de cruzar o rio em Noviodunum no Dobrudja, Valente marchou um longo caminho no território gótico, semeando medo e destruição. O líder tervíngio Atanarico decidiu lutar e foi derrotado, como normalmente eram os exércitos bárbaros quando um exército romano conseguia prendê-los a uma batalha formal. No entanto, em vez de perseguir Atanarico em seu recuo, Valente retornou ao território imperial, possivelmente por causa do final da estação.[115]

Os Termos da Paz

Amiano Marcelino, que é nossa fonte principal dessas campanhas, não tinha razão para minimizar sua importância, sabendo que a batalha de Adrianópolis logo viria. Mas os três anos de guerra de Valente haviam trazido verdadeiras conquistas. Os novos fortes do Danúbio fortaleceram as defesas romanas e a projeção do poder imperial sobre os godos. De fato, Valente fechou a fronteira de modo tão eficaz que o acesso gótico aos bens de comércio romanos foi sistematicamente interrompido. Vimos no último capítulo o importante papel que o comércio com as províncias do Danúbio tinha para as regiões de Sântana-de-Mureş/Černjachov, e as medidas de Valente devem ter causado dificuldades. Mais ainda que a derrota na batalha de 369, a falta de bens romanos em todo o território gótico forçou Atanarico a buscar a paz.[116] Os termos da paz foram arranjados no fim do verão de 369 por dois generais de confiança de Valente, Vítor

---

113. Valência: *Codex Theodosianus* 8.5.49; 11.1.22; 12.1.113. Graciana: Procopius, *Aed.* 4.11.20 (Haury, 149). Valentiniana: *Notitia Dignitatum*, Or. 39.27.
114. Moedas: *RIC* 9:219 (Constantinopla 40). Inscrição: CIL 3.7494 = *ILS* 770. De forma geral, Themistius, *Or*. 10.136a-b.
115. Ammianus, *RG* 27.5.6.
116. Themistius, *Or*. 10.133a; Ammianus, *RG* 27.5.7.

e Arinthaeus. Valente e Atanarico se encontraram para solenizar o tratado perto de Noviodunum, mas fizeram isso em barcos, no meio do rio, sendo que Valente respeitou o juramento do rei gótico de não pisar em solo romano.[117] Os godos deram reféns, e o imperador parou de lhes fornecer subsídio. O comércio foi reaberto, mas restrito a apenas duas cidades (não mencionadas).[118] Ainda assim, a separação dos godos do império não foi tão completa quanto sugerem as medidas, pois os tradutores do grego para o gótico continuaram a receber subsídio imperial, sugerindo que as linhas de comunicação foram mantidas.[119]

Após o tratado, ambos os lados podiam afirmar alguma espécie de vitória. Temístio se dirigiu ao Senado de Constantinopla em 370 e preservou a história oficial: a filantropia de Valente o inclinou à piedade. Por que um inimigo conquistado e subjugado teria de ser destruído quando poderia ser preservado e utilizado no campo de batalha? Valente usara o fim das hostilidades e a concomitante propaganda do triunfo para lidar com os problemas crescentes na fronteira oriental, passando a residir em Antioquia, na Síria, por quase cinco anos. Atanarico obteve do imperador uma paz digna em termos iguais e estava livre para reafirmar sua autoridade entre os tervíngios. Ele escolheu fazer isso em parte com a perseguição aos cristãos góticos, o que pode ter levado à guerra contra outros líderes góticos e provocado uma nova intervenção romana. Certamente a oposição que enfrentou nos dá uma pista de como o seu prestígio caíra nos três anos da inconclusiva guerra contra Valente. Como de costume, as fontes disponíveis deixam muito a ser debatido, e não é nada claro se os cristãos góticos ajudaram Valente ou se opuseram a Atanarico antes do início da perseguição. Mas, como havia sido o caso com Diocleciano décadas antes, a suspeita pode ter sido motivo suficiente para a perseguição. Os cristãos podiam estar envenenando a saúde do Estado ao se recusar a honrar os deuses protetores. Do ponto de vista de Atanarico, eles eram espiões do imperador em potencial. Se a comunidade gótica de Úlfila na Mésia mantinha laços com os cristãos do outro lado do Danúbio, o que parece bem possível, a suspeita de Atanarico é justificável. Em tempos de paz, não haveria problema nesse

---

117. Ammianus, *RG* 27.5.8-9; 31.4.13; Themistius, *Or.* 10.134a.
118. Ammianus, *RG* 27.5.10; Themistius, *Or.* 10.135c-d; Zosimus, *HN* 4.11.
119. Themistius, *Or.* 10.135a.

tipo de contato, não muito diferente do movimento do comércio tão característico do baixo Danúbio na metade do século IV. Mas, uma vez que os romanos entraram em guerra contra os godos e Valente diminuiu o comércio a uma fração, a perspectiva teria de ser alterada. Os cristãos góticos podem ter começado a se parecer menos com a população aliada dos reis godos e mais como possíveis simpatizantes de Valente. Se, como nos diz o historiador eclesiástico do século V, Sócrates, Valente começou a enviar missionários à Gothia em 369, a oposição aos cristãos góticos ficou muito mais clara.[120] Seguiu-se a perseguição com efeitos bem documentados nas fontes remanescentes.

A História de Saba

A mais extensa dessas fontes é a *Paixão de São Saba*, escrita depois de 373, um ou dois anos após a morte do protagonista, Saba. A *Paixão* foi enviada a Basílio, bispo de Cesareia na Capadócia, talvez o mais influente dos bispos gregos da época.[121] Basílio se correspondia com o capadócio Junius Soranus, que havia sido indicado a um comando militar na Cítia romana como *dux Scythiae*, "governador da Cítia", em 373. A troca de cartas era uma parte da vida das elites provinciais, e a ascensão de um colega a um cargo imperial em uma província distante significava usualmente a extensão do patronato aos nativos da região. Manter uma rede de correspondentes era, portanto, um pré-requisito para servir seus clientes. A coleção de cartas de Basílio é uma das muitas sobreviventes a demonstrar o zelo com que os contatos úteis eram cultivados. A *Paixão de São Saba* nos resta ainda graças à troca de cartas: um clérigo dos Bálcãs (Ascólio de Tessalônica, ou mais provavelmente um padre de mesmo nome) aproveitou a oportunidade da indicação de Soranus e de suas conhecidas ligações com Basílio para informar o grande bispo sobre a Igreja nas províncias do Danúbio e além. Basílio, em graciosa resposta, adula o autor como um "treinador de mártires góticos", embora não tenhamos

---

120. Socrates, *HE* 4.33-34 e Sozomen, *HE* 6.37; Orosius, Hist. 7.33.19. Ver, em geral, N. Lenski, "The Gothic civil war and the date of the Gothic conversion", *Greek, Roman and Byzantine Studies* 36 (1995), p. 51-87.
121. Basil, *Ep.* 154, 164 e 165, seguindo a identificação de C. Zuckermann, "Cappadocian fathers and the Goths", *Travaux et Memoires* II (1991), p. 473-486.

como avaliar a verdade do epíteto. Ainda assim, o *dux* Soranus ficou entusiasmado com a lenda do santo Saba, e enviou homens para o outro lado do Danúbio para coletar relíquias do santo e enviá-las à Capadócia, onde permaneceriam. A conexão acidental da cristandade gótica e da Capadócia, para onde os ancestrais de Úlfila foram levados havia mais de um século, foi então perpetuada.

Precisamos nos deter um pouco mais na história de Saba, como retratada na *Paixão*, porque seus detalhes incidentais nos oferecem o único olhar sobre a história social gótica que possuímos além dos restos arqueológicos da cultura Sântana-de-Mureş/Černjachov. Saba, pelo que sabemos, era de um vilarejo em algum lugar da Gothia, talvez da região logo ao sudeste dos Cárpatos. Ele era niceno e não um cristão adepto da doutrina da consubstanciação, e pode ter sido cantor ou leitor da igreja local (não fica claro se a referência a seu "cantar as preces de Deus na igreja" deve ser tomado por um termo técnico). A *Paixão* distingue várias fases da perseguição pelos *megistanes* góticos, "lordes" ou "líderes", talvez uma referência direta ao rei Rothesteus, mencionado em trecho posterior do texto, ou a seus seguidores mais importantes. Em ambas as fases, os *megistanes* testaram a lealdade dos aldeões forçando-os a comer carne de sacrifícios. Na primeira vez em que isso aconteceu, os pagãos da vila de Saba decidiram enganar os oficiais supervisores ao substituir a carne sacrificada aos deuses pagãos por carne que não era de sacrifício. Para nós, isso demonstra a integração dos cristãos góticos à vida nas aldeias e a união contra as autoridades, mesmo que legítimas, de fora da aldeia.

Para os gregos da época que liam a *Paixão*, entretanto, eram as ações de Saba que provavam sua santidade: recusando-se a pactuar com o embuste, ele demonstrou abertamente a rejeição à carne, levando seus colegas aldeões a exilá-lo da aldeia. Ele retornou depois de pouco tempo, mas provocou novos problemas para si e para outros cristãos da aldeia. Quando da chegada de um nobre godo para supervisionar o consumo de carne de sacrifícios pela segunda vez, os pagãos deveriam jurar, ao comê-la, que não havia nenhum cristão na aldeia. Novamente, Saba se revelou ao se recusar a participar de uma enganação. Quando os aldeões juraram que Saba era um homem sem valor que não possuía "nada além das roupas do corpo", o lorde godo não fez nada mais que ordenar sua expulsão do local, já que um homem sem propriedade não poderia ajudar nem causar dano. A resposta é uma forte evidência da natureza essencialmente política da perseguição no território gótico: convertidos poderosos poderiam ser um desafio, potencialmente relacionados ao imperador; um homem como Saba era, na pior das hipóteses, um incômodo visível.

Ainda assim, na fase final da perseguição, o caráter obstinado de Saba chegou a um pico que provocou o martírio que ele tão claramente desejava. Saba estava a caminho de outra aldeia para celebrar a Páscoa com um padre chamado Gouththikas, quando uma nevasca milagrosa o impediu de prosseguir e o obrigou a voltar para celebrar o banquete em sua própria aldeia com um colega cristão, o padre Sansalas. Três dias depois da Páscoa, Atarido, filho do rei Rothesteus, chegou à aldeia acompanhado de soldados especificamente para prender Sansalas. Saba, encontrado em sua companhia, foi igualmente preso, mas, enquanto Sansalas foi tomado como prisioneiro para enfrentar uma autoridade maior, Saba foi torturado no local. Primeiramente arrastado sobre arbustos espinhosos, depois amarrado aos eixos de uma carroça e açoitado noite adentro, ele desafiou seus torturadores como alguém que nasceu para o martírio. Um servo aldeão o libertou e alimentou, mas as torturas continuaram no dia seguinte, quando Sansalas e Saba foram obrigados pelos homens de Atarido a consumir carne de animais sacrificados. Saba naturalmente se recusou a fazê-lo, sendo finalmente condenado à morte em 12 de abril de 372. Os soldados escolhidos para afogá-lo no Rio Musaios, talvez o Buzău, consideraram seriamente sua libertação: eles acharam que ele era um simplório por ficar feliz com a chegada do martírio, pensando que Atarido nunca iria descobrir se eles apenas deixassem que fosse embora. Mas Saba, insistindo que podia ver um exército de santos esperando além do rio para recebê-lo no céu, pediu que fizessem seu trabalho. Então, "levaram-no à água e, forçando uma viga contra seu pescoço, empurraram-no ao fundo, mantendo-o lá". Pode ter sido Sansalas que escreveu o relato do martírio de Saba.[122]

---

122. Texto da *Paixão* em Hippolyte Delehaye, "Saints de Thrace et de Mésie", *Analecta Bollandiana* 31 (1912), p. 216-221, com a tradução [para o inglês] de P. Heather e J. Mathews, *Goths*, p. 111-117.

Outros Mártires Góticos e os Motivos da Perseguição

Saba não foi o único mártir da perseguição. Como São Gerônimo coloca em sua crônica para o ano de 369, "Atanarico, rei dos godos, perseguiu cristãos, matou muitos e expulsou-os de suas próprias terras para as terras do império".[123] Vários mártires são registrados por nome em diversas fontes diferentes. De particular importância é a lista de mártires imortalizados em Cízico, na Ásia Menor, onde as relíquias foram depositadas por Dulcila, filha da rainha gótica chamada Gaatha. Dentre os mártires encontramos os padres Bathouses e Wereka, seus filhos, o monge Arpulas, 11 homens e sete mulheres mencionados por nome, todos mortos por ordem do líder gótico Wigurico.[124] Outros nomes são conhecidos de fontes menos confiáveis, mas a pista das evidências é clara: enquanto alguns líderes góticos favoreciam a cristandade e tentavam preservar a memória dos mártires locais, muitos apoiavam a perseguição de Atanarico.

Vimos por que Atanarico pode ter considerado a cristandade gótica como uma ameaça a ser removida. Ainda assim, dessa explicação essencialmente política, é válido destacar que alguns de seus seguidores devem tê-lo apoiado por convicção genuína, e a história de Saba deixa isso claro. No primeiro de vários confrontos com as autoridades góticas, Saba foi exortado a comer a carne de sacrifício para salvar sua alma. A menos que isso seja um mero enfeite cristão a respeito do confronto relatado por um autor eclesiástico, parece que os godos interpretavam a cristandade não apenas como uma ameaça ao Estado, mas também à saúde espiritual dos convertidos. De qualquer forma, é difícil negar que o medo político fosse o principal motivo da perseguição; o entusiasmo de líderes como Rothesteus e Wigurico mostra que, bem abaixo do nível do *iudex* Atanarico, havia o temor de que os cristãos pudessem formar uma quinta coluna mais próxima do império do que dos líderes godos pagãos.

---

123. Jerome, *Chron.*, s.a. 369 (ed. Helm, 249i).
124. Delehaye, "Saints", p. 279. Ver também as traduções [para o inglês] de P. Heather e J. Mathews, *Goths*, p. 125-130.

A situação só piorou com a conversão de alguns membros da aristocracia gótica, pois, ao contrário de Saba, eles podiam oferecer a ameaça do poder romano. Os imperadores eram bastante favoráveis a encorajar a discórdia entre vizinhos bárbaros, e a derrota de Atanarico prejudicara sua autoridade, mesmo que fosse preservado pelo compromisso pacífico com que acabara a guerra. Como visto, o historiador eclesiástico Sócrates relata que Valente se utilizara da paz para a evangelização dos godos. Sócrates também relata que o líder tervíngio Fritigerno havia sido convertido, que sua cristandade o levara à guerra contra Atanarico, e que soldados romanos haviam sido enviados para ajudá-lo antes que fosse feita a paz entre os dois. A história da conversão é corroborada pela provável comemoração de Fritigerno em um calendário litúrgico posterior, embora a guerra civil seja conhecida apenas por Sócrates.[125] A história é plausível. Encontramos Fritigerno novamente em Amiano, uma fonte mais confiável que Sócrates, como líder dos tervíngios que se opõem a Atanarico. Não sabemos se Fritigerno se opôs a ele por ser cristão, ou tornou-se cristão como resultado da oposição a Atanarico. Parece claro que Atanarico tinha absoluta razão ao ver a extensão da cristandade entre as elites góticas como uma ameaça substancial ao *status quo* político na Gothia. Como isso teria se resolvido a longo prazo é discutível. Quatro anos após o martírio de Saba, a estabilidade de todo o mundo gótico havia sido estilhaçada por eventos obscuros e traumáticos que trariam muitos tervíngios para as margens do Danúbio, implorando pela admissão no império, na primavera de 376.

---

125. Socrates, *HE* 4.33-34; Delehaye, "Saints", p. 276, mas a tradição manuscrita é defeituosa e o nome original que é comemorado não é inteiramente claro.

Capítulo 6

A Batalha de Adrianópolis

A batalha de Adrianópolis eliminou dois terços de todo o exército romano oriental. Foi o pior desastre militar da era imperial romana, e um dos piores de toda a história de Roma. Por ter sido causado por bárbaros, tornou-se controvérsia instantânea, e as pessoas da época se esforçavam para entender as razões da derrota. Para eles, nada menos que a irritação divina poderia explicar tal calamidade, e então os debates ficaram centrados em descobrir qual deus estava irritado e por qual motivo. Da perspectiva do historiador moderno, a trilha de eventos que levou a Adrianópolis é marcada pelo erro humano a cada passo. Os godos que derrotaram o imperador Valente em Adrianópolis em 378 não eram uma horda descontrolada de invasores. Eles eram, em sua maioria, os mesmos que haviam cruzado o Danúbio apenas dois anos antes, em 376, tendo feito isso com total aprovação do governo imperial. A recepção dos bárbaros no império não era uma novidade sem precedentes, mas um procedimento bem-sucedido com séculos de experiências bem-sucedidas para apoiá-lo. Claro, acidentes podem acontecer quando grandes contingentes de pessoas se deslocam de um lugar a outro, mas o caminho para Adrianópolis não foi acidente. A ordenada recepção aos godos se desfez por má administração e, daí em diante, o governo exacerbaria repetidamente o problema em uma combinação letal de corrupção e incompetência. A crise prosseguiu inexoravelmente até o fatal 9 de agosto de 378.

Uma história narrativa moderna é inteiramente dependente das fontes antigas que sobreviveram, que condicionam tanto sua profundidade quanto seu detalhamento. Durante os dois anos que antecederam Adrianópolis, nosso acesso a uma corrente particular da história gótica cresce tremendamente. Os godos que entraram no império em 376 são mais conhecidos que quaisquer de seus predecessores, ou mesmo até que quaisquer outros de fora do império. O ritmo e a escala de nossa narrativa podem mudar com o presente capítulo. Até agora, só pudemos verificar a história gótica de duas maneiras: primeiro, em uma espécie de panorama analítico estático, baseado na evidência arqueológica; segundo, em breves lampejos narrativos quando os godos se chocavam fortemente o bastante com a política imperial romana para que nossas fontes greco-romanas deixassem um registro dos eventos. Mas, a partir de 376, pela primeira vez, sabemos o suficiente das ações tanto dos romanos quanto dos góticos para escrever uma história narrativa detalhada, que permite uma ideia não apenas do que aconteceu, mas também dos motivos e do modo com que as coisas ocorreram.

Hunos, Alanos e Godos

As fontes não atingem esse nível de precisão até a chegada dos godos às margens do Danúbio em 376, e a sequência de eventos que os trouxeram ali não é conhecida de forma semelhante ao detalhamento dos dois anos subsequentes. A fonte básica é Amiano Marcelino, com a adição de raros fragmentos de Eunápio ou de fontes posteriores, como Zósimo, que se baseiam naquele. Amiano nos oferece um relato satisfatoriamente linear: os hunos, um povo misterioso e letal, como se surgissem do nada, esmagam os um pouco menos selvagens alanos, e atravessam o reino dos greutungos de Ermanarico, impulsionando uma horda de godos refugiados ao Danúbio, onde pedem a entrada no império. Ninguém pode negar a força do relato de Amiano, mas ele recebeu mais credibilidade que merece por parte dos estudiosos modernos. Amiano deve ser tratado cautelosamente, e aqui mais do que em outras partes, pois os eventos que descreve ocorreram em regiões afastadas, onde o conhecimento preciso era impossível. Seu relato é altamente esquemático e telescópico, resultando em uma história pouco plausível de causa e efeito diretos para algo que deve ter sido um desenvolvimento longo, complicado e de difícil compreensão.

Os hunos de Amiano surgiram do Oriente distante. Para ele, eram *bipedes bestias*, "bestas de duas pernas": eles viviam sobre os cavalos e não andavam normalmente como outros homens, faziam cicatrizes nas faces das crianças e bebiam leite de égua, não cozinhavam a comida, mas, em vez disso, colocavam a carne crua entre as pernas e no dorso dos cavalos para aquecê-la.[126] Eunápio menciona algo semelhante, e Zósimo conta que os hunos não podiam lutar a pé porque até dormiam sobre os cavalos.[127] Embora os estudiosos tenham levado a evidência muito a sério, atualmente é de opinião geral que quase todos os elementos na descrição de Amiano podem ser relacionados a tradições etnográficas antigas, chegando até Heródoto, 800 anos antes disso. Podemos estar razoavelmente certos de que Amiano nunca viu um huno, assim como a maior parte de seus leitores, que visualizariam os hunos pela descrição do historiador, uma colcha de retalhos de estereótipos étnicos costurados para fazer um todo composto, mas adequadamente bárbaro.

O relato de Amiano deve estar simplesmente ligado ao tipo de rumores que compunham tudo o que os romanos sabiam sobre os eventos além da fronteira.[128] Sua falta de conhecimento possivelmente explica a ausência de marcadores cronológicos dos ataques dos hunos. Estes aparecem repentinamente, em um momento não especificado, e derrotam os alanos que vivem entre o Don e o Cáspio. Ao contrário dos hunos, os alanos são velhos conhecidos da etnografia greco-romana; eles faziam incursões periódicas em território romano, mas eram na

---

126. A íntegra do excurso dos hunos de Amiano está em 31.2.
127. Zosimus, *HN* 4.20.4.
128. Ver, p. ex., Ammianus, *RG* 31.4.2, em que o rumor é citado explicitamente como fonte do conhecimento popular de eventos no *barbaricum*.

maior parte das vezes uma ameaça maior para a Pérsia do que para Roma. Já no século II, Arriano (c. 86-160), o governador da Capadócia e famoso historiador de Alexandre, havia escrito um manual tático, a *Ordem de Batalha contra os Alanos,* explicando a forma na qual um exército deveria ser disposto a fim de repelir o ataque da cavalaria alana. Arriano era um bom observador, mas, mesmo em seu tempo, os alanos já se confundiam com os estereótipos etnográficos existentes desde o tempo de Heródoto, e seu esboço de táticas não era muito informativo. No século IV, o esboço dos alanos por Amiano faz pouco mais do que reforçar a imagem greco-romana convencional do nômade a cavalo. Partindo de hunos e alanos, Amiano narra uma simples reação em cadeia de um grupo de bárbaros que pressiona outro até que finalmente a massa de tervíngios aparece às margens do Danúbio.

As Derrotas de Ermanarico e Atanarico

Os alanos, pelo que sabemos, uniram-se aos hunos após serem derrotados por eles. Em companhia dos novos senhores hunos, eles seguiram atacando as fronteiras dos greutungos. Estes eram liderados pelo "belicoso" rei Ermanarico, que conhecemos brevemente no último capítulo. Ermanarico estava determinado a impedir seus inimigos, mas não obteve sucesso. No fim, ele se suicidou para não enfrentar os horrores vindouros. Um novo rei greutungo, Vithimir, sucedeu-o, e estava, assim como seu predecessor, determinado a vencer no campo de batalha. Ao contrário de Ermanarico, ele perdeu a vida em batalha. Depois disso, seu pequeno filho Viderico tornou-se rei, mas dois *duces* (um termo genérico que Amiano usa para comandantes subordinados) agiam como guardiões do novo rei e parecem ter assumido o controle dos assuntos dos greutungos. Os *duces,* chamados Alateo e Safraco, levaram os greutungos de Viderico para oeste até o Rio Dniéster. Lá, de acordo com Amiano, seu sofrimento chegou ao conhecimento dos tervíngios do *iudex* Atanarico.[129]

---

129. Ammianus, *RG* 31.3.1-4.

Atanarico, velho inimigo de Valente, avançou com um exército para as margens do Dniéster, onde acampou a uma distância segura dos greutungos. Enviando uma guarda avançada para observar e talvez interceptar os hunos, ele esperou no rio, mas foi pego de surpresa pela habilidade estratégica dos hunos. Um grupo destes cruzou o Dniéster à noite, marchou até o acampamento de Atanarico e forçou sua retirada para as montanhas, talvez na base dos Cárpatos, onde havia se refugiado de Valente anteriormente. O que aparenta ser um recuo tático em Amiano foi de fato uma fuga em massa, pois quase 200 quilômetros separam o Dniéster da próxima linha mantida por Atanarico. Essa linha se formava de norte a sul acima do Danúbio, acompanhando a base dos Cárpatos, e provavelmente reconstituía a velha *limes transalutanus* romana, paralela ao Rio Olt e à fronteira da província imperial da Dácia. Apesar dos esforços de elevar fortificações de terra e outras defesas, essas novas medidas de Atanarico vieram tarde demais. Apesar de repelir um ataque dos hunos na região, muitos de seus seguidores já haviam desertado. A *populi pars maior*, "maior parte de seu povo", deixou o obstinado líder por conta própria e buscou refúgio no império. Os greutungos sob o comando de Alateo e Safraco, por sua vez, desaparecem de vista até 377, meses após os tervíngios terem cruzado o Danúbio para dentro do império.[130]

A Cronologia das Derrotas Góticas

A narrativa seguinte levanta mais questões do que responde, em grande parte porque deriva exclusivamente do último livro da história de Amiano. Seu relato é bastante resumido: suas fases são bem definidas, mas a cronologia é quase totalmente invisível. Mesmo que o relato de Amiano esteja substancialmente correto (e devemos suspeitar da trajetória muito linear), a série de conflitos entre hunos, alanos e godos teria levado muito mais tempo do que a história de Amiano implica. Além disso, não é fácil manter sua simples teoria de "efeito dominó", com os hunos derrubando os alanos sobre os greutungos e estes até os tervíngios, chegando aos romanos. Certamente a emergência dos hunos em algum lugar entre o Cáspio e o Mar Negro

---

130. Ammianus, *RG* 31.3.5-8.

deve ter causado mudanças longínquas na Europa central e oriental, mas é mais difícil supor que os hunos tenham sido a causa próxima do colapso gótico, em vez de um catalisador. Nenhum huno mencionado por nome aparece nas fronteiras do império até o final da década de 390, vinte anos depois do desastre em Adrianópolis. E, mesmo assim, passam-se mais três décadas antes de haver evidência de um Estado huno ou mesmo de sua hegemonia nas terras bárbaras próximas ao império onde greutungos e tervíngios foram predominantes.

Esses fatos sugerem que, mesmo que Amiano tenha visualizado os hunos como lobos que mordiam os calcanhares dos godos em fuga, o processo foi mais gradual e certamente mais complexo. A cronologia desses eventos não é clara em Amiano, e está totalmente fora do alcance de uma possível reconstrução nas outras fontes, apesar dos melhores esforços dos estudiosos. Um palpite razoável colocaria os primeiros confrontos entre os hunos e os alanos, e então entre hunos, alanos e greutungos, talvez na década de 350, mas não pode haver mais do que especulação. A única certeza é a de que os problemas ao longo do Rio Don e ao norte do Mar de Azov ainda não eram sentidos no baixo Danúbio quando Valente fez o tratado com Atanarico em 369. Como visto, a perseguição na qual Saba foi martirizado foi uma resposta às campanhas de Valente, e a *Paixão de Saba* não dá pistas sobre os eventos traumáticos no Oriente. Mesmo que isso seja apenas um reflexo do gênero hagiográfico e de suas limitações, nada nos registros das campanhas de Valente mostra o mínimo conhecimento de problemas para além do reino de Atanarico. Assim, nosso único indicador cronológico fixo é a chegada de um grande número de tervíngios às margens do Danúbio na primavera de 376.

O Pedido dos Tervíngios e a Resposta Imperial

No começo do ano, antes do início da temporada de campanhas, multidões de tervíngios ocupavam a margem norte do rio, implorando ser aceitos pelo império.[131] Eles se dispunham a seguir pacificamente

---

131. Ammianus, *RG* 31.4.1-2.

dentro das fronteiras imperiais e a fornecer auxiliares ao exército romano se necessário.¹³² Os tervíngios estavam divididos em muitos grupos diferentes, sem liderança como um todo. O líder que poderia ter algum tipo de supremacia, Atanarico, certamente não estava entre eles, pois temia que a desavença entre ele e Valente era grande demais para que fosse aceito no império. Sabemos de dois líderes tervíngios, Alavivo e Fritigerno, no contexto da travessia do Danúbio, e fica claro por eventos posteriores que eles não lideravam todos os tervíngios, apenas os grupos mais importantes dentre diversos bandos independentes. Embora Alavivo comandasse as negociações com o império, Fritigerno talvez fosse o mais poderoso dos dois. Ele provavelmente era mais conhecido no império se a história de sua conversão ao Cristianismo em 370 estiver correta, e ele era, com certeza, o general mais competente, pois em 377 era o comandante-geral das operações militares dos godos.¹³³ Quanto a Alavivo, podemos rejeitar a especulação de que era pai do futuro general Alarico, uma teoria baseada em nada mais do que a aliteração dos nomes.

As negociações sobre a entrada devem ter levado algum tempo, vários meses, dado que mensageiros e embaixadores tinham de viajar mais de mil quilômetros até a Antioquia, na Síria, para retornar à Trácia com a decisão imperial. Mesmo que os negociadores fossem muito rápidos, como indica uma carta de Basílio de Cesareia, não poderia haver um acordo antes do meio do verão.¹³⁴ Não sabemos como foi mantida a ordem nesse meio-tempo, e nem como os tervíngios agrupados se mantinham. Mas, já que não temos indício de quaisquer distúrbios durante as negociações, devemos postular a existência de um comando forte entre os godos e acreditar que todos os envolvidos negociavam de boa-fé. Em outras palavras, os líderes tervíngios provavelmente acreditavam que o pedido seria bem-sucedido, e que o sucesso até certo ponto dependia de seu bom comportamento.

Do ponto de vista de Valente, a oferta dos tervíngios era oportuna e bem-vinda, como nos dizem todas as fontes, e não há razão para não acreditar nesses relatos ou afirmar que a entrada no império só foi permitida pois não podia ser repelida. O imperador preparava uma guerra

---

132. Ammianus, *RG* 31.4.1.
133. Socrates, *HE* 4.33-34.
134. Basil, *Ep.* 237.

contra a Pérsia, que se fez necessária por meio de complicadas manobras a respeito de quem deveria controlar os reinos da Armênia e Ibéria. As guerras pérsicas eram sempre custosas, e o contingente necessário poderia ser difícil de alcançar. Se os godos entrassem no império, eles cumpririam as promessas feitas pelo orador de Valente, Temístio, em 369, ao final da última guerra gótica.[135] Naquele discurso, mencionado no último capítulo, Temístio fora forçado a apoiar uma paz claramente desvantajosa, convencendo o público de que o império iria se beneficiar poupando seus inimigos e mantendo-os vivos como soldados em potencial. O que era então um argumento necessário, e bastante fraco, tornou-se uma feliz realidade para todos os envolvidos. Os tervíngios podiam ser admitidos como humildes suplicantes, e então colocados em unidades a serem usadas na fronteira oriental. Isso posto, não é de admirar que Valente aproveitasse a oportunidade oferecida pelo destino, ordenando que os tervíngios fossem admitidos, cruzassem o rio, fossem alimentados por algum tempo e, em seguida, recebessem terras; os godos, por sua vez, devem ter oferecido reféns ao governo imperial como garantia de uma travessia e povoamento ordenados.

A Travessia do Danúbio

Vários dias e noites foram necessários para transportar todos os godos para o outro lado do rio, e Amiano dá a impressão de que as pessoas chegavam aos milhares.[136] Não fica claro onde exatamente ocorreu a passagem, mas o ponto mais provável seria Durostorum, uma estrada reta ao sul em direção a Marcianópolis. Os números não são precisos. Eunápio fala em 200 mil godos, mas poucos acreditam em algo tão elevado. Alguns, recentemente, têm defendido essa afirmação como plausível, sob a luz das perdas constantes sofridas pelos godos nos seis anos seguintes. Para que perdessem tantos, deveriam ser inicialmente muitos, embora essa posição não dê muito crédito aos reforços recebidos pelo bando durante o período. Os contingentes do mundo antigo nunca são claros, e o melhor que podemos dizer é que,

---

135. Themistius, *Or*. 10.
136. Ammianus, *RG* 31.4.5-7. Eunápio implica a existência de reféns, frag. 42 (Blockley) = 42 (Müller).

pela escala dos conflitos seguintes, os godos admitidos no império deveriam ser pelo menos dezenas de milhares, talvez consideravelmente mais que isso.

Se Alavivo e Fritigerno foram os primeiros, houve também outros comandantes godos. Eles chegaram voluntariamente, não em resposta a uma derrota causada pelo imperador, o que pode explicar sua força relativa. Poucos deles estariam desarmados, sendo que a prática imperial comum era a de desarmar os bárbaros ao serem recebidos, para rearmá-los a partir dos arsenais imperiais em tempo e local apropriados onde não oferecessem perigo. Nesse caso, entretanto, seja por corrupção, negligência ou simplesmente pela escala da empreitada, muitos dos godos mantiveram as armas que carregavam normalmente, apesar da clara intenção do imperador de que fossem desarmados da maneira usual.[137] Quando essa desatenção foi combinada a um estarrecedor abuso, a situação se tornou frágil de fato. Os oficiais no comando da travessia eram Lupicinus e Máximo, o primeiro um *comes rei militaris,* o segundo um *dux* da Mésia ou da Cítia. Para Amiano eles eram *homines maculosi*, "homens de reputação manchada", mas esse parece ser o julgamento do futuro, talvez mesmo o veredicto de um inquérito imperial sobre os acontecimentos que levaram a Adrianópolis.[138] Os oficiais imperiais lucravam com os cargos que mantinham, e não devemos imaginar que a exploração dos godos por Lupicinus e oficiais era excessiva segundo a norma romana da época. Tampouco devemos esquecer a possibilidade de que limitar o suprimento de comida dos godos era uma forma deliberada de controlar o que era, afinal de contas, um grupo bárbaro grande e potencialmente perigoso em solo imperial. Pelos padrões modernos, no entanto, o abuso é chocante. A comida que deveria ser alocada para os godos foi desviada pelos generais para que fosse vendida em seu próprio benefício. Aos godos foi oferecida carne de cachorro ao preço de um cachorro por criança gótica escravizada. De acordo com Amiano, mesmo as crianças dos nobres foram recolhidas e vendidas aos mercadores de escravos.[139]

---

137. Atestado por Zosimus, *HN* 4.20.6; Eunapius, frag. 42 (Blockley) = 42 (Müller).
138. Ammianus, *RG* 31.4.9; Orosius, *Hist.* 7.33.11.
139. Ammianus, *RG* 31.4.11; Zosimus, *HN* 4.20.6.

Alateo e Safraco

Enquanto esse problema fermentava, os greutungos de Alateo e Safraco, os *duces* góticos que cuidavam do rei infante Viderico, também chegaram ao Danúbio buscando a entrada no império. Assim como Alavivo fizera meses antes, os dois generais mandaram emissários a Valente oferecendo um acordo e pedindo ajuda. Em algum lugar perto dali também chegava o velho Atanarico, embora não seja claro o motivo de seu pedido de refúgio no império. Não sabemos por quê, mas o pedido de Alateo e Safraco foi recusado. Alguns argumentaram que o imperador começava a temer as consequências de aceitar muitos godos de uma só vez, ou que os tervíngios já presentes no império haviam se tornado inquietos, e a chegada de mais godos poderia impor um peso grande demais para um já sobrecarregado oficialato. Talvez, no entanto, o tratamento dos greutungos tenha sido apenas demonstração pública do poder imperial sobre os bárbaros, pois o gesto proclamava que a decisão de admitir ou não diferentes grupos góticos repousava nas mãos do imperador, que podia escolher com total inescrutabilidade. Essa, ao menos, foi a lição aprendida por Atanarico: ao saber que o pedido dos greutungos fora rejeitado, ele desistiu e recuou à "Caucalanda", talvez aos alpes da Transilvânia, onde permaneceria com seus seguidores por cinco anos. Mas, se a arbitrariedade deliberada da posição imperial tinha a finalidade de intimidar os greutungos e diminuir seu ardor, esse não foi o resultado. Em vez disso, Alateo e Safraco esperaram.[140]

Os tervíngios, de sua parte, estavam bastante insatisfeitos, e Lupicinus começou a temer uma revolta. Ele decidiu que era o momento de tirá-los dali, e a chegada da primavera de 377 tornou possível a dispersão dos alojamentos de inverno próximos ao Danúbio. Quando Lupicinus e seus oficiais começaram a organizar o deslocamento, as patrulhas do rio foram negligenciadas, permitindo que os greutungos de Alateo e Safraco encontrassem uma oportunidade de fazer o que fora negado por ordens imperiais. Eles cruzaram o rio em barcos improvisados e acamparam muito longe do lugar onde os tervíngios de Fritigerno estavam agrupados para a relocação em

---

140. Ammianus, *RG* 31.4.12-13.

Marcianópolis (agora Devnja, na Bulgária).¹⁴¹ Aquela grande cidade fundada por Trajano durante as Guerras Dácias ficava a quase 100 quilômetros ao sul do Danúbio, na junção da estrada leste-oeste a Nicopolis-ad-Istrum com a estrada norte-sul que circundava o lado leste das montanhas Haemus até o campo aberto e populoso da Trácia. Era o lugar ideal para organizar uma grande empreitada que serviu como quartel-general de Lupicinus. Entretanto, em Marcianópolis, a sequência desastrosa de eventos já a caminho não pôde ser detida.

Um Banquete Traiçoeiro

Lupicinus convidou Fritigerno e Alavivo para serem entretidos em Marcianópolis.¹⁴² Era um gesto perfeitamente normal que comandantes locais convidassem oficiais em trânsito para jantar com eles. Se, como devemos acreditar, Fritigerno e Alavivo eram tratados como comandantes de unidades de godos destinados ao exército romano, sua recepção e seu entretenimento por Lupicinus fazem muito sentido. Ao mesmo tempo, no entanto, os banquetes eram um dos caminhos usuais da traição no mundo romano. Neles, tentativas de usurpação eram planejadas e frequentemente postas em prática, e bárbaros proeminentes podiam ser tomados como reféns e enviados ao cativeiro.¹⁴³ Fritigerno e Alavivo eram bastante inocentes quanto a traições e caíram em uma armadilha em Marcianópolis.

Os líderes góticos assumiram residência temporária na cidade juntamente com um pequeno grupo de ajudantes, mas Lupicinus deixara a maior parte dos seguidores a uma boa distância da cidade, colocando tropas romanas entre os godos e as muralhas da cidade. Em pouco tempo, surgiram brigas confusas entre esses dois grupos, causadas pela recusa dos romanos em permitir que os godos fossem à cidade para comprar suprimentos, e talvez pela constante atenção dos mercadores de escravos. No conflito, alguns soldados romanos foram mortos e roubados pelos godos. As notícias chegaram a Lupicinus quando ele e seus convidados se deleitavam e bebiam. Recobrando-se

---

141. Ammianus, *RG* 31.5.3.
142. Ammianus, *RG* 31.5.4-8.
143. Ver especialmente Ammianus, *RG* 18.2.13; 21.3.4; 29.6.5; 30.1.18-22.

e procurando impedir uma verdadeira revolta, Lupicinus ordenou que a guarda residente de Fritigerno e Alavivo fosse executada. Apesar de isso ser levado a cabo em segredo, os rumores se espalharam rapidamente e os godos fora da cidade se prepararam para o ataque. Fritigerno, consciente do perigo, convenceu Lupicinus de que a única maneira de evitar a catástrofe era mostrar a seus seguidores que pelo menos ele ainda estava vivo. Lupicinus entendeu imediatamente a sabedoria do conselho. Fritigerno, juntamente com os ajudantes ainda vivos, saíram para se juntar aos seguidores, sendo recebidos festivamente; Alavivo, em contraste, nunca mais é mencionado, tendo possivelmente sido morto ou mantido como refém, ou talvez até traído por Fritigerno como um rival perigoso.

A Rebelião Gótica

Em vez de tentar reparar a situação e ser recebido no império como planejado, Fritigerno tomou uma decisão. Diante do assédio constante e da traição repentina, ele rejeitaria os termos sob os quais foi recebido no império e lideraria os seguidores para longe de Marcianópolis em revolta. Ele e seus tervíngios marcharam para a província da Cítia, e, conforme as notícias da traição de Lupicinus se espalhavam, todos os godos que haviam cruzado o Danúbio no ano anterior se juntaram a Fritigerno. Por que tudo tinha ido tão mal em Marcianópolis? Os estudiosos modernos, influenciados pelo tom sombrio com o qual Amiano retrata Lupicinus, tendem a acreditar que ele planejara a traição desde o início. Isso parece improvável pelos hábitos do oficialato romano. Explorar o ofício para se enriquecer é uma coisa, provocar uma rebelião deliberadamente é outra. Se os godos de Fritigerno estavam destinados a um lugar no exército romano, como os outros godos da Trácia, Lupicinus não tinha nada a ganhar eliminando comandantes godos que até então se mantinham obedientes. O banquete em Marcianópolis, repetimos, e até a separação de comandantes e ajudantes do corpo de tropas eram perfeitamente normais, em um paralelo exato com o ocorrido 20 anos antes, quando Juliano entreteve seu alto comando em Paris enquanto as unidades acampavam fora da cidade. Lupicinus deve ter visto uma chance de aprisionar os líderes góticos em Marcianópolis, mas parece improvável que tenha planejado isso desde o início. Ao contrário, quando escaramuças se iniciaram entre godos e romanos, Lupicinus entrou em pânico. O pânico, por sua vez, convenceu Fritigerno que sua única saída era a rebelião.

Ao recuar de Marcianópolis, Fritigerno e seus seguidores foram perseguidos por Lupicinus e o exército lá estacionado. A 14 quilômetros da cidade, as duas forças se enfrentaram com a queda sangrenta do exército de Lupicinus. Todo o corpo de oficiais juniores morreu em campo, os estandartes foram perdidos e Lupicinus só sobreviveu ao escapar para Marcianópolis e fechar a cidade. Os godos de Fritigerno se equiparam com armas e armaduras dos inimigos mortos, tomando a ofensiva, saqueando as regiões próximas e seguindo em frente até Adrianópolis, cerca de 320 quilômetros ao sul. Podemos ter alguma certeza de que a rebelião teria sido impedida por uma vitória de Lupicinus. O sucesso, no entanto, gera confiança, e Fritigerno e os godos, atormentados pela exploração romana, não estavam dispostos a dialogar. Não apenas os demais godos aceitos no império seguiram seus estandartes, mas também os insatisfeitos e oprimidos – escravos, alguns deles godos, mineiros e prisioneiros de toda estirpe. Estes facilitaram a rebelião, pois conheciam as províncias, as estradas e o império, e fizeram a tarefa de suprir os rebeldes muito menos complicada do que seria de outra forma.[144]

A Disseminação da Rebelião

As unidades góticas no exército da Trácia também logo se uniram a Fritigerno. Dois comandantes chamados Suérido e Colias, alojados em quartéis de inverno em Adrianópolis com suas unidades, haviam observado com total falta de interesse os esforços dos tervíngios admitidos em 376. Nem a revolta de Fritigerno em Marcianópolis chamara seu interesse. O fato de que Suérido e Colias não demonstravam nenhum sentimento especial por outros godos é um lembrete de que apenas uma pressão extraordinária de circunstâncias transformaria os diferentes grupos de godos em "godos". Nesse caso, a

---

144. Ammianus, *RG* 31.5.9-17.

pressão foi a da incompetência dos oficiais locais em Adrianópolis. No início de 377, Suérido e Colias receberam ordens de marchar ao fronte oriental onde participariam da campanha de Valente na Pérsia. Ao pedirem dinheiro para o equipamento e comida às autoridades locais, obtiveram a recusa do conselho citadino, a cúria. Amiano nos diz que o conselheiro estava irritado com os seguidores de Suérido e Colias pelos danos causados à sua propriedade suburbana. Embora seja verdade que abrigar um exército romano, independentemente de sua composição, fosse um fardo pesado à população, o magistrado não agia unicamente por raiva. Enquanto as cidades eram obrigadas a alojar e alimentar unidades romanas aquarteladas, a obrigação legal da cúria em fornecer suprimentos para viagem não era clara. Na realidade, pela prática romana tardia, os oficiais imperiais deveriam ter cuidado do equipamento das tropas de Suérido e Colias para a viagem sem qualquer envolvimento da cúria de Adrianópolis.

A cúria armou os trabalhadores da fábrica de armas imperial, os *fabricenses,* e com seu apoio ordenou que Suérido e Colias seguissem para a Pérsia imediatamente. Mesmo com o direito legal a seu lado, uma recusa tão brusca do pedido dos generais era uma grande estupidez política. Suérido e Colias ficaram genuinamente chocados com o tratamento inesperado e não se prepararam para a marcha. Nesse ponto, sem dúvida com o apoio dos magistrados, o povo e os *fabricenses* começaram a atacar os soldados, atingindo-os com dardos improvisados e tentando expulsá-los à força. Assim provocados, os soldados de Suérido e Colias revidaram e, como geralmente acontecia quando tropas imperiais se voltavam contra civis, massacraram aqueles que estavam em seu caminho. Feito isso, e presumivelmente já bem armados com o estoque da fábrica imperial, marcharam com seus seguidores para se juntar a Fritigerno.[145]

Como esse exemplo mostra, a rebelião gótica na Trácia não foi uma ação planejada, e menos ainda algum tipo de migração bárbara. Ela foi, pelo contrário, uma série de revoltas locais que acabaram por convergir em uma rebelião em massa que ameaçava não apenas as regiões ativas, mas a segurança das províncias danubianas como um todo. Não há razão para delinear detalhadamente cada escaramuça

---

145. Ammianus, *RG* 31.6.1-3.

mencionada em nossas fontes.[146] Elas são muito semelhantes e sabemos muito pouco a respeito das conexões entre elas. Entretanto, um ponto vital fica muito claro: os godos sob o comando de Fritigerno se transformaram em uma força potente de combate em um período muito curto de tempo. Equipados com armas e armaduras romanas, eles também constituíram uma rede de suprimentos efetiva que permitia o transporte de comida e outros itens necessários, apanhados nas regiões bem supridas pelas quais se deslocavam. Essa grande força era composta de godos de muitas origens diferentes, bem como de todo o tipo de descontentes das províncias. Esse não era mais o grupo de tervíngios liderados através do Danúbio por Fritigerno e Alavivo no ano anterior, e Amiano reconhece o fato ao parar de falar de "tervíngios" e começar a se referir genericamente aos *gothi*, "godos". Esses *gothi* se deslocaram mais ou menos à vontade nas terras entre as montanhas Haemus e o Danúbio durante 377 e a maior parte de 378. As razões dessas movimentações são totalmente obscuras, mas chama a atenção que nenhum dos lados pareça ter feito qualquer esforço em negociar nesse período de mais de um ano. É possível que a culpa seja de Valente; se os generais romanos locais agiram de forma indecisa, pode ser que eles não tenham recebido instruções da corte imperial, mais interessada na Pérsia. Os godos, afinal de contas, eram bárbaros, e os bárbaros do norte não eram prioridade em relação à Pérsia. Nessas circunstâncias, sem ordens superiores, e evitando tomar a decisão errada por ter um imperador tão imprevisível como Valente, os comandantes romanos dos Bálcãs não podem ser culpados por tentar conter a ameaça gótica em vez de suprimi-la.

A Resposta Imperial

Em algum momento em 377, no entanto, Valente se convenceu da seriedade do problema. Ele decidiu criar uma trégua com os persas na Armênia, enviando seu mais antigo general Vítor para negociá-la.[147] Como preparação para seu próprio avanço, ele enviou os generais Profuturus e Trajano para manter os godos na Trácia sob controle. Enquanto isso, o

---
146. Mas ver o relato em Ammianus, *RG* 31.6-11.
147. Ammianus, *RG* 31.7.1.

sobrinho de Valente, Graciano, também percebeu a gravidade da situação. Ele despachou dois bons generais, Frigerido e o *comes domesticorum* Richomeres para dar apoio às tropas no Oriente, mas também para garantir que o problema fosse contido na Trácia e na Mésia sem que se espalhasse até a Panônia e as províncias latinas.[148] A intervenção de Graciano demonstra o quão preocupante a revolta gótica havia se tornado durante o curso de 377. Via de regra, os generais do Ocidente não costumavam intervir nos assuntos do Oriente, e imperadores juniores não intervinham nos assuntos dos seniores, pois poderia parecer uma provocação. Em 366, Valentiniano se recusara a ajudar Valente contra a usurpação de Procópio, uma ameaça muito mais direta ao controle dinástico do que eram os godos. Apenas a perspectiva de caos na fronteira do Danúbio poderia ter causado a intervenção de Graciano.

Frigerido adoeceu e retornou ao Ocidente por algum tempo, deixando Richomeres na liderança das tropas ocidentais para se encontrar com os generais de Valente, Profuturus e Trajano. No final do verão de 377, eles levaram os godos à batalha nas proximidades de um local chamado Ad Salices ("os Salgueiros"). A localização precisa é desconhecida, mas provavelmente ficava entre a cidade costeira de Tomis e a abertura do delta do Danúbio em seus muitos canais, perto da fronteira imperial em vez da vizinhança imediata de Marcianópolis. A batalha de Ad Salices foi grande, mas um empate, pois os godos estavam seguros em sua bem protegida linha de carroças para a qual podiam recuar. As forças romanas parecem ter sido em menor número do que a dos godos. Profuturus caiu em batalha, mas o treinamento salvou o exército da destruição total. Tendo sofrido muitas perdas para continuar o ataque, as tropas romanas recuaram novamente ao sul, de volta a Marcianópolis, onde começara a revolta.[149] Mais ou menos ao mesmo tempo, Frigerido retornou ao Oriente, fortificou Beroe e impôs uma grande derrota ao nobre godo Farnóbio, que avançava pela Trácia. Frigerido enviou os sobreviventes de volta para a Itália, onde foram assentados como fazendeiros, um lembrete útil de que os assentamentos bárbaros no império podiam funcionar perfeitamente bem quando tratados com um mínimo de cuidado.[150]

---

148. Ammianus, *RG* 31.7.3-5.
149. Ammianus, *RG* 31.7.5-9.
150. Ammianus, *RG* 31.9.1-5. Para outro exemplo, ver 28.5.15, sobre os alamanos.

Apesar de Ad Salices, Richomeres e os outros generais haviam infligido sérios danos aos godos de Fritigerno, muitos dos quais recuaram à segurança das montanhas Haemus no inverno de 377-378. Richomeres voltou à Gália no outono, planejando reunir uma força maior para a campanha do ano seguinte. Valente, por sua vez, reforçou suas tropas na Trácia com um comandante mais experiente, o *magister equitum* Saturnino. Ele, juntamente com Trajano como seu tenente, bloqueou os godos nos desfiladeiros de Haemus, cortando o suprimento de comida. Ele esperava reduzi-los ao desespero da fome e que, retirando as guarnições, pudesse atraí-los para o campo aberto e destruí-los em batalha. O plano falhou. Em vez de seguir a norte e lutar nas planícies entre o Haemus e o Danúbio, os godos se aliaram a hunos e alanos não especificados e avançaram para o sul em direção à Trácia. Nas planícies da província, com suas excelentes estradas, Fritigerno podia se mover livremente, devastando grandes extensões de terra entre o Haemus, o Ródope e as costas do Helesponto e do Bósforo perto de Constantinopla.[151] As províncias da Mésia e da Cítia sofreram tantos danos que o imperador baixou os impostos oficialmente em 377.[152] No início de 378, a maior parte da Trácia estava inacessível ao mundo externo: Basílio de Cesareia escreveu para um colega exilado, Eusébio de Samósata, então residente na Trácia, comentando sobre a grande dificuldade de comunicação e expressando surpresa pela sobrevivência de Eusébio.[153]

A Preparação de Valente para a Guerra

Os generais Saturnino e Trajano de Valente podem ter tido um sucesso apenas limitado, mas os comandantes de Graciano conseguiram isolar a revolta. No início de 378, Frigerido havia fortificado o desfiladeiro de Succi, a linha vital entre a Trácia e os Bálcãs ocidentais.[154] Depois disso, os godos de Fritigerno ficaram efetivamente confinados à Trácia. No mesmo ano, tanto Richomeres quanto o próprio Graciano lideraram uma grande parte do exército ocidental para o Oriente a fim de

---
151. Ammianus, *RG* 31.8.1-8; Zosimus, *HN* 4.22; Socrates, *HE* 4.38; Sozomen, *HE* 6.39.2.
152. *Codex Theodosianus* 7.6.3 (9 de agosto de 377).
153. Basil, *Ep.* 268.
154. Ammianus, *RG* 3.10.21.

auxiliar seu tio. Graciano pretendia chegar antes, mas alguns alamanos no Reno o detiveram: sabendo dos problemas na Trácia e dos planos de Graciano para ajudar a suprimi-los, eles aproveitaram a chance de atacar as províncias ocidentais.[155] Foi só em 378 que Graciano pôde dispor de seu exército principal para a guerra gótica. Naquele momento, Valente já havia concluído os assuntos do Oriente para poder marchar para a Trácia. Ele chegou a Constantinopla na primavera de 378, ficando lá por talvez 12 dias, onde enfrentou distúrbios entre uma população descontente, sem dúvida amedrontada pela presença contínua dos godos às suas portas.[156] Primeiro, ele reorganizou seu corpo de oficiais, pois não estava satisfeito com sua conduta até então, e tinha boas razões para isso. No lugar de Trajano – a quem Valente culpava pela falha em impedir os godos em Ad Salices –, Sebastiano, general aposentado do Ocidente, tornou-se comandante-chefe e talvez tenha recebido uma força de ataque retirada das próprias tropas palacianas do imperador.[157] Certamente, ele logo obteve algumas vitórias-surpresa sobre os grupos de ataque góticos,[158] mas o sucesso trouxe um efeito colateral inesperado: temendo que seus seguidores fossem atacados em separado, Fritigerno ordenou a formação de uma única unidade de operações. De seu ponto de encontro em Cabília, um local bem irrigado e de fácil defesa na planície entre as cadeias de montanhas Haemus e Ródope, todo o exército gótico começou a avançar ao sul em direção a Adrianópolis. Lá, Sebastiano tinha seu quartel-general, e havia reportado seu sucesso recente a Constantinopla. Em 11 de junho, Valente deixou Constantinopla para aquela que seria sua última viagem.

A Batalha de Adrianópolis

Os acontecimentos da batalha de Adrianópolis são incrivelmente mal documentados, considerando ser um momento tão decisivo na história romana, extensamente discutido por autores da época. Infelizmente, para o historiador moderno, o interesse na época foi

---

155. Ammianus, *RG* 31.10.1-20.
156. Socrates, *HE* 4.38; Ammianus, *RG* 31.11.1; Zosimus, *HN* 4.21.
157. M. Spiedel, "Sebastian's strike force at Adrianople", *Klio* 78 (1996), p. 434-437.
158. Ammianus, *RG* 31.11.1-5; Zosimus, *HN* 4.21; Eunapius, frag. 44.4 (Blockley) = 47 (Müller); Theodoret, *HE* 4.33.2 para Valente sobre Trajano.

principalmente o de explicar as razões do desastre, não seus desenvolvimentos. Amiano, como é tão frequente, fornece o único relato detalhado da batalha, mas sua progressão de eventos tem grandes vazios – alguns de sua própria autoria, outros produtos de uma tradição de manuscritos imperfeita –, de forma que uma descrição tática da batalha é impossível. Apesar disso, as linhas gerais de Amiano parecem claras e são corroboradas por outras fontes. Na primeira semana de agosto, Valente marchou com seu exército de provavelmente 30 mil ou 40 mil homens de seu posto de comando em Melanthias, a oeste de Constantinopla. O imperador partiu para Adrianópolis com toda a pressa, supostamente invejoso dos sucessos que Sebastiano obtivera e desejoso de uma parcela da glória de seu general. Os godos de Fritigerno se desviaram de Adrianópolis e de sua grande guarnição, seguindo para o posto de estrada em Niké. Lá, o exército gótico foi observado por batedores imperiais, que se dispersaram com o avanço da força principal do imperador. As informações que trouxeram eram equivocadas, sugerindo que os godos tinham apenas cerca de 10 mil homens, muito menos que seu número verdadeiro. A notícia deu a Valente uma desculpa para atacar imediatamente, visto que estava desejoso de batalha e de uma vitória que pudesse ser sua.[159]

Avançando para Adrianópolis, ele fortificou um acampamento nos subúrbios da cidade e esperou impaciente a chegada do exército de seu sobrinho. Talvez em 7 de agosto, o general Richomeres chegou com a guarda avançada do Ocidente, aconselhando Valente a esperar um pouco pela chegada da força principal de Graciano.[160] O atraso, entretanto, não agradava Valente, e ele convocou uma reunião com seu alto comando para debater o assunto. Os generais estavam profundamente divididos, mas não sabemos quais deles preferiam qual plano: na conclusão do desastre, os autores da época se esforçaram em proteger seus favoritos da culpa e direcioná-la a outros, o que se tornou mais fácil pela morte de quase todos os presentes no debate. Assim, Amiano afirma que Sebastiano liderava o grupo que argumentava a favor de um ataque imediato sobre os godos, enquanto o *magister equitum* Vítor liderava aqueles que preferiam a espera como

---

159. Ammianus, *RG* 31.12.3.
160. Ammianus, *RG* 31.12.4.

garantia de vitória. Eunápio, em contraste, defendia Sebastiano, como fica claro mesmo na cronologia eunapiana muito confusa preservada por Zósimo.[161] De qualquer maneira, o conselho decidiu pelo caminho mais rápido. Valente o apoiava, e os oficiais civis se utilizaram de sua inveja natural, sugerindo que ele não deveria dividir a glória de uma vitória inevitável com Graciano.

A vitória romana era esperada por todos, e não menos pelo líder gótico Fritigerno. Em Adrianópolis, em distância de ataque do exército imperial, ele se mostrou inclinado a um acordo pacífico, mais do que em qualquer outro momento após cruzar o Danúbio. Talvez ele temesse arriscar uma batalha na ausência dos greutungos sob Alateo e Safraco, aos quais enviara emissários havia bastante tempo. Talvez, por outro lado, ele estivesse preocupado em combater contra um exército imperial, sendo que suas vitórias até então haviam ocorrido contra pequenos comandos de província. Seja como for, em 8 de agosto ele enviou um padre cristão e alguns cidadãos provinciais de condição humilde para oferecer uma proposta de paz ao imperador: ele e os seguidores, pobres exilados expulsos de suas terras e sem ter para onde ir, desejavam a Trácia apenas por suas colheitas e terras. Em troca, ele ofereceria ao imperador paz duradoura. Assim era a mensagem pública de Fritigerno. Com ela, seguia uma mensagem particular para o próprio Valente, na qual o godo assegurava o imperador de que ele realmente queria a paz, mas que, para que pudesse comandar seus seguidores, o imperador teria de manter um exército ativo como uma ameaça visível aos godos. Valente estava desconfiado e, de qualquer forma, desejava lutar em uma batalha que estava convencido que venceria.[162]

Assim, na manhã do dia 9, deixando os oficiais civis e seu tesouro seguro pelas muralhas de Adrianópolis, ele marchou com as tropas a nordeste do acampamento para a planície onde Fritigerno e seu exército estavam baseados. Não podemos ter certeza de quantos homens lutaram de cada lado, mas dezenas de milhares foram à batalha daquela manhã de agosto. Pouco antes do meio-dia, os romanos avistaram o acampamento dos godos, provavelmente nas proximidades

---

161. Ammianus, *RG* 31.12.4-7; Zosimus, *HN* 4.23-24.
162. Ammianus, *RG* 31.12.8-9.

da atual vila de Muratgali. Formando uma linha em uma pequena elevação à frente de seu círculo de carroças, os guerreiros góticos estavam descansados e prontos para a batalha. Valente começou a dispor suas tropas em linha, com as unidades de cavalaria em cada flanco, e a infantaria agrupada no centro. Nenhum dos dois lados estava preparado para uma batalha campal como seria apropriado: o flanco esquerdo do exército romano ainda estava disperso em colunas de marcha enquanto os greutungos de Alateo e Safraco ainda não haviam chegado. Fritigerno tentava ganhar tempo enviando emissários para implorar pela paz, enquanto as forças imperiais se mantinham sob o sol escaldante e eram sufocadas pela fumaça das fogueiras que ele havia acendido para incomodá-los. Vendo a condição das tropas deteriorar, Valente repensou sua recusa em negociar, possivelmente até mesmo em esperar por Graciano, e enviou oficiais de alta patente para se encontrarem com os representantes dos godos.[163] Isso foi um erro, e não podemos imaginar Valentiniano ou Constâncio II abrindo negociações com o inimigo enquanto a prontidão dos soldados se perdia por causa da marcha forçada. Ainda assim, como acontecia tão frequentemente nas batalhas antigas, a luta começou por acidente, antes de qualquer lado se preparar.

Duas unidades das *scholae palatinae* de elite, os *scutarii* de Cássio e os *sagitarii* de Bacúrio, provavelmente no flanco direito e próximos do imperador onde as *scholae* eram usualmente posicionadas, avançaram prematuramente, engajando o inimigo.[164] Seu movimento rompeu a linha de batalha imperial, que ficou ainda mais desorganizada pelo surgimento repentino de Alateo, Safraco e seus seguidores, acompanhados por uma unidade de alanos. O que seguiu foi um desastre militar, pintado por todas as nossas fontes com cores chocantes. O flanco esquerdo romano avançou além da linha gótica e foi isolado, cercado e destruído. Com o flanco esquerdo da infantaria principal assim exposto, a linha romana foi comprimida sobre ela mesma, diminuindo a habilidade dos soldados de lutar e causando muitas mortes por ferimentos infligidos por seus próprios companheiros. No fim da tarde, a linha de infantaria romana rompeu

---

163. Ammianus, *RG* 31.12.10-15.
164. Ammianus, *RG* 31.12.16.

e a fuga começou. A guarda imperial e as *scholae palatinae* devem ter sido quase totalmente esmagadas, pois Valente foi forçado a se proteger com os *mattiarii*, uma unidade do exército regular não pertencente à *schola* imperial, mas aparentemente uma das poucas unidades romanas a manter o terreno. Alguns generais tentaram utilizar os auxiliares que estavam na reserva, mas eles já haviam se diluído para longe do campo de batalha. Vendo que mais tentativas em trazer o exército que se desfazia de volta à batalha eram inúteis, os generais Vítor, Richomeres e Saturnino fugiram de campo. Lá, a carnificina continuou até o cair da noite.[165]

O destino de Valente era incerto mesmo nessa hora. Alguns diziam que ele havia sido atingido por uma flecha no fim da tarde, morrendo entre os soldados comuns. Outros diziam que, mortalmente ferido, havia sido levado do campo por uns poucos eunucos e guarda-costas leais, e escondido em uma fazenda; lá, enquanto o imperador morria, a casa foi cercada por godos que, em vez de perder tempo no ataque, puseram fogo na casa matando o imperador e seus homens. Apenas um deles escapou por uma janela e descreveu que os godos haviam perdido a chance de conseguir a glória de capturar um imperador romano em batalha. Qualquer que seja a verdade, o corpo de Valente nunca foi recuperado.[166] Com ele, em Adrianópolis, caíram os generais Trajano e Sebastiano, Equítio, tribuno e parente do imperador, 35 oficiais veteranos e dois terços do exército liderado na manhã de 9 de agosto de 378.[167] Como Temístio escreveria cinco anos depois: "a Trácia foi varrida, a Ilíria foi varrida, exércitos desapareceram como sombras".[168]

---

165. Ammianus, *RG* 31.12.16-31.13.11.
166. Ammianus, *RG* 31.13.12-17; Zosimus, *HN* 4.24.
167. Ammianus, *RG* 31.13.18-19.
168. Themistius, *Or.* 16.206d.

Capítulo 7

Teodósio e os Godos

O impacto psicológico de Adrianópolis foi imediato. Os pagãos interpretaram a derrota como punição pela negligência dos deuses tradicionais. Na distante Lídia, o retórico pagão Eunápio de Sardis compôs o que tem sido chamado de história instantânea, para demonstrar que o império se encaminhara inexoravelmente para o desastre de Adrianópolis desde o momento da conversão de Constantino. Para Eunápio, aparentemente, o próprio Império Romano terminara em Adrianópolis: "A discórdia, quando cresce, gera guerra e assassinato, e as crianças do assassinato são a ruína e a destruição da raça humana. Foi exatamente isso que se perpetrou durante o governo de Valente".[169] Muitos anos depois, e com uma influência consideravelmente maior, Amiano defendeu o mesmo argumento, escolhendo o desastre como o ponto final de sua história e carregando-o com veneno em relação aos cristãos, os quais ele, como seu herói Juliano, culpava pelo declínio do império. Não houve resposta cristã imediata, embora os nicenos pareçam ter posto a culpa de Adrianópolis na crença ariana de Valente e em sua subsequente punição divina. Gerônimo

---
169. Eunapius, frag. 39.9 (Blockley) = 38 (Müller).

termina sua *Crônica* em 378, da mesma forma que Amiano. O diálogo de culpa e desculpa, cujo lado pagão está em grande parte perdido graças à supressão dos vencedores cristãos, seguiu por todo o século V, exacerbado pelo saque de Alarico a Roma. Como o açoite bárbaro poderia arder tão dolorosamente se Deus ou os deuses não estivessem letalmente irados?

Também para o estudioso moderno, a batalha de Adrianópolis é um ponto de virada de grande importância, mesmo que procuremos explicações históricas e não divinas. Conforme visto no último capítulo, as causas do desastre repousam em uma série de erros humanos. A sequência dos eventos após a batalha, no entanto, representa uma nova fase na história tanto dos godos quanto do Império Romano. Nessa nova fase, o quadro de análise do historiador muda dramaticamente. Podemos resumir a essência da mudança de forma bastante simples: até 378, a história gótica foi moldada fundamentalmente pela experiência do Império Romano. O fato central da existência gótica era o império do outro lado da fronteira, e muito da vida política e social dos godos pode ser explicado com referência a suas relações com Roma. Para o império, em contraste, os godos eram um entre dezenas de vizinhos bárbaros, e de forma alguma o mais importante. Eles eram uma força periférica mesmo na vida política do império, e invisíveis à sua história social e institucional. Depois de 378, entretanto, os godos passaram a ser uma presença constante e central na vida política. Mesmo que o dano material de Adrianópolis tenha sido reparado mais rapidamente do que qualquer um pudesse ter imaginado possível na época, dezenas de milhares de godos agora viviam permanentemente dentro dos limites da fronteira romana. Em muito pouco tempo, esse fato alterou profundamente o modo com o qual o governo imperial lidava não apenas com os godos, mas com os povos bárbaros em geral. Em pouco tempo, as instituições imperiais, desde o exército até a corte, mudaram em resposta aos desafios da nova situação, e o mundo social de muitas regiões foi profundamente alterado. De muitas formas, o assentamento gótico posterior a Adrianópolis criou as fundações do novo e modificado mundo do século V.

Júlio e o Massacre Asiático

As pessoas da época descobriram que procurar o sentido no desastre era um processo lento e doloroso, mas as respostas práticas não podiam esperar. Nos Bálcãs, o resultado imediato de Adrianópolis foi o caos, como era de se esperar. Graciano parou em Sírmio, onde foi encontrado pelos generais que haviam escapado do massacre. Ele não seguiu mais a leste. Os godos sitiaram Adrianópolis sem sucesso, então seguiram até Constantinopla, onde foram repelidos novamente, em parte graças a uma tropa de auxiliares árabes tão sedentos de sangue que atemorizavam mesmo os triunfantes godos. Só em 381, três anos após a batalha, a maior parte da Península Balcânica se tornou segura novamente para os viajantes romanos. Nesse meio-tempo, para aqueles de fora da região, a Trácia produziria somente rumores. A situação era tão confusa que, no final de 378 e em 379, as províncias orientais tiveram de operar basicamente sem qualquer referência a um imperador. O governo ficou nas mãos dos oficiais imperiais que exerciam os cargos em agosto de 378, e eles foram deixados para tomar suas próprias decisões da forma que fosse possível. Principalmente, eles tinham de decidir como parar a rebelião balcânica e impedi-la de se espalhar para o resto do Império do Oriente.

Essa era uma possibilidade real, como demonstram os eventos na Ásia Menor. Lá, e talvez em outras partes do Oriente, havia tumulto entre os godos nativos em várias cidades. Os contornos exatos do episódio e sua extensão nunca foram claros, pois Amiano e Zósimo, o último baseando-se em Eunápio, oferecem relatos muito diversos. Amiano diz que, na sequência imediata de Adrianópolis, o *magister militum* do Oriente, Júlio, preveniu o alastramento a leste dos problemas balcânicos ao reunir sistematicamente todos os soldados góticos das fileiras do exército e massacrá-los do lado de fora das cidades orientais.[170] Amiano favorecia esse procedimento como a forma correta de lidar com os bárbaros, mas quando escreveu, na década de 380, podia estar diminuindo a violência de Júlio como reprovação do tratado gótico do imperador Teodósio de 382. Zósimo conta uma história diferente. De acordo com ele, quando Júlio se viu incapaz de

---

170. Ammianus, *RG* 31.16.8.

contatar o imperador ou qualquer um na Trácia, ele buscou o aconselhamento do Senado de Constantinopla, que deu a autoridade para agir como conviesse. Com essa licença, atraiu os godos da Ásia Menor para as cidades e os massacrou ao confiná-los nas ruas urbanas das quais não poderiam escapar. Além disso, Zósimo sugere que os godos assassinados não eram soldados, mas reféns adolescentes entregues ao governo romano em 376 para garantir o comportamento pacífico de seus pais. Finalmente, Zósimo data o massacre em 379, e não como resultado imediato de Adrianópolis.[171]

Embora a patente contradição entre esses relatos normalmente se resolva pela preferência por Amiano, outros registros sugerem uma alternativa.[172] Dois sermões de Gregório de Nissa, irmão mais novo de Basílio de Cesareia, mencionam depredações por citas na Ásia Menor em 379.[173] Esse ponto convergente com Zósimo indica o seguinte: Amiano, por razões polêmicas, reduziu um longo processo em um único movimento brusco de Júlio, enquanto Zósimo preservou a escala de tempo mais longa e o senso de incerteza que se seguiu à batalha, que não deixou ninguém com o controle real do Império do Oriente. O que provavelmente aconteceu é que Júlio, sabendo haver godos nas unidades do exército local bem como um número de reféns godos próximos da idade militar inclinados à violência, como qualquer adolescente do sexo masculino, decidiu prevenir a repetição do confronto da Trácia. Ele começou com os fortes nas fronteiras provinciais (os *castra* mencionados por Amiano), mas suas ações significavam, ou foram interpretadas, como geradoras de um massacre sistemático de godos nas províncias orientais. Conforme as notícias se espalhavam, os godos que estavam em posição de se rebelar o fizeram, sendo mortos em grandes números na Ásia Menor e na Síria.

---

171. Zosimus, *HN* 4.25-26. A data é estabelecida pelo fato de que Modares, um general do novo imperador, Teodósio, já obtivera algumas vitórias na Trácia quando ocorreu o massacre na Ásia Menor.
172. Há um sumário de todas as soluções dos estudiosos precedentes em S. Elbern, "Das Gotenmassaker in Kleinasien (378 n. Chr.)", *Hermes* 115 (1987), p. 99-106.
173. Citas repelidos de Euchaita em Helenopontus: PG 46: 737A (*encomium* de São Teodoro, datado de 17 de fevereiro de 380); jovem atingido por citas em Comana Pontica: *PG* 46: 424C (sermão sobre o batismo, sem data), para ambos, ver C. Zuckerman, "Cappadocian fathers and the Goths", *Travaux et Mémoires* II (1991), p. 473-486.

A Ascensão de Teodósio

O que mais enfatiza a escala de perigo e de confusão é que tantos godos, presumivelmente inocentes, tenham sido eliminados dessa maneira. Para nós, que tentamos entender objetivamente o que aconteceu, é fácil esquecer a dificuldade e a irreparabilidade de toda a situação da perspectiva dos homens da época. Só podemos explicar a falha de Graciano e seus generais em coordenar uma resposta sistemática se nos lembrarmos do choque causado por Adrianópolis. Em vez de sistema ou coordenação, os sobreviventes engajaram em respostas habituais e automáticas para lidar com a crise. Mencionamos isso em relação à resposta de Júlio, e esse provavelmente foi o caso de outros oficiais orientais. A maior parte deles continuou a agir como de costume, e o Estado funcionava sem uma noção clara do que seria sua continuidade. A reação imediata de Graciano era uma resposta condicionada: com o caos nos Bálcãs e os godos em revolta, ele se voltou para os alamanos, não para o problema imediato, pois eram inimigos com os quais valia a pena lutar e contra os quais tinha uma chance razoável de sucesso. Como já mencionado, alguns alamanos atacaram a Gália no instante em que souberam da marcha de Graciano ao Oriente.[174] Dada a falha catastrófica de Valente, Graciano deve ter julgado necessário retornar ao Ocidente para evitar desastre semelhante.

Nesse vazio surgiu Teodósio, um aristocrata da Espanha de 33 anos e filho de um dos grandes generais de Valentiniano I, que também se chamava Teodósio. O jovem Teodósio se tornaria augusto e, como com todos os imperadores, nossas fontes são tingidas de julgamentos em retrospecto. Assim como Valente ficou indelevelmente marcado pela catástrofe de Adrianópolis, Teodósio seria para sempre associado pela defesa da ortodoxia nicena e pela supressão do paganismo. Nas histórias eclesiásticas do século V, Teodósio seria conhecido como Teodósio, o Grande, um nome que ele ainda recebe casualmente no uso de historiadores modernos. O título seria dado mais por suas ações em assuntos teológicos do que por quaisquer conquistas no campo da política pública, mas a imagem de grandeza transparecia em cada canto de seu governo. Uma biografia recente de Teodósio recebeu o

---

174. Ammianus, *RG* 31.10.1-20.

subtítulo de "o império encurralado", conjurando a imagem de um império ferido voltando-se com as últimas forças aos atacantes que o cercam de todos os lados.[175] Embora essa imagem teatral seja interessante, ela não está de acordo com a realidade de um imperador que nunca comandou uma grande batalha vitoriosa e que, depois de 381, raramente participou de campanhas. Mesmo que seja fácil deixar com que autores eclesiásticos posteriores influenciem nossa impressão da grandeza de Teodósio, as dificuldades do início de seu império são sugeridas pela escuridão que envolve sua ascensão.

Teodósio chegou ao limiar de uma carreira militar proeminente no início da década de 370: ele era *dux Moesiae*, um posto veterano para um homem jovem, assegurado sem dúvida pela influência de seu pai. Em 374, ele obteve uma vitória sobre os sármatas.[176] Em 376, entretanto, o velho Teodósio caiu vítima das intrigas palacianas que se seguiram à morte de Valentiniano. Seu filho escolheu prudentemente se retirar para as propriedades da família na Espanha, caso contrário também morreria nas mãos de um executor. Em seu exílio, Teodósio foi abandonado pela maior parte de seus antigos amigos, irrevogavelmente atingido pela desgraça do pai, ou assim parecia. É muito difícil imaginar por que Graciano decidiria chamá-lo de volta da aposentadoria nesse momento de crise para lidar com a emergência balcânica. De fato, apenas uma fonte, a história eclesiástica de Teodereto de Ciro, registra a convocação de Teodósio por Graciano, e sua exatidão foi contestada corretamente. Teodereto escreveu sua história eclesiástica no final do século V, quando a lenda da grandeza e ortodoxia de Teodósio já havia sido firmemente estabelecida como verdadeira. Parte da história da ascensão de Teodósio é claramente ficcional.[177] Muito mais significativo é o silêncio de fontes próximas do período, particularmente dos oradores Temístio e Pacato, sobre o caminho tomado por Teodósio em sua escalada ao poder. Se o caminho fosse limpo e simples, ambos os autores, e particularmente o propagandista Temístio, teriam anunciado detalhadamente sua totalidade. Em vez disso, encobrem sob um silêncio profundo a relação entre Graciano e Teodósio na sequência imediata de Adrianópolis. Um cenário mais plausível,

---

175. S. Williams e G. Friel, *Theodosius: The Empire at Bay*. London: 1994.
176. Ammianus, *RG* 29.6.14-16.
177. Theoderet, *HE* 5.5.

que faz sentido sob a luz da confusão do período, foi recentemente proposto.[178] Já em 378, quando a extensão da violência balcânica e o plano da marcha de Graciano ao Oriente eram conhecidos, Teodósio e seus amigos restantes na corte viram uma oportunidade ideal de arquitetar seu retorno ao prestígio. Exacerbando sua experiência balcânica e seu distante sucesso como *dux Moesiae*, assegurariam sua indicação ao posto logo antes ou imediatamente após Adrianópolis. Teodósio esteve provavelmente em campanha no Oriente balcânico durante o final de 378, mas não conseguiu nada decisivo antes de sua proclamação como augusto em 19 de janeiro de 379.[179]

Embora isso tenha acontecido apenas quatro meses depois de Adrianópolis, levaria mais dois anos para que Teodósio ganhasse o controle dos Bálcãs. Há controvérsias sobre tanta demora na reconquista, mas isso pode ser explicado se a proclamação de Teodósio não fosse inicialmente planejada. De fato, há alguns motivos para pensar que sua ascensão tenha sido resultado de um golpe silencioso dos generais sobreviventes da Ilíria que não desejavam fazer parte do regime de Graciano. Os sucessos anteriores de Teodósio podiam fornecer a desculpa necessária, e ser aumentados pela propaganda se isso criasse resultados. Teodósio tornou-se prontamente augusto, mas Graciano não necessariamente apreciou o acontecimento nem esteve ligado a ele. Em vez de tachá-lo de usurpador e piorar ainda mais a crise nas províncias orientais, ele decidiu aceitar. Graciano recebeu o retrato imperial de Teodósio com respeito e começou a proclamar leis em nome de ambos. Entretanto, ele não tinha um bom motivo para acolher seu novo colega e nunca fez muito para ajudá-lo. Em vez disso, ele entregou os Bálcãs a Teodósio como um problema insolúvel, e ficaria feliz se o fardo da derrocada inevitável recaísse sobre os ombros do novo imperador. A ausência evidente de ajuda ocidental pode explicar a lentidão com a qual Teodósio trouxe o controle dos Bálcãs de volta ao império.[180]

---

178. N. McLynn, "'*Genere Hispanus*' Theodosius, Spain and Nicene Orthodoxy", *in* K. Bowes e M. Kulikowski (eds.), *Hispania in Late Antiquity: Current Aproaches*. Leiden: 2005, p. 77-120.
179. *Pan. Lat.* 2.10-11; Theoderet, *HE* 5.5-6; Sozomen, *HE* 7.2.1; Orosius, Hist. 7.34.2-5; *Epitome de Caesaribus* 47-48.
180. O argumento da ajuda ocidental, embora não aceito aqui, é mais bem desenvolvido em R. Malcolm Errington, "Theodosius and the Goths", *Chiron* 26 (1996), p. 1-27.

As Campanhas Góticas de Teodósio

No ano e meio que se seguiu à ascensão imperial, Teodósio fez sua base em Tessalônica. Ele não voltaria a Constantinopla – cidade que ele acabaria transformando de uma residência imperial ocasional na capital do Oriente romano – antes de novembro de 380, quase dois anos depois de sua indicação como augusto. Tessalônica fornecia acesso ao interior dos Bálcãs, mas poderia ser suprida inteiramente por mar, caso necessário. Esse fato nos informa que o problema gótico continuava. A cidade era, dessa forma, quase imune às perturbações do interior, e poderia servir como residência imperial mesmo que o interior estivesse completamente ocupado pelos godos. O exército oriental havia sido despedaçado em Adrianópolis: 16 unidades completas foram destruídas e nunca foram reconstituídas. Dessa forma, uma das primeiras preocupações de Teodósio era conseguir tropas. Muitas das unidades conhecidas a partir da *Notitia Dignitatum* – uma listagem completa da burocracia imperial, composta cronologicamente, que descreve o exército oriental existente na metade de 394 – foram inicialmente criadas por Teodósio entre 379-380. Várias leis imperiais do mesmo período estão relacionadas a problemas de recrutamento, e o retórico sírio Libânio descreve o recrutamento de fazendeiros.[181] Zósimo relata que algumas das novas unidades foram recrutadas do outro lado do Danúbio, apesar de logo se provarem tão pouco efetivas quanto as locais.[182] O novo imperador também precisava de vitórias: na década depois de Adrianópolis, temos registros de tantas celebrações de vitória quanto quase a metade daquelas das sete décadas anteriores combinadas.[183] Essa é uma estatística impressionante, e ilustra o quão desesperadamente Teodósio precisava ser visto cuidando do problema gótico.

Nossa única fonte real para reconstruir as campanhas de 379-382 é o sumário de Eunápio que sobrevive na *Nova História*,

---

181. Unidades: parte ou toda *Notitia Dignatatum*, Or. 5.64-66; 6.33, 62, 64, 67; 7.47, 57; 8.27, 32; 9.41, 46 (= 6.64), 47; 28.20; 31.64; 38.18-19, 32-33. Leis: *Codex Theodosianus* 7.13.8-11. Fazendeiros: Libanius, *Or.* 24.16.
182. Zosimus, *HN* 4.30.2; 4.31.2-4.
183. Evidência tabulada em M. McCormick, *Eternal Victory: Triumphal Rulership in Late Antiquity, Byzantium and the Early Medieval West*. Cambridge: 1986, p. 41-46.

de Zósimo. Referimo-nos a Zósimo várias vezes no curso da nossa narrativa, mas seus defeitos são particularmente aparentes aqui, onde o resumo de Eunápio é severo e, no entanto, ainda inclui passagens confusas.[184] Em 379, acredita-se, Teodósio e seus generais se concentraram em varrer a Trácia, eliminando a ameaça imediata a Constantinopla e Adrianópolis. O general Modares, um godo a serviço do império, conseguiu algumas vitórias na Trácia antes do fim da temporada de campanhas, mas seu significado pode não ter sido muito importante.[185] Até 380, os diferentes grupos góticos haviam sido expulsos, dirigindo-se a oeste até a Ilíria, mas é questionável se isso constituiu uma melhora para alguém além dos habitantes da Trácia.[186] No mesmo ano, Teodósio sofreu um grave revés: godos, talvez liderados por Fritigerno, marcharam à Macedônia e enfrentaram o imperador no comando de seus novos recrutas. Estes falharam logo no primeiro combate, sendo que os bárbaros entre eles passaram para o lado do inimigo vitorioso, e outros desertaram em massa, de forma que não há surpresa para as leis promulgadas por Teodósio quanto à deserção.[187] Com o sucesso, os godos puderam impor tributos às cidades da Macedônia e Tessália, ou seja, ao norte da Grécia e ao sudoeste dos Bálcãs. Um ataque gótico à Panônia trouxe até mesmo Graciano de volta ao Oriente no verão de 380, quando o encontramos em Sírmio, sem que fizesse qualquer esforço para entrar em contato com Teodósio. No final do ano, ele retornou à Gália, e, pela primeira vez em seu império, Teodósio se sentiu seguro para ir a Constantinopla.[188] Em 381, os generais de Graciano, Bauto e Arbogasto, afastaram os godos das fronteiras ocidentais de volta para a Trácia.[189] Devia estar claro para Teodósio que seu colega ocidental, longe de ajudá-lo a resolver o problema gótico, não faria mais do que evitar sua entrada nas províncias do Ocidente, deixando o sofrimento aos Bálcãs.

---

184. P. Heather, *Goths and Romans, 332-489*. Oxford: 1991, p. 147-156. O autor esclareceu o defeito estrutural do relato de Zósimo pela primeira vez.
185. Zosimus, *HN* 4.25.2-4.
186. Themistius, *Or.* 14.181b.
187. Zosimus, *HN* 4.31.2-4; *Codex Theodosianus* 7.18.3-5.
188. Zosimus, *HN* 4.33.1.
189. Zosimus, *HN* 4.33.1-2.

A Paz de 382

Assim, Teodósio se curvou ao inevitável. Não vendo razão para colocar mais tropas em uma batalha perdida, ele abriu as negociações de paz concluídas finalmente em 3 de outubro de 382.[190] O fato de que a paz possa ter parecido decepcionante, especialmente depois de quatro anos de previsões confiantes de triunfo, foi antecipado por oradores da corte imperial como Temístio. Já em 382, Temístio argumentava ser melhor encher a Trácia com fazendeiros godos do que com cadáveres, e que, por causa da paz, os próprios godos teriam tanto a ganhar que celebrariam uma vitória sobre eles mesmos.[191] Ele bateu na mesma tecla longamente um ano depois, em seu 34º discurso. Essa obra-prima do viés político reescreve a história dos cinco anos precedentes absolvendo Teodósio de qualquer suposição de incompetência ao falhar na destruição dos godos.

Apesar da grandiloquência de Temístio, os registros sobre o tratado são mínimos. Sinésio relata que os godos receberam terras, Temístio ecoa o tópos clássico das espadas que se transformaram em arados e coloca os agricultores godos na Trácia, enquanto Pacato afirma que os godos se tornaram fazendeiros.[192] Esse tipo de retórica era rotina na descrição de acordos com os bárbaros, e não permite conjecturas sobre os mecanismos e a localização do assentamento. Talvez os godos tivessem pago ou devessem pagar impostos: Temístio é propositalmente ambíguo.[193] Talvez os godos tenham continuado a viver com seus costumes tribais: é o que Sinésio informa 20 anos depois, mas, por estar mergulhado em um discurso histórico contra o emprego de bárbaros pelo império, sua asserção não prova praticamente nada.[194] Teodósio certamente ficou satisfeito com o desaparecimento de uma geração inteira de líderes godos que haviam vencido a batalha de Adrianópolis: depois de 380, nem Fritigerno, nem Alateo ou Safraco, nem Viderico são mencionados novamente. Isso não implica uma

---

190. *Descriptio consulum*, s.a. 382 (Burgess, 241).
191. Themistius, *Or.* 16.
192. Synesius, *De regno* 21 (Terzaghi, 50C); Themistius, *Or.* 16.209a-210a; *Pan. Lat.* 2.22.3, mas a referência ao serviço militar em 2.32.4 não precisa necessariamente se referir ao tratado de 382.
193. Themistius, *Or.* 16.211a.
194. Synesius, *De regno* 19 (Terzaghi, 43D).

política deliberada em eliminá-los ou isolá-los, uma tarefa além das habilidades imperiais. Tudo isso é para dizer que, para o historiador moderno, infelizmente, não podemos deduzir de eventos posteriores que aquilo que aconteceu em 382 foi intencionado. O pouco que sabemos pode ser resumido de forma muito simples: em 382, os godos que aterrorizavam os Bálcãs desde Adrianópolis pararam de fazer isso, enquanto os romanos da época concordavam que a ameaça gótica estava terminada.

Na década seguinte, muitos godos foram convocados para unidades regulares do exército oriental.[195] Outros serviram como auxiliares nas campanhas de Teodósio contra os usurpadores ocidentais Magno Máximo (r. 383-388) e Eugênio (r. 392-394).[196] Muitos godos, mas não necessariamente todos, eram sobreviventes do grupo que vencera em Adrianópolis levando Teodósio à perseguição nos Bálcãs por quase três anos. Em grande parte, entretanto, temos pouca evidência sólida sobre os godos no império até a conclusão da campanha de Eugênio e a morte prematura e inesperada de Teodósio, em janeiro de 395. A partir desse ano, o jovem líder gótico Alarico manteria uma rebelião de 15 anos que iria culminar no saque de Roma, com o qual nossa história começou.

---

195. *Notitia Dignitatum*, Or. 5.61; 6.61.
196. Campanha contra Máximo: Philostorgius, *HE* 10.8; Zosimus, *HN* 4.45.3; *Pan. Lat.* 2.32.3-4; contra Eugênio, Orosius, *Hist.* 7.35.19.

Capítulo 8

Alarico e o Saque de Roma

Nas décadas seguintes ao tratado de 382 de Teodósio, há muita evidência da existência dos godos dentro do império e em suas proximidades, mas o interessante é que há pouca evidência sobre os godos que concluíram a paz com Teodósio. Na verdade, é bem possível que muitos desses "godos do tratado" tenham sido assentados nas terras das províncias balcânicas sem ser novamente mencionados. Além deles, ainda encontramos os godos de Úlfila, chamados de *Gothi minores*, na província romana da Cítia. Fora dali, uma população gótica parece ter vivido na Ásia Menor, onde uma séria rebelião se iniciou no ano de 399 sob o comando de Tribigildo, que deve ter usado os godos que sobreviveram aos massacres e às ações policiais de 378-379. Além da fronteira restaram muitos residentes godos, mesmo que os problemas que tenham levado à travessia do Danúbio pareçam ter continuado. Ainda não temos evidência dos hunos na vizinhança imediata da fronteira romana; na verdade, o primeiro huno do Danúbio surge em 400, quando um líder chamado Uldin negociou com o governo em Constantinopla.

Em vez de um envolvimento direto dos hunos ao longo do Danúbio, o que temos nas décadas de 380 e 390 é uma continuação dos realinhamentos políticos iniciados em 376. Embora os detalhes dessas mudanças sejam quase totalmente invisíveis para nós até a desintegração do Império Huno na década de 450, variados grupos góticos emergem, nessa época, das sombras da hegemonia dos hunos. Isso sugere que, nas décadas entre 376 e a metade do século V, muitos líderes godos, homens como os *megistanes* encontrados na *Paixão de São Saba,* retiveram a autoridade que tinham antes de 376, enquanto outros tomaram o lugar daqueles que haviam entrado no império. A maior parte da região de Sântana-de-Mureş/ Černjachov a oeste do Rio Prut prosseguiu sem desordens no final do século IV e início do V, e só depois de 410 começamos a ver mudanças reais na cultura material da região.[197] Dessa forma, as evidências literária e arqueológica, limitadas como são, sugerem que, apesar dos distúrbios da década de 370, uma parte substancial da população gótica sobreviveu além da velha *ripa gothica*. Depois dos eventos de 376, de fato, temos poucas evidências de travessias góticas para o império: há apenas dois registros nas fontes greco-romanas.

O primeiro pode causar surpresa aos leitores dos últimos dois capítulos, pois se refere ao velho *iudex* tervíngio Atanarico. Em 380, aparentemente, sua tentativa de continuar por si só havia falhado. Abandonado mesmo por aqueles que o haviam apoiado anteriormente em detrimento de Alavivo e Fritigerno, ele finalmente se viu obrigado a fazer a paz com o império. O fato de que Valente estava morto certamente tornou mais fácil suportar a humilhação inerente à sua mudança de postura, e Teodósio fez o possível para auxiliá-lo na transição. O imperador recebeu Atanarico em Constantinopla em 14 de janeiro de 381 com grandes honrarias, e lhe deu um imponente funeral imperial quando morreu por causas naturais pouco depois.[198] Em meio à contínua guerra balcânica, a recepção pacífica de um nobre godo como Atanarico deve ter tido um valor de propaganda significativo para Teodósio, mesmo que o velho homem tenha chegado praticamente sem

---

197. R. Harhoiu, *Die frühe Völkerwanderungszeit in Rumänien*. Bucareste: 1997; M. Kazanski e R. Legoux, "Contribuition à l'etudes des témoignages archéologiques des Goths en Europe orientale a l'époque des Grandes Migrations: la chronologie de la culture de Černjachov récente", *Archéologie Médiévale* 18 (1988), p. 7-53.
198. *Descriptio consulum*, s.a. 381 (Burgess, 241).

seguidores ou influência efetiva sobre os godos dentro do império. De fato, por ser inofensivo, Atanarico tornava-se ideal para as necessidades de Teodósio, e forasteiros mais perigosos não seriam tratados do mesmo modo. Sabemos disso pelo registro da segunda travessia do Danúbio em 386, quando Teodósio celebrou um triunfo sobre os greutungos, que haviam sido admitidos no império antes de serem traídos e massacrados ao cruzar a fronteira.[199] O episódio ilustra quão central havia se tornado a manutenção da paz nos Bálcãs para a política de Teodósio, além da fluidez da vida política do *barbaricum*, pois, mesmo em 386, um grupo de greutungos sem conexões com os colonos góticos de 382 achava preferível o assentamento no império à vida além de suas fronteiras.

Oficiais Godos no Exército Romano

O tratado de 382 marcou o começo de uma nova fase nas relações entre os godos e o império de diversas maneiras: a partir da década de 380, encontramos um notável número de godos, aristocratas "que eram exemplo de reputação e nobreza", como coloca Eunápio, seguindo carreiras como oficiais do exército imperial.[200] É claro que não havia nada particularmente novo quanto aos godos servindo nas forças militares romanas. Seja como resultado dos termos da paz ou simplesmente como mercenários recrutados *ad hoc*, isso já ocorria há muitos anos. Por outro lado, é interessante notar a patente dos godos que começamos a encontrar no império. Na metade do século IV, alguns príncipes francos e alamanos comandavam regularmente regimentos de elite do exército imperial, mas eles eram mais ou menos desconhecidos. A travessia do Danúbio e as subsequentes guerras balcânicas parecem ter mudado isso.

A luta e o próprio assentamento físico no império romperam a hierarquia social existente dentre as elites góticas no *barbaricum*. Muitos nobres góticos talvez se viram repentinamente na falta de recursos e poder de que desfrutavam antes de 376, voltando-se a carreiras romanas como a melhor alternativa disponível. Dentre os oficiais góticos encontrados, já mencionamos Modares, um dos generais que ajudaram a pacificar os Bálcãs para Teodósio em 381 e 382, sendo

---
199. Zosimus, *HN* 4.35.1; 4.38-39.
200. Eunapius frag. 59 (Blockley) = 60 (Müller).

também o destinatário de uma carta muito elogiosa do bispo Gregório de Nazianzo.[201] Outros generais na mesma posição seriam Fravita e Eriulfo. A rivalidade entre esses dois nobres góticos estendia-se até a época anterior ao serviço imperial, sendo resolvida somente quando Fravita matou Eriulfo em um banquete do próprio Teodósio.[202] Depois disso, Fravita teve uma carreira notável no exército oriental, casando-se com uma romana e derrotando uma rebelião liderada por outro general gótico, Gainas. A rebelião, como veremos, derrubou vários governos orientais e deixou milhares de godos mortos, sendo que Gainas não sobreviveu por muito tempo. Esses homens ilustram a chegada de habilidosos e importantes líderes góticos à hierarquia imperial romana e sua rápida assimilação nos postos ocupados por francos e alamanos já há muitas décadas. Mas uma figura muito mais importante foi a de Alarico, cuja carreira chegou ao ápice no notório saque de Roma.

A Importância de Alarico

Alarico é uma das figuras mais importantes de toda a história do Império Romano tardio. Sua carreira não teve precedentes. Como os muitos generais góticos mencionados, Alarico não tinha base de poder fora do império, nenhum reino de onde administrar sua relação com o imperador e para o qual pudesse recuar caso sua posição se tornasse insustentável. Mas, ao contrário dos outros, Alarico não seguiu o estabelecido caminho da carreira no exército, tornando-se parte da elite imperial pela única rota aberta a um bárbaro. Ele se tornou um general romano, mas nunca obteve um comando militar regular. Ele pode ter sido um rei gótico, mas jamais encontrou um reino. Em outras circunstâncias, ele poderia ter sido uma anomalia esplêndida, como Átila, o huno, uma geração depois, um homem cujo impacto histórico foi tão completamente produto de sua personalidade singular a ponto de impedir paralelos ou sequência. Em vez disso, a carreira de Alarico foi um divisor de águas na história do império, forjando inadvertidamente um modelo inteiramente novo para um líder bárbaro dentro do império: provou ser possível viver no império e ter um papel de comando na política imperial, sem que fosse absorvido

---

201. Gregory of Nazianzus, *Ep.* 136.
202. Eunapius frag. 59 (Blockley) = 60 (Müller); Zosimus, *HN* 4.56.2-3.

pelas estruturas do governo. Diferentemente de todos antes dele, Alarico conseguiu manter seguidores dentro do império cuja única conexão com o próprio império vinha por meio dele. Essa base de poder lhe permitiu agir de formas inacessíveis àqueles na hierarquia imperial.

Ao ir atrás de seus próprios interesses pessoais, Alarico também recriou os godos e o que significava ser godo. Embora houvesse um número de outros líderes góticos no exército e grandes populações góticas dentro e no limiar do império, Alarico e seguidores logo viriam a se tornar os "godos" do ponto de vista de seus contemporâneos. De fato, os seguidores de Alarico seriam identificados como sucessores diretos dos que haviam cruzado o Danúbio em 376; de algum modo, eles eram considerados as mesmas pessoas.[203] Estritamente, a identificação é incorreta: os grupos góticos que atravessaram o Danúbio não mais existiam, e os seguidores de Alarico que saquearam Roma eram compostos não apenas de godos dos Bálcãs, mas também de muitos outros lugares. Ainda assim, com o passar do tempo, a identificação deles como os "godos" tomou uma realidade própria. Quinze anos de sua liderança deram aos seguidores de Alarico um senso de comunidade que sobreviveria à sua própria morte. Primeiro, sob a liderança de seu cunhado Ataulfo, e posteriormente sob uma série de outros líderes, os godos de Alarico permaneceram juntos, prosseguindo até o assentamento na Gália. Lá, na província da Aquitânia, criaram raízes e o primeiro reino bárbaro autônomo dentro das fronteiras do Império Romano.

A Usurpação de Magno Máximo e os Problemas nos Bálcãs

Alarico se destacou em 395, mas sabemos que ele já estava ativo alguns anos antes, na conclusão da primeira campanha de Teodósio contra um usurpador ocidental. Teodósio, como vimos no último capítulo, tornou-se imperador em 379, possivelmente sem a aprovação de Graciano. Ele recebeu o controle dos Bálcãs para acabar com as guerras

---

203. Zosimus, *HN* 5.5-4; Claudian, *Get.* 166-248; 598-647; Synesius, *De regno* 19-21. Para os godos de Alarico descritos como um *gens*: Claudian, *IV cons. Hon.* 474; *Get.* 99, 134, 169, 533, 645-647.

góticas, mas obteve ajuda limitada do Ocidente. A preocupação principal de Graciano era confinar o problema gótico aos Bálcãs orientais e longe da Panônia, enquanto ele se dedicava à fronteira do Reno. De volta ao Ocidente, entretanto, Graciano logo se tornou muito impopular com o exército regular, supostamente por favorecer em excesso seu guarda-costas alano. Em 383, ele enfrentou uma revolta na Gália, liderada por um general de origem espanhola chamado Magno Máximo (r. 383-388). Este depôs e matou Graciano, tomando o controle das regiões ocidentais da Gália, Espanha e Bretanha, e deixando Valentiniano II, então com 12 anos de idade, no controle precário da Itália e da África.

Preocupado com os assuntos das províncias orientais, profundamente perturbadas por anos de incerteza que se seguiram a Adrianópolis, Teodósio não podia utilizar os recursos para uma campanha contra Máximo mesmo que quisesse. Mas é difícil imaginar que tivesse o desejo de vingar um colega com o qual tinha relações tão ruins. De fato, as relações se deterioraram desde o início de 386, meio ano antes da morte de Graciano. A essa altura, Teodósio havia promovido seu filho Arcádio, de 5 anos, ao cargo de augusto, que a corte ocidental de Graciano se recusara a reconhecer.[204] Assim, pelo menos inicialmente, pode ter agradado a Teodósio a chance de fortalecer seu controle dinástico com o assassinato de Graciano. Ele não se voltou contra Máximo. Isso só mudou em 387, quando Máximo invadiu o território de Valentiniano II. Ele e sua mãe Justina fugiram até Teodósio. Exilados em Tessalônica, pediram a ajuda deste para restaurar um augusto legítimo ao trono do qual havia sido expulso. Teodósio devia sua posição a um membro da dinastia valentiniana e dificilmente poderia recusar o pedido. Sem grande entusiasmo, ele agrupou um exército e marchou ao Ocidente em 388. A revolta de Máximo foi derrotada graças às habilidades superiores dos generais de Teodósio, e ele próprio permaneceu na Itália até o verão de 391, aceitando graciosamente as desculpas e os lamentos de muitos aristocratas ocidentais que haviam colaborado com Máximo.

Enquanto Teodósio não estava presente, houve problemas nos Bálcãs. Unidades do exército lá estacionadas receberam uma oferta em dinheiro de Máximo para causar distúrbios na retaguarda de Teodósio.[205]

---

204. *Descriptio consulum*, s.a. 383 (Burgess, 241).
205. Zosimus, *HN* 4.45.3.

Não sabemos onde se iniciou a luta, e não é claro se devemos pensar em termos de uma grande revolta, de uma longa rebelião de tropas auxiliares ou de banditismo em larga escala. Já que as depredações por grupos de tropas auxiliares e bandos que assombraram muitas províncias imperiais em toda a história romana podiam parecer idênticas mesmo às pessoas da época, não é surpresa nossa pouca habilidade em separar os fenômenos. Ainda assim, a escala do problema balcânico se revela pelo fato de que um general de alta patente chamado Botérico estava posicionado em Tessalônica em 390. O assassinato de Botérico em uma revolta levou a um dos mais famosos episódios da carreira de Teodósio: quando o imperador ordenou que milhares de cidadãos fossem massacrados no circo de Tessalônica como punição, ele foi forçado a se redimir e a fazer penitência pública pelo bispo Ambrósio de Milão, que não admitiria que Teodósio fizesse a comunhão até completar as exigências.[206] A revolta em Tessalônica provavelmente não tinha nada a ver com o problema nos Bálcãs – diz-se que foi consequência do aprisionamento de um famoso corredor de bigas –, mas a presença de Botérico é um claro indício de problemas, pois Tessalônica nunca teve guarnição militar, salvo em emergências.

Uma Fonte Importante: o Poeta Claudiano

Não sabemos quantas unidades rebeldes eram formadas por godos dos assentamentos de 382. Nossas fontes são demasiado obscuras. A narrativa na *Nova História* de Zósimo é repleta de fatos, mas tem poucos detalhes históricos. Os poemas de Claudiano, entretanto, embelezam poeticamente acontecimentos genuínos. Claudiano, cujas obras mais antigas datam da década de 390, é frequentemente nossa testemunha histórica mais completa dos eventos da década, embora isso produza certos problemas. Claudiano, como chamamos Claudius Claudianus, era um jovem egípcio de Alexandria, um orador grego de origem, que acabou por fazer sua carreira no Ocidente latino como um poeta da corte, chegando ao título de *tribunus et notarius* e recebendo

---
206. Sozomen, *HE* 7.25; Theoderet, *HE* 5.18; Rufinus, *HE* 11.18; Ambrósio, *Ep.* 51.

uma estátua no fórum de Trajano em Roma.[207] Ele é considerado o último grande poeta latino da Antiguidade, e deixou obras em diversos gêneros poéticos, todas igualmente aclamadas. A maior parte de sua carreira, pelo que sabemos, foi a serviço do general Estilicão, um confidente de Teodósio, marido da sobrinha do imperador e regente em lugar de seu filho mais novo, Honório, a partir da morte de Teodósio, em 395. Estilicão foi sem dúvida o homem mais poderoso do Império do Ocidente, e tentou, em grande parte de sua carreira, atingir o mesmo grau de controle no Oriente. Com Claudiano, ele tinha um porta-voz e um orador genial que exaltava grandes e pequenos eventos, transformando poemas em oportunidades de louvar seu patrono. O autor é frequentemente nossa única fonte restante, desde seu panegírico sobre o terceiro consulado de Honório, feito em 1º de janeiro de 396, em defesa da conduta de Estilicão no ano anterior, até sua própria morte, pouco depois de 404. Além disso, Claudiano é nossa única fonte sobrevivente não contaminada pelos efeitos do saque de Roma em 410. Apesar de poesia não ser história e da dificuldade de se extrair evidências históricas a partir do contexto poético em que está inserida, aprendemos muito com Claudiano. É em um de seus poemas que ouvimos falar de Alarico pela primeira vez.

O Início da Carreira de Alarico

Quando Teodósio enfim retornou ao Oriente em 391, ele supostamente chegou perto de ser morto por rebeldes godos, entre os quais, podemos supor, estava Alarico. Claudiano nos diz que Teodósio foi confrontado por Alarico no Rio Hebrus, o atual Maritsa.[208] Se o episódio realmente ocorreu, deve ter sido no final do verão de 391. Não sabemos o cargo ocupado por Alarico em 391, se é que tinha algum. Embora se diga que Alarico liderava os godos por pertencer à dinastia real de Balthi, o único registro disso é Jordanes, em um dos trechos mais transparentemente fictícios, no qual inventa uma dinastia "visigótica" para espelhar a família Amal do rei ostrogodo

---
207. *ILS* 2949.
208. Claudian, *Get.* 524-525; VI *cons. Hon.* 104-108.

Teodorico.²⁰⁹ O testemunho de Jordanes nesse caso só pode ser levado a sério por aqueles cuja superestrutura teórica requer um *Traditionskern* aristocrático que transmita a etnia gótica. Toda a evidência da época demonstra que Alarico era um homem novo que em 391 ainda não era uma personagem importante, apenas mais um dentre os bandidos e rebeldes que faziam dos Bálcãs uma ferida purulenta do corpo político. Em vez de se atolar na guerrilha nos Bálcãs, para a qual não tinha a menor aptidão, Teodósio deixou os problemas a cargo do general Promotus. Quando este foi morto em uma emboscada, Estilicão foi enviado para reparar a situação, seu primeiro comando solidamente relatado.²¹⁰ Há poucos detalhes, mas aparentemente ele derrotou os rebeldes e os forçou a negociar a paz com o imperador.²¹¹ Não há sinal da continuação dos distúrbios nos Bálcãs quando Teodósio é forçado novamente a marchar a oeste contra um usurpador em 394.

A Usurpação de Eugênio

Em 391, quando Teodósio deixou o Ocidente após a derrota de Máximo, ele colocou Valentiniano II no controle nominal dos negócios. Ele não poderia ter feito diferente, pois o pretexto do ataque a Máximo havia sido o de restaurar Valentiniano ao trono. Mas Teodósio não tinha a intenção de ceder poder ao jovem, e a escolha de um regente foi facilitada pela morte da mãe de Valentiniano, a poderosa Justina, durante a campanha. No fim, Teodósio enviou Valentiniano à Gália sob os cuidados do general Arbogasto, um oficial veterano e confiável. Infelizmente, Arbogasto provou ser incapaz de cuidar de seu novo encargo, com resultados trágicos a todos os envolvidos. É difícil não lamentar por Valentiniano, promovido ao trono ainda criança em um momento de pânico, depois dominado por seu meio-irmão Graciano e sua mãe Justina, e ignorado por todos os outros como augusto. Em 391, deixado como imperador do Ocidente por Teodósio, ele imaginava que era tempo de governar por conta própria. Arbogasto logo o fez mudar de opinião, e a frustração do jovem imperador aumentou.

---
209. Jordanes, *Get.* 146.
210. Zosimus, *HN* 4.50-51; Claudian, *Ruf.* 1.350-351.
211. Claudian, *Stil.* 1.94-115; *Ruf.* 1.314-322, *III cons. Hon.* 147-150.

Quando Valentiniano tentou demitir Arbogasto, o general rasgou a ordem imperial na sua frente: ele recebia ordens de Teodósio e não de um títere adolescente. Em desespero, Valentiniano se enforcou. Era a melhor vingança possível. Eram inevitáveis os rumores de assassinato, que ficaram registrados em nossas fontes, e Teodósio não poderia ignorar o fato, mesmo que lhe agradasse a extinção da dinastia valentiniana.[212] Sabendo que sua posição era insustentável, o até então leal Arbogasto escolheu a rebelião preventiva. Ele proclamou um gramático e burocrata menor pagão, chamado Eugênio (r. 392-394), como imperador, e procurou aliados, encontrando-os em meio à própria aristocracia de Roma. A cidade ainda abrigava alguns dos mais ricos e influentes homens de todo o império, muitos dos quais odiavam Teodósio por sua crescente e agressiva cristandade. Um deles, Nicômaco Flaviano, aliou-se à causa de Arbogasto, presidindo com ele a usurpação e emprestando a ela a legitimidade que seu prestígio conferia automaticamente.

Teodósio foi obrigado a se preparar para uma segunda campanha contra um usurpador ocidental. Ele deixou seu filho adolescente, Arcádio, em Constantinopla, nas mãos do prefeito pretoriano Rufino, marchando novamente para o oeste em 394, e levando seu filho mais novo, Honório, agora provavelmente também elevado ao posto de augusto. Flaviano e Arbogasto fortificaram os Alpes Julianos entre a Itália e a Ilíria, enfrentando Teodósio no Rio Frígido em 5 de setembro de 394. A batalha foi selvagem, e Arbogasto era um general muito melhor que Teodósio. Entretanto, no segundo dia de batalha, que foi descrito por autores cristãos compreensivelmente como um milagre, um vento forte soprou sobre as fileiras do exército ocidental, impedindo suas lanças e flechas de atingir as unidades de Teodósio e atrapalhando sua defesa. Com o vento a favor, Teodósio foi vitorioso, mas a batalha foi mais sangrenta que o usual, sendo que os auxiliares bárbaros sofreram perdas enormes por terem sido colocados na linha de frente para absorver a maior parte dos danos.[213] Flaviano e Arbogasto cometeram suicídio diante de sua derrota total.[214]

---

212. Eunapius, frag. 58.2 (Blockley) = John of Antioch, frag. 187 (*FHG* 4: 608-610).
213. Orosius, *Hist.* 7.35.19; Zosimus, *HN* 4.58.2-3.
214. Zosimus, *HN* 4.58.6; Orosius, *Hist.* 7.35.19; Socrates, *HE* 5.25.11-16; Sozomen, *HE* 7.22-24, Rufinus, *HE* 11.33; Philostorgius, *HE* 11.2; *Epitome de Caesaribus* 48.7.

Estilicão

Teodósio passou a residir em Milão. Como Constante 30 anos antes, ele tinha de pensar seriamente em como iria governar o império. Como os eventos haviam demonstrado duas vezes, ele não poderia governar sozinho, e um títere como Valentiniano não seria suficiente. Ele precisava de um colega em quem pudesse confiar, mas seus filhos eram jovens demais e podiam já ter começado a demonstrar a fraqueza que caracterizaria seus governos posteriores. Não podemos saber qual seria a decisão de Teodósio, pois ele tinha apenas três meses de vida. Ainda um jovem nos padrões da elite romana, ele morreu de insuficiência cardíaca em 17 de janeiro de 395. O jovem augusto Honório estava com ele em Milão, e a regência recaiu imediatamente sobre Estilicão. No Oriente, onde Arcádio teoricamente governava, o poder estava nas mãos do grande inimigo de Estilicão, o prefeito pretoriano Rufino. No entanto, Estilicão tinha o comando de ambos os exércitos oriental e ocidental, e sua desmobilização parcial lançou a crise que logo envolveria a maior parte do império.

Estilicão era uma figura simpática, mas ficou gravemente comprometido por relatos hostis tanto da Idade Antiga quanto de épocas posteriores. Ele teve a infelicidade de comandar o Império do Ocidente diante de inúmeras ameaças externas e o fez para um imperador que era incapaz de inspirar confiança mesmo como títere e fachada. Ninguém poderia vencer todos os desafios enfrentados por Estilicão, e seus inimigos procuravam explicações para suas falhas periódicas: baseados no fato de que tinha ascendência de vândalos de um lado da família, argumentavam que Estilicão era inevitavelmente um traidor como os bárbaros. Estudiosos modernos acompanharam esse raciocínio, imaginando que o sangue "germânico" de Estilicão tinha mais em comum com os inimigos bárbaros do que com o império a que servia, um comentário tolo que já deveria ter passado. Como podemos ver tanto em suas ações quanto no testemunho de Claudiano, ele sempre foi um comandante romano de competência comprovada em batalha, e o mais confiável subordinado militar de Teodósio. Mais que isso, ele era membro da família imperial pelo casamento com a sobrinha de Teodósio e pela filha adotada, Serena, cujo filho Euquério fora reconhecido por Teodósio como neto. Estilicão já era o guardião legítimo de Honório mesmo antes da morte de Teodósio e, ao se casar com a filha de Estilicão, Maria, o jovem imperador se tornou seu genro em 398. Em outras palavras, os muitos anos de conflito de Estilicão com a corte do Oriente não devem ser entendidos em termos de seu sangue vândalo, ou ambições bárbaras mais gerais em dominar os interesses romanos, mas como a intriga política que cerca qualquer minoria real, que se revelou no momento da morte de Teodósio.

A Revolta de Alarico

Em 395, Estilicão enviou algumas unidades auxiliares que serviram em Frígido de volta ao Oriente. O líder de uma dessas unidades era Alarico, que presumivelmente fora admitido no exército imperial pouco após a rebelião balcânica de 391.[215] Em 395, segundo Zósimo, Alarico ficou irritado por não receber um comando condizente, permanecendo a cargo dos bárbaros que liderara na campanha contra Eugênio.[216] Essa irritação é plausível; dado particularmente que os auxiliares bárbaros haviam suportado o grosso da luta em Frígido, Alarico pode ter sentido que merecia uma promoção por sua vitória para Teodósio. De qualquer modo, no caminho aos Bálcãs, Alarico se revoltou. Em princípio, tinha apenas as tropas que já comandava, mas seus seguidores logo aumentariam em número. Devemos provavelmente visualizar o aumento dos seguidores de Alarico da mesma forma que aqueles de Fritigerno entre 376 e 378: um núcleo inicial sendo acompanhado de um grupo variado de pessoas insatisfeitas e sem posses que viam na rebelião uma chance de melhora. Nos Bálcãs da década de 390, os colonos góticos de 382 e seus descendentes podem ter tido razões especialmente boas para a insatisfação e, portanto, suprido o maior número de novos recrutas de Alarico, mas não temos evidência disso. Certamente nada dá base à afirmação comum de que Alarico tenha agrupado todos os godos do tratado de 382, ou mesmo a maioria deles.

---

215. Socrates, *HE* 7.10.
216. Zosimus, *HN* 5.5-4.

Além disso, seus primeiros objetivos eram mais pessoais e limitados. Ele desejava um comando apropriado e, em 395, marchou a Constantinopla para exigi-lo. Somos informados de que Rufino subornou Alarico para que se retirasse da cidade, dando-lhe permissão para saquear outras províncias dos Bálcãs, mas temos de considerar que Claudiano, nossa fonte, estava sempre pronto a difamar os inimigos de Estilicão, Rufino certamente entre eles.[217] Mais plausivelmente, como em geral era o caso, Constantinopla simplesmente parecia um alvo muito perigoso, fazendo com que Alarico se voltasse a opções mais suaves na Macedônia e na Tessália. Rufino, de sua parte, dificilmente poderia criar defesas efetivas e menos ainda partir ao ataque, já que lhe faltava o exército do Oriente, que permanecera na Itália sob o comando de Estilicão. Antes do fim de 395, no entanto, Estilicão marcharia através dos Alpes até os Bálcãs para lidar com Alarico.

Estilicão e Rufino

Desde a morte de Teodósio, Estilicão reivindicava seu direito da guarda de Arcádio e de Honório, afirmando ser esse o desejo de Teodósio no leito de morte. Os contemporâneos não poderiam verificar suas afirmações mais do que nós. Levá-las a cabo significaria desalojar os poderosos oficiais orientais que controlavam Arcádio e, claro, estes rejeitavam completamente a posição de Estilicão. Mas, ao marchar com seu exército aos Bálcãs para tratar com Alarico, Estilicão também podia pressionar o regime de Rufino. Pensaríamos assim, salvo os resultados desconcertantes da expedição: antes do fim de 395, Estilicão havia devolvido o exército oriental a Constantinopla sob o comando imediato do general godo Gainas, e se retirara da campanha contra Alarico sem enfrentá-lo em batalha.[218]

Claudiano interpretaria que Estilicão, um servo leal de ambos os imperadores, estaria agindo em resposta ao pedido de Arcádio pelo retorno das tropas, mas essa pode não ser toda a história e talvez seja uma afirmação totalmente falsa.[219] Podemos suspeitar que, quando Claudiano

---

217. Claudian, Ruf. 2.54-99; Eunapius, frag. 64.1 = John of Antioch, frag. 190 (FHG 4:610).
218. Zosimus, HN 5.7.3; Eunapius, frag. 64.1 = John of Antioch, frag. 190 (FHG 4: 610).
219. Claudian, Stil. 2.95-96.

insiste na disciplina e habilidade de Estilicão em liderar dois exércitos que se enfrentaram havia pouco tempo no banho de sangue de Frígido, ele está encobrindo o fato de que Estilicão percebeu a impossibilidade de conseguir controlar os exércitos do Oriente e do Ocidente em uma única campanha.[220] Sem poder confiar nas tropas orientais em uma batalha contra Alarico e sabendo que a fronteira oriental precisava de seu exército, Estilicão o enviou a Constantinopla sob o comando do general Gainas. Quando o exército foi agrupado lá para inspeção em novembro de 395, Rufino foi capturado e morto pelos soldados. A regência em Constantinopla foi assumida pelo eunuco Eutrópio, confiável camarista-geral de Arcádio, que já vinha planejando contra Rufino há algum tempo. Os interesses de Eutrópio e Estilicão coincidiram apenas brevemente, e, quando o eunuco provou que não obedeceria à regência de Estilicão no Oriente da mesma forma que Rufino, ele se tornou o novo alvo das injúrias venenosas de Claudiano. A essa altura, Estilicão já havia feito um recuo tático à Itália. Alarico ainda não oferecia uma ameaça ao Império do Ocidente e deixá-lo à solta poderia ajudar a comprometer Eutrópio em Constantinopla.

Alarico e Eutrópio

Estilicão passou a maior parte de 396 na Gália, reparando a fronteira enfraquecida durante a guerra civil entre Eugênio e Teodósio.[221] Enquanto isso, Alarico avançava na Grécia pelo desfiladeiro nas Termópilas, permanecendo na península até 397 e atacando até o Peloponeso, em ação registrada na obra *Vidas dos Sofistas,* de Eunápio.[222] Em 397, enquanto o regime oriental de Eutrópio ainda estava enfraquecido pela competição em torno da regência e enfrentava o fardo adicional dos ataques dos hunos na fronteira da Armênia, Estilicão sentiu-se pronto para intervir novamente na questão de Alarico. No início de abril, ele liderou uma expedição naval à Grécia, desembarcando no sul e forçando o líder dos godos a recuar para a província

---

220. Claudian, *Ruf.* 2.105-123 e 235-239, com *Gild.* 294-296 e *Stil.* 1.151-169.
221. Claudian, *IV cons.* Hon. 435-449; *Stil.* 1.188-245.
222. Zosimus, *HN* 5.5.6-8.; Claudian, *Ruf.* 2.186-196; Eunapius, *VS* 476, 482.

montanhosa de Épiro, não conseguindo submetê-lo.[223] Eutrópio se ressentiu dessa invasão; ele via nela, com boa razão, uma tentativa deliberada de comprometê-lo da mesma forma com que Rufino havia sido destruído. Ao decidir que, das duas ameaças em potencial, Alarico era preferível a Estilicão, Eutrópio persuadiu o submisso Arcádio a declarar Estilicão um *hostis publicus*, "inimigo público". Ao mesmo tempo, Eutrópio entrou em negociação com Alarico, assegurando a ele uma posição oficial na hierarquia militar do Oriente.[224] Essa sábia manobra encurralou Estilicão: agora era Alarico, e não Estilicão, a autoridade legalmente constituída na região, e este último não tinha razão para pensar que os *curiales* locais e donos de terras nos Bálcãs ficariam do seu lado. Tendo poucas escolhas, Estilicão se retirou novamente para a Itália.

Não sabemos ao certo qual foi a posição que Alarico recebeu. Nossa fonte é Claudiano, e ele está preocupado principalmente em demonstrar as várias formas pelas quais Eutrópio havia traído o império. Segundo Claudiano, Alarico recebera toda a Ilíria para comandar os serviços das fábricas imperiais que ele havia saqueado e as cidades que seus homens recentemente atacaram.[225] Considerando a hipérbole excessiva, parece provável que Alarico tenha recebido um comando militar que lhe permitia requisitar legalmente os serviços do governo civil na Grécia. A posição de *magister militum per Illyricum,* geralmente proposta pelos estudiosos e que certamente estava vaga em 397, parece estar de acordo com a evidência. Contudo, o que aconteceu com Alarico e seus seguidores depois de 397 é muito menos claro: Zósimo salta uma década inteira quando deixa de se basear em Eunápio e passa a Olimpiodoro. É possível que, entre 397 e 401, os seguidores de Alarico tenham sido acolhidos nas cidades do sul dos Bálcãs e supridos por administradores civis do mesmo modo que qualquer outra unidade do exército imperial. Por outro lado, alguns estudiosos argumentam que os seguidores de Alarico tenham voltado a ser fazendeiros, talvez nas terras recebidas pelo tratado de 382. Qualquer conclusão depende da crença de que Alarico liderava um

---

223. Claudian, *IV cons. Hon.* 479-483; Zosimus, *HN* 5.7.2. Data: Paulinus, *V. Ambrosii* 45, 48, para a relevância deste, ver E. Burrell, "A re-examination of why Stilicho abandoned his pursuit of Alaric in 397", *Historia* 53 (2004), p. 251-256.
224. Eunapius, frag. 64.1 = John of Antioch, frag. 190 (*FHG* 4: 610); Zosimus, *HN* 5.7.1 – ambos com erros de datação, mas claramente se referindo a 397 por sua referência a *Hellas*.
225. Claudian, *Eutr.* 2.211-218; *Get.* 533-540.

exército gótico ou de que ele mobilizou os godos do tratado de 382. No entanto, faltam-nos evidências, pois não sabemos nada sobre Alarico e seus seguidores entre os anos de 397 e 401.

Assim, o problema de Alarico desaparece temporariamente. Estilicão agora tinha preocupações mais urgentes: Eutrópio subornara o *comes Africae* Gildo, um aristocrata da África do Norte que recebera seu comando imperial de Teodósio 12 anos antes.[226] Gildo transferiu sua aliança do Ocidente ao governo do Oriente, cortando o envio do carregamento de grãos africanos para Roma. A população de Roma já era inclinada a revoltas mesmo em seus melhores dias, e a falta de comida teria sido garantia de desastre e levaria o regime de Estilicão facilmente ao colapso. Estilicão não teria tempo para o Oriente até derrotar Gildo. Em Constantinopla, nesse meio-tempo, a corte oriental se dissolveu em uma orgia de intrigas políticas. Eutrópio era impopular tanto por ser eunuco quanto por seu papel na controvérsia religiosa à qual as cidades do Oriente estavam sempre suscetíveis. Apesar de seu sucesso ao liderar pessoalmente uma campanha contra os hunos na Armênia e na Ásia Menor, e do consequente prêmio do consulado em 399, seus inimigos procuravam qualquer oportunidade para derrubá-lo. Por fim, uma revolta na Ásia Menor destruiu não apenas o regime de Eutrópio, mas também o de seu sucessor, Aureliano, ao mesmo tempo em que prejudicou as boas relações de Alarico com o Império do Oriente para sempre.[227]

Gainas, Tribigildo e a Corte Oriental

Já mencionamos brevemente os líderes góticos Gainas e Tribigildo: o primeiro, comandante no exército que Teodósio levara ao combate contra Eugênio; o segundo, a cargo das tropas em Nacoleia, na Ásia Menor. Tribigildo, talvez decidido a imitar Alarico e a conseguir uma promoção para si, iniciou uma rebelião na primavera de 399, derrotando o primeiro exército imperial enviado para enfrentá-lo. Gainas,

---
226. Claudian, *Stil.* 1.269-281.
227. Fontes principais para a revolta: Synesius, *De providentia* 2.1-3; Socrates, *HE* 6.6.1-34; Sozomen, *HE* 8.4; Theoderet, *HE* 5.30-33; Zosimus, *HN* 5.18-19; Philostorgius, *HE* 11.8. Minha narrativa segue A. Cameron e J. Long, *Barbarians and Politics at the Court of Arcadius*. Berkeley: 1993.

encarregado de derrotar a rebelião, percebeu que Tribigildo era poderoso demais. Ele recomendou que a corte fizesse negociações, que ele mesmo conduziu. A condição principal de Tribigildo para renovar a aliança era a deposição de Eutrópio. Como o eunuco já possuía inimigos poderosos no palácio, a imperatriz Eudóxia entre eles, Arcádio foi finalmente persuadido a abandonar o chefe de gabinete em quem sinceramente confiava. Eutrópio foi removido do cargo juntamente com seus partidários em agosto de 399, passando por um curto exílio em Chipre antes de ser executado por acusações fictícias de traição.[228] Um burocrata oriental experiente, chamado Aureliano, tornou-se prefeito pretoriano e substituiu Eutrópio como ministro-chefe de Arcádio.

Isso, no entanto, não satisfez Gainas, que passou a barganhar para si em vez de como um intermediário. Em abril de 400, Gainas marchou com seu exército até a Calcedônia, no lado oposto a Constantinopla, no Bósforo asiático. Ele exigiu o que Alarico havia recebido três anos antes, um comando militar sênior, além de um cargo de cônsul. Vários outros generais veteranos haviam obtido um consulado, e Gainas claramente acreditava que seus próprios serviços mereciam reconhecimento semelhante. Ele também exigia que Aureliano fosse deposto. Dois dos três pedidos foram atendidos: Aureliano foi deposto e Gainas foi designado cônsul para o ano seguinte. No entanto, o novo prefeito pretoriano, Cesário, era tão hostil a Gainas quanto Eutrópio e Aureliano, e os godos eram impopulares para o povo de Constantinopla. Em julho, Gainas decidiu que seria mais seguro mover suas tropas para longe da cidade, seguindo para a Trácia. Mas a mobilização provocou tumultos, e milhares de godos, na maior parte civis, foram massacrados dentro da cidade pela turba, muitos queimados vivos na igreja onde haviam se abrigado. Gainas foi forçado a fugir após ser derrotado em batalha pelo general Fravita e não sobreviveu à sua tentativa de atravessar o Danúbio. Tribigildo também foi atacado, e a longevidade e a estabilidade do regime de Cesário acabaram com qualquer esperança que Alarico poderia ter em renovar relações cordiais com a corte oriental. O governo de Cesário em Constantinopla durou três anos, e, quando foi finalmente substituído em 404, Alarico já havia deixado o Oriente para trás.

---

228. Data: *Codex Theodosianus* 9.40.17 (17 de agosto de 399).

Alarico na Itália

No final de 401, Alarico e seus seguidores partiram para a Itália, chegando lá em 18 de novembro.[229] Não sabemos quantos eram; alguns estudiosos afirmam que Alarico levou à Itália a maior parte dos colonos de 382, mas nada nas fontes sugere isso. Nem mesmo suas razões são mencionadas, mas parece claro que ele não considerava mais o Império do Oriente um parceiro confiável, e a morte de Gainas no fim de 400 pode ter tornado a posição de Alarico irregular de forma preocupante. Ao cruzar os Alpes Julianos, Alarico permaneceu na fronteira da Itália, ameaçando Estilicão com uma possível invasão e tentando extrair concessões não especificadas nas fontes. Na primavera de 402, Alarico invadiu o norte italiano, sendo atacado duas vezes por Estilicão, primeiro em Pollentia, em abril, no domingo de Páscoa, e então em Verona, cerca de dois meses depois. Alarico havia conseguido cruzar os Alpes enquanto Estilicão estava detido na Récia, e derrotou um pequeno exército romano antes de fazer um cerco a Milão, uma grande cidade que era frequentemente residência imperial. Estilicão marchou para libertar a cidade, forçando Alarico a seguir até Pollentia. A batalha de Pollentia foi um sucesso modesto mas real para Estilicão: ele tomou muitos prisioneiros, incluindo a esposa e os filhos de Alarico, e ainda conquistou todo o tesouro que este havia juntado em cinco anos de pilhagens. Estilicão ofereceu uma trégua a Alarico, na qual ele deveria se retirar da Itália para sempre; talvez Estilicão quisesse preservá-lo como uma ferramenta potencialmente útil, ou considerasse simplesmente que Alarico fosse poderoso demais para ser destruído.

Logo, porém, Estilicão diria que Alarico violara os termos da trégua e o arrastou novamente à batalha, dessa vez em Verona, em julho ou agosto de 402.[230] A luta não foi mais conclusiva do que Pollentia, e mesmo Claudiano admite que Alarico pode ter considerado atacar a Gália ou a Récia logo depois. Ainda que parte do apoio a Alarico possa ter se dissipado na ausência de um sucesso decisivo, ele foi capaz de evitar novos confrontos e recuou novamente para os Bálcãs.[231]

---
229. *Fasti Vindobonenses Priores* 532 (*Chron. Min.* 1: 299).
230. Claudian, *IV cons. Hons.* 201-215; 281-286.
231. Claudian, *IV cons. Hons.* 229-233.

De 402 até 404 ou o início de 405, Alarico ocupou o noroeste dos Bálcãs, talvez a província de Panônia II, levado por Estilicão a uma terra de ninguém entre o Oriente e o Ocidente. Nesse canto da Ilíria, Alarico não poderia agravar o estado de quase contínua guerra fria entre as cortes, ou ao menos até que um dos lados decidisse usá-lo em interesse próprio. Dessa vez, foi Estilicão que tomou a iniciativa. Ele decidiu oferecer a Alarico o mesmo cargo que Eutrópio lhe garantira meia década antes. Provavelmente em 405, os seguidores de Alarico retornaram mais uma vez a Épiro, seu líder novamente levando o título de *magister militum*, mas agora com o apoio do Império do Ocidente.[232] A propaganda oriental interpretou o ato como a preparação de Estilicão para uma invasão em grande escala da Ilíria, interpretação que os estudiosos modernos aceitaram prontamente. De fato, a atitude de Estilicão não representava nada de novo. A oferta de um novo título a Alarico não era mais do que outra asserção de hegemonia que Estilicão sempre afirmara possuir, e ela não envolvia nenhuma ação; Alarico já estava na Ilíria, e ele poderia ser útil para incomodar a corte oriental. Mesmo que Estilicão planejasse atacar a Ilíria, e não há a mínima evidência disso, os eventos na Itália e na Gália logo impossibilitariam esses planos.

Crise no Império do Ocidente

No final de 405, um rei gótico chamado Radagaiso, até então completamente desconhecido pela história, cruzou os Alpes vindo da Europa central, atravessou a província da Récia e invadiu a Itália. Mais de um ano se passou até que fosse subjugado. Para piorar, no último dia de 405 ou 406, um grande grupo de vândalos, alanos e suevos cruzou o Reno perto de Mainz, devastando as províncias do norte da Gália.[233] A invasão provocou uma série de usurpadores na Bretanha; o terceiro deles, um soldado comum chamado Constantino (r. 407-411), alastrou seu domínio ao longo do canal, removendo a

---

232. Sozomen, *HE* 8.25.3; 9.4.2-4.
233. Os argumentos de A. R. Birley, *The Roman Government of Britain*. Oxford: 2005, p. 455-460, quase me persuadiram a abandonar a tentativa de mover a data da travessia do Reno do tradicional 31 de dezembro de 406 para 405 no artigo "Barbarians in Gaul, usurpers in Britain", *Britannia* 31 (2000), p. 325-345.

Gália, a Bretanha e a Espanha do controle do governo de Honório na Itália. Por razões óbvias, Estilicão cuidou da ameaça à Itália antes de seguir para a Gália. Em agosto de 406, ele perseguiu Radagaiso até enfrentá-lo perto de Florença, conseguindo uma vitória esmagadora que escravizou milhares de seguidores do rei gótico – tantos, que os mercadores tiraram os piores escravos do mercado e os substituíram por aqueles de melhor forma física.[234] Com Radagaiso morto, Estilicão pôde se dedicar a outros assuntos, particularmente à usurpação de Constantino na Gália. Alarico poderia ser muito útil nisso, mas infelizmente, para Estilicão, a paciência de Alarico havia se esgotado.

Não há dúvida de que Alarico havia se recuperado de quaisquer perdas sofridas em Pollentia e Verona, e, depois de três anos como comandante legítimo na Ilíria, ele pode ter começado a reconstruir sua posição financeira. Mas a Ilíria e a Grécia haviam sido pilhadas repetidamente desde o início da década de 390, e é difícil saber como ele poderia ter tido uma renda em escala grande o bastante a ponto de substituir os espólios capturados por Estilicão em Pollentia. Tendo residido no Império do Oriente por tanto tempo, Alarico parece ter percebido que o potencial daquela região era limitado. O Ocidente oferecia maior riqueza, e assim, em 407, ele marchou novamente para a Itália, posicionando-se em Nórica, hoje na Áustria, exigindo 4 mil libras de ouro para poupar a Itália de outra invasão em grande escala. Estilicão, que falhara em suas primeiras tentativas de derrotar o usurpador Constantino na Gália, decidiu utilizar Alarico contra ele. Para isso, ele convenceu Honório e o senado romano a dispor da soma exigida.[235] O plano de Estilicão era sensato e baseado em uma avaliação realista dos perigos inerentes à situação, mas acabaria enfraquecendo fatalmente sua própria posição. Os senadores que deviam pagar a maciça quantia ressentiam-no, compreensivelmente, e seus simpatizantes na corte começaram a agir de acordo com as suspeitas do imperador. Como Valentiniano II antes dele, Honório alimentava a ambição de governar por conta própria e, novamente como Valentiniano, era um péssimo juiz de caráter, totalmente incapaz de reconhecer onde estariam seus melhores interesses. Diferentemente

---

234. Orosius, *Hist.* 7.37.13-16.
235. Olimpiodorus, frag. 7.2 (Blockley) = 5 (Müller).

de seu falecido predecessor, Honório possuía certa astúcia. Em vez de confrontar Estilicão prematuramente, ele permitiu que os inimigos na corte minassem a posição do general. O problema só foi exacerbado pela insistência de Estilicão para que Honório se casasse com sua filha mais nova, Termância, quando a primeira esposa do imperador, Maria, filha mais velha de Estilicão, morreu.[236]

O momento da mudança surgiu por puro acaso: Arcádio morreu em maio de 408 e tanto Honório quanto Estilicão estavam determinados a ir a Constantinopla para afirmar o controle ocidental lá. Honório já desconfiava das razões de Estilicão. Agora ele se deixou persuadir pelo *magister officiorum* Olímpio de que Estilicão planejava tomar o trono para si e seu filho Euquério, assim expulsando a dinastia de Teodósio. Dado que a morte de um imperador títere assegurara a posição à mesma dinastia apenas 15 anos antes, podemos entender por que Honório acreditaria em tais insinuações. De qualquer modo, ele aprovou um golpe organizado contra Estilicão. Em Ticino, na atual Pávia, alguns regimentos destinados à Guerra Gálica se amotinaram, linchando vários oficiais. Estilicão foi culpado, e Olímpio fez com que Honório o declarasse inimigo público. Leal à dinastia de Teodósio até o último suspiro, Estilicão se recusou a atacar o imperador que o traíra, mesmo com os vastos recursos a seu dispor. Ele permitiu ser removido do santuário da igreja em Ravenna, no qual buscara refúgio, sendo executado em 22 de agosto de 408. Seus aliados sofreram expurgo nas cidades da Itália; seu filho mais novo foi caçado e executado; as esposas e os filhos de seus auxiliares bárbaros foram massacrados aos milhares.[237]

O Primeiro Cerco de Roma

A morte de Estilicão significava que toda a força da raiva de Alarico seria dispensada à Itália. Olímpio se recusou a honrar as promessas que haviam sido feitas a Alarico. Milhares de soldados bárbaros, com suas esposas e seus filhos mortos, desertaram e se

---

236. Olimpiodorus, frag. 3 (Blockley) = 2 (Müller).
237. Olimpiodorus, frag. 5.1 (Blockley) = 2 (Müller); Sozomen, *HE* 9.4; Philostorgius, *HE* 12.3.

juntaram a ele em Nórica.²³⁸ Ele deu a Honório uma última chance, pedindo uma soma de ouro (não se sabe quanto) e uma troca de reféns, talvez esperando a devolução de dependentes civis de seus novos seguidores que pudessem ter sobrevivido.²³⁹ Ao receber a recusa, Alarico marchou diretamente pela Península Itálica até Roma. Ele sitiou a cidade no inverno de 408/409, o primeiro de três cercos, e bloqueou o Rio Tibre do acesso a Portus, ameaçando os romanos pela fome. O pânico atingiu a cidade, e procuraram-se bodes expiatórios.²⁴⁰ A viúva de Estilicão, Serena, foi estrangulada por ordem do Senado, uma vingança póstuma sobre o homem que culpavam pelo fato de Alarico permanecer vivo.²⁴¹ Enquanto isso, o exército de Alarico crescia à medida que escravos bárbaros, alguns sobreviventes do exército gótico de Radagaiso, fugiam para se juntar a ele vindos de toda a Itália. Finalmente, os romanos cederam, implorando por uma trégua. Em troca da permissão de Alarico para a entrada de comida na cidade, o Senado prometeu enviar embaixadores a Ravenna para convencer o imperador a fazer a paz com ele. Alarico concordou. Para ele, Roma era um artigo de barganha e não um fim em si mesma; se ele recebesse mais ao permitir que os romanos comessem do que obteria ao matá-los de fome, assim o faria. Os embaixadores do Senado partiram no início de 409 e conseguiram aquilo a que se propuseram. Olímpio conferiu alto ofício aos enviados de Roma, e Alarico foi convidado a se encontrar com representantes do imperador.

  As negociações aconteceram em Rimini em 409, com um exército de godos acampado do outro lado dos muros da cidade. A delegação imperial era liderada pelo prefeito pretoriano da Itália, Jovius, um antigo aliado de Estilicão e rival de Olímpio, talvez velho conhecido de Alarico. Confiando na força de sua posição, Alarico fez exigências bastante rigorosas. Ele exigia dinheiro e grãos, mas também o maior título militar, o *magisterium utriusque militiae*, ou comando de ambos os serviços, que fora de Estilicão antes dele. Jovius, parece, apoiou o pedido, mas o imperador ou Olímpio hesitaram em dar o posto a outro bárbaro. Eles concederam todos os grãos e o dinheiro que

---

238. Zosimus, *HN* 5.35.5-6.
239. Zosimus, *HN* 5.36.1-3.
240. Sozomen, *HE* 9.6-7.
241. Olimpiodorus, frag. 7.3 (Blockley) = 6 (Müller); Zosimus, *HN* 5.38.

Alarico queria, mas não a posição na hierarquia imperial.[242] Ultrajado pela recusa, Alarico partiu de Rimini e começou a marchar pela Via Flamínia em direção a Roma para reiniciar o cerco. O controle de Olímpio sobre Honório logo entrou em colapso, e o próprio Olímpio fugiu para a Dalmácia, mas isso não ajudou a posição de Alarico.[243] Perdendo credibilidade pela falha em administrar as negociações, Jovius passou para o lado dos intransigentes, supostamente jurando nunca mais tentar a paz com Alarico.

O Segundo Cerco e a Usurpação de Prisco Átalo

Assim, Alarico perdeu todo o apoio em potencial na corte de Honório. Como resultado, ao acampar em algum lugar na estrada entre Rimini e Roma, acalmando-se e fazendo exigências muito menos extremas (uma quantia moderada de grãos e um par de províncias de pouca importância, como Nórica, onde poderia viver), recebeu duas recusas, e ele se viu forçado a considerar medidas mais enérgicas.[244] Renovar o cerco de Roma era uma tática óbvia, mas ele não conseguira o que queria da última vez e não havia razão para pensar que obteria dessa. Era necessário algo mais drástico. Alarico estivera envolvido nos assuntos imperiais tempo o bastante para perceber que os usurpadores distraíam maravilhosamente o pensamento imperial. Ele decidiu criar um imperador próprio, que atendesse a seus pedidos e talvez pudesse forçar Honório a ser mais razoável nas negociações. Em dezembro de 409, declarou o nobre romano Prisco Átalo imperador. Átalo era uma das lideranças do Senado. Ele já estivera no cargo na época de Teodósio, e havia sido um embaixador proeminente da corte imperial no início do governo de Honório. Durante o primeiro cerco de Roma, ele havia sido um dos três embaixadores do Senado que foram a Ravenna e conseguiram a reunião em Rimini. Indicado a *comes sacrarum largitionum* – chefe do tesouro do imperador – e

---
242. Sozomen, *HE* 9.7.
243. Zosimus, *HN* 5.46.1.
244. Zosimus, *HN* 5.45-51; Sozomen, *HE* 9.7.

depois a prefeito da cidade de Roma, ele deveria manter o Senado e a população firmemente ao lado de Ravenna, apesar da ameaça de Alarico. Ele ainda servia como prefeito urbano quando Alarico ofereceu fazê-lo imperador.

Alarico pode ter tido a única intenção de servir seus próprios interesses com a manobra, mas o novo augusto também possuía pretensões imperiais. Tendo visto quão pouco a corte em Ravenna dava valor à segurança de Roma e aos desejos do Senado romano, Átalo parece ter se voltado decisivamente contra Honório. Todas as nossas fontes restantes derivam direta ou indiretamente do agora fragmentado relato de Olimpiodoro, um embaixador oriental no Ocidente na década de 420 e o mais cuidadoso e detalhista historiador romano desde Amiano.[245] Apesar de ser frequentemente difícil recuperar a visão de Olimpiodoro de fontes derivadas como Zósimo, parece que Átalo falava como que em nome dos cidadãos de Roma e preparava uma restauração da majestade imperial de um ponto de vista totalmente romano. Átalo entregou os principais comandos militares a Alarico e a seu cunhado Ataulfo, mas o resto de seu regime nascente foi colhido dos altos escalões da sociedade senatorial romana. Entretanto, sua autoconfiança era despropositada, e ele parece não ter percebido, ou ter ignorado propositalmente, o quanto sua posição dependia de Alarico. Pouco depois de sua proclamação, Átalo começou a recusar os conselhos de Alarico. Ele não agiu rápido o bastante para que pudesse assegurar a África e seu suprimento de grãos, e sua primeira tentativa de tomar o controle da província falhou quando o general Constante foi derrotado e morto pelo *comes Africae* Heracliano, que era a favor de Honório. Mesmo tendo falhado, ele ainda se recusou a permitir que Alarico enviasse uma pequena força de 500 godos, tudo que este acreditava ser necessário para conquistar a África e, com ela, o suprimento de grãos para Roma. Em vez disso, Átalo marchou sobre Ravenna e, com Alarico a seu lado, abriu as negociações de Rimini. Quando Honório ofereceu algum tipo de governo colegiado – uma concessão impressionante feita por um imperador legítimo e prova da fraqueza de sua posição –, Átalo provou ser estupidamente

---

245. Sobre Olimpiodoro, deve-se consultar A. Gillett, "The date and circumstances of Olympiodorus of Thebes", *Traditio* 48 (1993), p. 1-29.

intransigente, insistindo que Honório deveria ser deposto e se exilar em uma ilha.[246]

Não podemos saber por que Átalo foi tão resistente. Talvez ele não confiasse na boa-fé do governo de Ravenna e acreditasse genuinamente que os interesses de Roma não estariam a salvo enquanto Honório ocupasse o trono. Talvez fosse arrogância o desprezo de um aristocrata romano pela dinastia recente de Teodósio e pelo atual regente. Ou talvez, com o apoio de Alarico, parecesse tolo não tentar controlar totalmente o Império do Ocidente. Contudo, repentinamente, seus planos ruíram: quase 4 mil soldados orientais chegaram a Ravenna de navio. Eles haviam sido requisitados havia tanto tempo, quando Estilicão ainda estava no poder, que ninguém poderia esperar sua chegada. Ravenna, cercada de pântanos e difícil de ser atacada, podia agora ser defendida ativamente. Honório não tinha mais necessidade de negociar. Alarico já estava arrependido de sua escolha do títere Átalo, que não havia se provado competente nem flexível. Na verdade, tanto para nós quanto para Alarico, é difícil decidir, entre Honório ou Átalo, qual dos dois era menos apropriado para a tarefa de governar um império. Ao menos Honório possuía o único mérito da legitimidade, e assim, no início de 410, Alarico depôs Átalo, talvez como resultado de negociações secretas com Ravenna, ou como condição prévia para iniciá-las.[247]

O Terceiro Cerco e o Saque de Roma

Isso produziu resultados. Alarico levou suas forças a 60 estádios (pouco menos de 13 quilômetros) de Ravenna, em um local cujo nome foi perdido pela tradição textual. Ele esperava conseguir uma conclusão permanente para dois anos de infrutíferas meias medidas. Como vimos no prólogo, a posição de seus homens se deteriorava, e mais, atrasos só poderiam piorar a situação. Tudo poderia ter ido bem, mas, por outra complicação do acaso, enquanto Alarico se preparava para negociar de boa-fé, ele foi atacado pelo general gótico

---

246. Olimpiodoro, frag. 14 (Blockley) = 13 (Müller); Sozomen, *HE* 9.8.
247. Sozomen, *HE* 9.8 defende a primeira hipótese, Zosimus, *HN* 6.12.2, a última. Ambos se baseiam em Olimpiodoro, mas não fica evidente qual das versões melhor transmite o original.

Saro, que estava a serviço do império desde Estilicão. Não sabemos por que Saro interveio nesse momento preciso; uma fonte nos diz que a possibilidade de um acordo entre Alarico e Honório ameaçaria sua própria posição.[248] Não parece que ele estava agindo sob as instruções de Ravenna, embora seja possível. Nos anos que seguiram, tornou-se claro que Saro tinha rivalidade em relação ao cunhado de Alarico, Ataulfo, e pode ser que ele detestasse Alarico da mesma forma. Independentemente das razões de Saro, Alarico interpretou o ataque como evidência de má-fé de Honório. Deixando quaisquer esforços em continuar negociando, ele partiu de Ravenna e marchou de volta a Roma pela terceira e última vez.

Dessa vez, Roma não seria um objeto para negociação. Isso falhara diversas vezes, e a paciência de Alarico estava no fim. Alarico saqueou a cidade eterna, e já vimos o significado dessa ação. Por três dias, os godos de Alarico saquearam a cidade, varrendo o tesouro de séculos. Podemos ter certeza de que seus seguidores ficaram contentes mas, para Alarico, o saque de Roma era uma derrota e uma falha catastrófica. Tudo aquilo pelo que tinha esperado e lutado no curso de uma década e meia se desfez em chamas com a capital do mundo antigo. Estavam agora longe de seu alcance, para sempre, o cargo imperial e um lugar legítimo dentro do império para ele e seus seguidores. Ele poderia tomar o que quisesse como fez com Roma, mas não seria seu por direito. O saque não resolveu nada e, quando terminado, os homens de Alarico continuavam sem ter onde viver e sem muitas perspectivas. Alarico havia desbravado um novo caminho em sua carreira de honras e reconhecimento intermitentes, e aqueles que trilharam o mesmo caminho nas décadas seguintes perceberiam o potencial das táticas que ele preconizou como forasteiro e parte integrante do império ao mesmo tempo. Mas o caminho de Alarico logo chegaria ao fim. O saque de Roma terminou em 27 de agosto de 410. Dois meses depois, ele estava morto.

---

248. Sozomen, *HE* 9.9.2-3; Philostorgius, *HE* 12.3.

Epílogo

As Consequências do Saque

O trauma do saque de Roma foi tanto psicológico quanto físico. Os três dolorosos dias de agosto de 410 se transformaram em um debate contínuo sobre os efeitos da conversão imperial ao Cristianismo, que havia se iniciado em Adrianópolis. Como visto, na prática, ele se inflamou na Roma sitiada em 408, quando alguns sugeriram que a única maneira de eliminar Alarico era oferecer sacrifícios aos velhos deuses, que haviam protegido a cidade por tanto tempo. Os sacrifícios, provavelmente, nunca foram oferecidos, e a cidade foi saqueada. Os pagãos se sentiram vingados, embora fosse uma satisfação melancólica, pois Roma estava em chamas. Os autores cristãos ficaram na defensiva e tiveram de refutar as acusações dos pagãos, agora muito mais plausíveis, de que a cristandade trouxera o declínio de Roma. Um padre espanhol chamado Orósio produziu uma apologia em sete livros, que chamou de *História contra os Pagãos*. A história de Orósio procurava mostrar que o passado pagão de Roma tinha tido muito mais desastres do que sua mais recente era cristã.

Muito mais sutil era *Cidade de Deus*, de Santo Agostinho, com mais de mil páginas de história e teologia que meditavam sobre o plano divino para o mundo e o papel do Império Romano, contrastando uma cidade terrena e uma cidade celestial, com o vislumbre da paz eterna.

Desnecessário dizer que a tendenciosa e simplista resposta de Orósio se provou mais popular. Ele, no zelo de defender o papel da cristandade, minimizou o horror do saque de Roma. É claro que a cidade havia sido pilhada, mas Alarico dera ordens de proteger os locais sagrados, particularmente a basílica dos apóstolos Pedro e Paulo, e de evitar o derramamento de sangue tanto quanto fosse possível. As freiras cristãs foram poupadas de estupro, e, quando uma delas foi encontrada com tesouros da igreja que haviam sido escondidos dos atacantes, Alarico ordenou que todo o ouro e prata que pertencia a Deus deveria ser devolvido com escolta à sua igreja.[249] Não precisamos acreditar em muitas dessas histórias; a obra de Orósio, apesar da extensão, é muito curta em substância. Mas sua tática de minimizar os horrores do saque se provou muito popular, sendo usada por muitos autores cristãos do século V. Mesmo historiadores eclesiásticos como Sozomenes, que se baseavam pesadamente no pessimista e pagão Olimpiodoro, reescreveriam suas palavras demonstrando que a cidade voltou à vida imediatamente após os rigores do saque.[250] Nesse ponto, ao menos, eles provavelmente estavam certos. Muito da vasta riqueza portátil da cidade pode ter sido levada pelas carroças dos godos, e muitos aristocratas podem ter fugido para bem longe, como para a África do Norte e para a Palestina, mas a população urbana de Roma se reergueu quase imediatamente. Em um ano ou dois, o prefeito urbano já achava novamente impossível satisfazer as necessidades da população que tinha direito a grãos gratuitos.[251] Sete anos depois, um nobre da Gália, Rutílio Numaciano, retornando após ser honrado com a prefeitura da cidade, pôde falar de uma *ordo renascendi*, um mundo em processo de renascimento, mesmo ao navegar pelas ruínas da Etrúria, com campos desolados e casas destruídas.[252]

---

249. Orosius, *Hist.* 7.39.4-14.
250. Sozomen, *HE* 9.9.5.
251. Olimpiodoro, frag. 25 (Blockley) = 25 (Müller).
252. Rutilius Namantianus, *De reditu suo* 1.140.

Os romanos da época se esforçavam para entender o que havia acontecido, ou, de modo mais prático, tentavam reconstituir sua vidas despedaçadas. Alarico, no entanto, havia perdido tudo que esperava. Saciados por três dias de saque e cercados de fabulosos montes de riqueza, seus seguidores não estavam em melhor posição do que antes. As regiões nos arredores da cidade ainda estavam devastadas, e a comida logo faltaria novamente. De que servia a fabulosa pilhagem se não havia onde gastá-la e nenhum lugar seguro para exibi-la? Os problemas que Alarico enfrentara na noite de 24 de agosto pairavam novamente na manhã do dia 28. Ele decidiu ir ao sul da Itália, tentando cruzar o Mediterrâneo de Reggio di Calabria à Sicília. Talvez pensasse que os campos de grãos intactos da ilha pudessem suprir seus seguidores enquanto procurava uma solução permanente para o problema. Talvez ele pretendesse chegar à África, a terra que supria Roma com seus navios cheios de grãos, os mesmos navios dos quais Alarico tinha sido tão refém quanto os romanos sitiados. Não sabemos ao certo, mas não importa; a travessia de Reggio di Calabria falhou. Segundo uma história, uma estátua sagrada com poderes mágicos evitou a travessia dos bárbaros.[253] Outros, mais prosaicos, atribuíram o contratempo a uma tempestade. De qualquer forma, o caminho estava bloqueado e Alarico teve de voltar. Mas, tomado pela febre, ele morreu perto da cidade de Consentia, a atual Cosenza. Foi, talvez, a vingança de Roma pelos cercos e pelo saque: a doença, que mataria tantos possíveis conquistadores de Roma nos séculos seguintes, tomara o primeiro deles.

Jordanes conta uma história elaborada sobre os ritos funerários de Alarico: alterou-se o curso do Rio Busentus, e os prisioneiros romanos foram levados ao leito do rio, onde cavaram um túmulo para o líder morto. Então, depois de Alarico ser enterrado com muitos tesouros do saque de Roma, o curso foi normalizado e os cavadores foram mortos, para que nunca revelassem o lugar do repouso de Alarico.[254] É uma história cativante e geralmente recontada como um fato. Mas ela fica deslocada no contexto do século V e foi certamente influenciada pelos elaborados costumes funerários comuns entre os príncipes da elite do

---

253. Olimpiodoro, frag. 16 (Blockley) = 15 (Müller).
254. Jordanes, *Get.* 158.

período dos hunos e subsequentes. Talvez Jordanes tenha inventado a história, talvez ela já circulasse para explicar o porquê de ninguém saber o local do enterro de Alarico. Talvez até seja verdade.

Jordanes também relata o luto negro que recaiu sobre os seguidores de Alarico depois de sua morte. Ao menos isto podemos imaginar: com ele desapareceu qualquer ligação com o governo imperial, ainda o único poder que conseguiria garantir a existência segura dos godos. O sucessor de Alarico, Ataulfo, percebeu exatamente isso e passou seu breve reinado tentando restaurar uma relação satisfatória com Ravenna. Ataulfo, como visto, era cunhado de Alarico. Ele provavelmente era um poderoso nobre gótico e na certa inimigo mortal do general Saro, que impedira a última negociação de paz entre Alarico e Honório. Em 411, Ataulfo marchou com os godos à Gália, primeiro auxiliando brevemente na usurpação de um nobre local e, nesse processo, atacando e matando Saro, para então derrubar o usurpador e devolver a Gália ao governo de Honório em Ravenna. Mas mesmo esse auxílio não trouxe o favor de Honório. Há muitas razões para isso, mas a principal delas era a intransigência do novo comandante-chefe, Constâncio. Um soldado de grande habilidade, ele também era um gênio político, que emergira vitorioso das intrigas seguintes à morte de Estilicão: Olímpio, que arquitetara o assassinato de Estilicão, foi espancado até a morte com bastões por vontade de Constâncio, sendo que todos os outros inimigos em potencial na corte foram tratados igualmente de modo decisivo. Constâncio passou a cuidar de todo o governo do Império do Ocidente, fazendo-o, como Estilicão, do posto de *magister utriusque militiae*, mestre de ambos os serviços, o mais alto comando militar. Em outras palavras, ele não utilizou uma posição na hierarquia civil – por exemplo, a prefeitura pretoriana ou o controle de ofícios – para dominar o governo, um sinal precoce das grandes divergências entre os Impérios do Ocidente e do Oriente, que iriam se tornar mais pronunciadas durante o século V.

Outra causa dessa divergência, no entanto, foram os próprios godos. Quando os seguidores de Alarico encontraram finalmente um lar e a segurança permanente, foi em uma das províncias ocidentais, onde passaram a ser um fator complicador na política do Império do Ocidente. Contudo, levou muito tempo até que um acordo fosse atingido, pois por muitos anos Constâncio não tolerou absolutamente nenhuma proposta. Até que os godos subordinassem seus próprios planos e desejos à necessidade do governo imperial, Constâncio não estava interessado na acomodação. Além disso, em 413, ele estava livre para agir. Nesse ano, Constâncio derrotou a última das usurpações que haviam infestado as províncias ocidentais, da Gália à África do Norte, desde 406. Ele estava determinado a enfrentar Ataulfo, que desfrutara de uma existência sem propósito nos dois anos em que esteve no sul da Gália. O rei gótico, ignorado e rejeitado por Constâncio e Honório, apesar de seus melhores esforços em se fazer indispensável a eles, decidiu tentar novamente a manobra que funcionara por um breve período para Alarico: ele proclamou Prisco Átalo novamente imperador. Átalo, que estivera na mesma situação que os godos desde 410, quando foi deposto, aceitou a honra dúbia apesar do precedente desastroso de sua primeira proclamação durante o segundo cerco de Alarico a Roma. Talvez ele começasse genuinamente a gostar de sua posição na sociedade gótica – certamente foi batizado por um padre gótico ariano chamado Sigesário.[255] Em 415, ele chegou até mesmo a pronunciar o *epithalamium*, o poema nupcial, em um casamento sem precedentes. Na cidade de Narbonne, no sul da Gália, Ataulfo se casou com Gala Placídia, a irmã de Honório e refém dos godos desde o saque de Roma. É difícil saber o que levou a essa união e quais os efeitos políticos desejados, mas fica claro que Placídia lucrou a longo prazo: pelo resto da vida ela possuiu uma tropa leal de godos que serviam como guarda-costas e ajudaram a fazer dela uma força política. Naquele momento, no entanto, o casamento só exacerbou a tensão entre Ataulfo e Constâncio, que bloqueou a costa sul da Gália, fazendo com que os godos famintos deixassem a província e fossem para a Espanha. Lá, Placídia teve um filho de seu novo marido, a quem chamou Teodósio, nome de seu pai imperador, que deixava claras as ambições dinásticas, dado que Honório permanecia sem herdeiro. A criança, no entanto, morreu em Barcelona, e com ela outro sonho de reconciliação entre Honório e os godos. Ataulfo logo seguiria seu filho ao túmulo, morto pela adaga de um assassino enquanto inspecionava seus cavalos nos estábulos. O nobre gótico que lucrou com seu assassinato foi morto apenas sete dias depois, e

---

255. Sozomen, *HE* 9.9.1.

o novo rei dos godos, Vália, fez um acordo de paz com Constâncio em troca de comida.

Ele restaurou Placídia e Prisco Átalo no governo imperial. A viúva Placídia retornou à Itália, onde se casou com Constâncio, a quem ela odiava. Ainda assim, cercada de uma enorme fortuna e protegida pelos godos leais a ela e à memória de seu primeiro marido, ela se tornou mãe de um imperador: Valentiniano III, nascido em 419, governou durante 30 anos (425-455) o Império do Ocidente que se desintegrava. Átalo, humilhado, levado ao triunfo para ser fisicamente mutilado, foi exilado na Ilha de Lipari, onde viveu seus dias em conforto moderado, sem dúvida lamentando o destino cruel de perder o trono imperial não uma, mas duas vezes, enquanto o inútil Honório reinava contente. Quanto aos godos de Vália, uma vez alimentados e abrigados, entraram em ação como um exército romano, liberando a Península Ibérica dos bárbaros – os mesmos vândalos, alamos e suevos que cruzaram o Reno em 405/406 e depois se assentaram na Espanha após atravessar os Pirineus em 409. Em 418, Constâncio finalizou essa campanha imensamente bem-sucedida e assentou os godos de Vália na Gália, na província de Aquitânia Segunda e em algumas cidades além de suas fronteiras. Vália não sobreviveu para ver esse assentamento, mas sob seu sucessor Teodorico (r. 418-451), um parente distante de Alarico por casamento, os godos se tornaram súditos mais ou menos leais do imperador romano na Itália.

O assentamento na Gália inicia uma nova fase na história dos godos e das relações góticas com o Império Romano. Os godos da Aquitânia não eram mais um grupo oscilando nos limites do império, mas o primeiro reino bárbaro dentro dele. Em 418, o assentamento pode não ter sido interpretado como permanente; certamente ninguém imaginava que parte do Império do Ocidente estivesse sendo dado a um rei gótico e a seus seguidores. Mas, com o tempo, foi exatamente isso que aconteceu. Ao longo do século V, Teodorico I e seu sucessor, Teodorico II, não agiram como oficiais do império, mas como soberanos autônomos dentro do Império Romano. Com o tempo, o assentamento se tornou um reino gótico. O precedente de Alarico também tinha um longo futuro à frente. A carreira de Alarico foi um fracasso; é difícil julgá-la de forma diferente, e fica claro nas fontes que ele a via do mesmo modo. Mas sua carreira demonstrou quanto poder era possível para quem possuísse um exército de seguidores sem vínculos às estruturas do governo imperial senão o de lealdade pessoal a um único líder. Ao longo do século V, cada vez mais comandantes no Império do Ocidente, e não apenas reis bárbaros, mas generais romanos de todo tipo, voltavam-se à estratégia da qual Alarico havia sido pioneiro, usando a pressão extragovernamental para conseguir vantagens políticas dentro do governo. Essa nova dinâmica da política imperial colaborou com o colapso do Império Romano do Ocidente nas décadas de 460 e 470, mas essa é uma história diferente da que tentamos tratar neste livro.

Nossa história chega a uma conclusão com Alarico, precisamente porque sua carreira é tanto um fim quanto um começo na história das relações do Império Romano com os godos. Alarico descendia de um assentamento balcânico que se fizera necessário não apenas pelo sucesso gótico em Adrianópolis, mas pelas rivalidades imperiais entre as casas de Valentiniano e Teodósio. Nesse sentido, ele segue os passos da história gótica de todo o século IV: condicionada e, de certa forma, dependente das ações dos imperadores romanos tanto além quanto dentro das fronteiras imperiais. Como visto, os próprios godos foram criados pela pressão da vida na fronteira romana, e o todo de sua história social e militar, desde seu início no século III até as guerras góticas de Valente na década de 360, desenvolveu-se à sombra de Roma. Adrianópolis e, mais ainda, a vida de Alarico mudaram tudo isso. Os godos, não mais produtos e vítimas da história romana, como os muitos outros colonos bárbaros que seguiriam seus passos, faziam agora, eles mesmos, a história de Roma.

Glossário de Fontes Antigas

Ambrósio: *ver Glossário Biográfico.*

Amiano Marcelino: foi de uma família com boas relações na Síria, talvez Antioquia, ele se juntou ainda jovem ao corpo de elite militar de *protectores*, mas se afastou quando da morte do imperador Juliano, escrevendo uma história de Roma que completou por volta do ano de 390. Essa *Res Gestae,* que ia de 96 d.C. a 378, da qual nos resta o registro a partir do ano de 353, é a fonte mais importante da história do século IV e a mais completa no tratamento da campanha de Adrianópolis.

Arriano: *c.* 86-160, governador da Capadócia sob Adriano, autor de uma famosa história sobre Alexandre, o Grande, e também da *Ordem de Batalha contra os Alanos* (*c.* 135).

Aurélio Vítor: governador da Panônia II (361) e prefeito de Roma (389), autor de um resumo da história imperial, o *Caesars,* que vai de Augusto a Constâncio II e que foi terminado em cerca de 360, sendo particularmente importante para a história do final do século III e partes do século IV.

Basílio de Cesareia: *c.* 330-379, bispo de Cesareia, na Capadócia, e o teólogo grego mais importante do fim do século IV. Suas cartas fornecem importantes informações sobre o mártir gótico Saba, assim como relatos gerais sobre as condições na Trácia nos anos caóticos que precederam Adrianópolis.

Cassiodoro: *c.* 490-585, oficial na corte de vários reis ostrogodos na Itália, dos quais o mais importante é Teodorico, antes de abandonar a causa gótica e se mudar para Constantinopla. Autor de vários livros sobreviventes e de uma história gótica em 12 volumes, agora perdida, que Jordanes usou. Há controvérsias quanto à extensão do uso.

Claudiano: nascido Claudius Claudianus em Alexandria, Egito, fez sua carreira como poeta no Ocidente latino; seus primeiros poemas datam do início da década de 390 e, após 395, foi o principal porta-voz de Estilicão. Seus poemas fornecem muitas informações sobre Alarico e a política da corte entre 395 e 404.

Código Teodosiano: compilação de constituições imperiais de 312-438, criado por ordem de Teodósio II (r. 408-450), iniciado em 429. É nossa maior fonte para a legislação do final do Império Romano e preserva uma vasta quantidade de detalhes históricos sobre a administração e a história política do império.

Déxipo: historiador ateniense do século III que escreveu uma história universal em 12 livros e um relato das invasões góticas do século III, de 238 a *c.* 275, chamada *Scythica*. Apesar de restarem apenas fragmentos, elas foram usadas por Zósimo em sua *Nova História*.

Epitome de Caesaribus: um relato do final do século IV sobre a história romana, o qual preserva alguns fragmentos de informações que não estão em Aurélio Vítor ou Eutrópio.

Eunápio de Sardis: autor de uma história classicizante sobre sua própria época, escrita após Adrianópolis e da qual restam apenas fragmentos, mas que foi uma grande fonte de Zósimo para sua *Nova História*. Eunápio também escreveu um volume de *Vidas dos Sofistas*, que esclarece parte da invasão de Alarico à Grécia.

Eutrópio: administrador imperial e autor de um breviário, ou resumo, da história romana desde seu início até a morte de Joviano. Dedicado a Valente, o breviário preserva informações até então desconhecidas sobre os séculos III e IV.

Filostórgio: *c.* 368-*c.* 440, autor de uma agora fragmentada história da Igreja grega, escrita de um ponto de vista da doutrina da consubstanciação, que utiliza a história de Olimpiodoro (agora também fragmentada) e preserva informações de outra forma desconhecidas sobre Úlfila.

Gerônimo: padre cristão e polemista, *c.* 345-420, autor de muitos trabalhos, incluindo uma *Crônica*, que traduziu para o latim, e a continuação da crônica de Eusébio de Cesareia; sua *Crônica* nos dá algumas informações sobre a história dos godos não conhecidas – ou pelo menos não datadas – em outras fontes.

Gregório de Nissa: *c.* 330-395, bispo de Nissa, irmão mais novo de Basílio de Cesareia e, como ele, um importante teólogo. Dois de seus sermões relatam as depredações dos godos na Ásia Menor na sequência da batalha de Adrianópolis.

Gregório Taumaturgo: *c.* 213-*c.* 270, bispo de Nova Cesareia, em Ponto. Sua carta canônica é o testemunho mais vívido e importante dos efeitos dos ataques góticos na Ásia Menor durante a década de 250.

Heródoto: século V a.C., autor de uma grande história completada antes de 425 a.C., e centrada nas guerras entre Grécia e Pérsia. Esse trabalho proporcionou um modelo para a história grega escrita muito posteriormente e inventou o estereótipo dos citas que prevaleceu nos séculos III e IV nos relatos sobre os godos.

Historia Augusta: uma coleção de biografias imperiais do final do século IV, de Adriano a Caro e Carino, baseada em geral em boas fontes do século II, mas decaindo a uma quase ficção no fim do século III. Apesar disso, ela preserva alguns detalhes da história dos godos, derivados de fontes melhores, tais como Déxipo, de quem não temos nenhum outro registro.

Jordanes: historiador de Constantinopla do século VI que escreveu tanto uma história romana quanto um história gótica (a *Romana* e a *Getica*), a última delas posterior a 550. Jordanes fez algum uso da história gótica de Cassiodoro – embora seja controverso o quanto –, mas adicionou muitas coisas e endossou completamente a destruição do reino gótico dos ostrogodos por Justiniano.

Juliano: ver *Glossário Biográfico*.

Lactâncio: *c.* 240-*c.* 320, um retórico latino na Nicomédia; dentre seus muitos trabalhos está o polêmico *Sobre as Mortes dos Perseguidores*, que nos dá detalhes da história imperial dos séculos III e IV, incluindo a morte de Décio em uma guerra gótica.

Olimpiodoro de Tebas: historiador grego, pré-380/pós-425. Escreveu uma história detalhada dos anos 407 a 425, agora preservada somente em fragmentos. Foi uma fonte importante para Sozomenes, Filostórgio e Zósimo e, portanto, central para nosso entendimento das ações de Alarico na Itália antes do saque de Roma.

Orósio: padre cristão da Espanha que escreveu a polêmica *História contra os Pagãos* em sete livros, que ia até 417 e argumentava, contra os pagãos que viam Adrianópolis e o saque de Roma como ira divina pela conversão imperial ao Cristianismo, que Roma estava muito pior antes da conversão.

Panegyrici Latini: coleção de discursos em honra dos imperadores, compilados na Gália no final do século IV, que inclui 11 panegíricos do final do século III e do século IV, muitos relatando campanhas imperiais, de outra forma desconhecidas, contra os bárbaros além das fronteiras.

Paulino: diácono da igreja de Milão e autor, em *c.* 422, da *Vida* do bispo Ambrósio de Milão, que ajuda a estabelecer a sequência de eventos em 397.

Sinésio: filósofo e bispo de Ptolemais, residente em Constantinopla no fim da década de 390, onde escreveu dois tratados, *De regno* e *De providentia*, que são a chave para o entendimento das manobras políticas da corte oriental em relação à revolta de Alarico, Tribigildo e Gainas.

Sócrates: jurista e autor da primeira de várias histórias da Igreja no século V que sobrevivem até hoje, continuando a história eclesiástica de Eusébio. Ele nos dá muitas informações únicas sobre o século IV e início do V, particularmente sobre as províncias orientais.

Sozomenes: jurista e historiador da Igreja que nos dá um paralelo e uma perspectiva diferente da história de Sócrates, com interesse consideravelmente maior na história secular e muito mais evidência sobre assuntos ocidentais, a maior parte retirada da agora fragmentada história de Olimpiodoro.

Tácito: senador e historiador, *c.* 56-*c.* 118, autor de histórias do início do Império Romano e da *Germania,* um relato etnográfico da Alemanha e de suas *gentes,* que deu aos primeiros humanistas da Idade Moderna seu material mais importante para a invenção de uma história germânica não romana.

Temístio: *c.* 317-*c.* 388, filósofo grego, retórico e orador de Constâncio II, Valente e Teodósio I. Autor de várias obras, muitos de seus 34 discursos sobreviventes são as melhores evidências das atitudes e políticas imperiais em relação aos godos.

Teodoreto de Ciro: *c.* 393-466, monge e bispo de Ciro, na Síria. Sua história da Igreja se origina na de Sócrates e preserva muitas informações de outra forma desconhecidas.

Zósimo: burocrata imperial do fim do século V ou início do VI, autor de uma *Nova História* em seis livros, de Augusto a 410, mas concentrada no fim do século IV e provavelmente inacabada. A história se baseia bastante em Déxipo, Eunápio e Olimpiodoro, e é nossa mais completa evidência de seus conteúdos e da história que relataram.

Glossário Biográfico

Adriano: imperador, 117-138. Em seu governo, a expansão do Império Romano cessou.

Alanoviamuth: pai de Jordanes, autor do século VI.

Alarico: líder dos godos, talvez rei, 395-410, mencionado pela primeira vez em 391 como um bandido nos Bálcãs. Após servir na campanha de Teodósio, em 394, fez uma rebelião em 395. Após vários anos nas províncias orientais, liderou seus seguidores até a Itália, tentando negociar a paz, repetidas vezes, com o governo em Ravenna. Finalmente permitiu que suas tropas saqueassem Roma em 410.

Alateo: *dux* gótico e corregente, com Safraco, do rei infante Viderico dos greutungos. Juntos, eles lideraram alguns dos greutungos em sua travessia do Danúbio em 376, unindo-se por fim aos tervíngios de Fritigerno e participando da batalha de Adrianópolis em 378.

Alavivo: líder gótico dos tervíngios e, com Fritigerno, um dos dois principais líderes responsáveis pela travessia do Danúbio em 376. É mencionado pela última vez em 377, quando aconteceu uma revolta gótica em Marcianópolis.

Alexandre Severo: imperador, 222-235. Último imperador da dinastia severiana. Seu assassinato em 235 causou a crise política do século III.

Alica: general gótico que liderou um regimento de godos no exército de Licínio durante sua guerra civil com Constantino em 324.

Ambrósio: bispo de Milão, 374-397, famoso por ter imposto uma penitência pública a Teodósio após o massacre de cristãos em Tessalônica, em 390. O prólogo de sua obra *Sobre o Espírito Santo* nos dá importantes evidências dos títulos reais góticos no período precedente a Adrianópolis.

Arbogasto: general de Graciano e depois de Teodósio, que serviu com Bauto nos Bálcãs após Adrianópolis. Em 391, Teodósio deixou-o na Gália para supervisionar Valentiniano II. Após o suicídio deste, foi forçado a se rebelar contra Teodósio, elevando Eugênio como usurpador em 392 e suicidando-se pouco depois de perder a batalha de Frígido, em 394.

Arcádio: imperador de 383-408, filho mais velho de Teodósio, nomeado augusto ainda criança, em 383. Deixado em Constantinopla em 394, foi o governador do Oriente após a morte de seu pai em 395, mas era controlado por uma série de oficiais de alta patente opostos a Estilicão, cuja desavença com Honório foi precipitada pela morte de Arcádio em 408.

Ardacher: fundador da dinastia real persa sassânida, governando de *c.* 224 a 241.

Argait: rei gótico em 249, invadiu as províncias orientais com Guntérico.

Arinthaeus: general de Valente que negociou a paz com o *iudex* gótico Atanarico em 369.

Ário: padre egípcio cujo credo postulava que Deus Filho estava subordinado a Deus Pai na Santíssima Trindade. Esse "arianismo" foi condenado no Concílio de Niceia em 325, mas uma variante dele prevaleceu entre os cristãos góticos no império.

Armínio: líder dos cherusci, que destruíram três legiões romanas na batalha da floresta de Teutoburger em 9 d.C.

Arpulas: monge e mártir gótico do século IV cujas relíquias foram depositadas em Cízico pela nobre Dulcila.

Atanarico: *iudex* gótico, "juiz" ou "rei" dos tervíngios. Derrotado por Valente após uma guerra gótica de três anos, 367-369, buscou refúgio no império em janeiro de 381 e morreu duas semanas após ter sido recebido em Constantinopla por Teodósio.

Atarido: filho do rei gótico Rothesteus, comandou a execução do godo cristão Saba em 372.

Ataulfo: líder gótico, talvez rei, 410-415, cunhado e sucessor de Alarico. Liderou os godos para fora da Itália até a Gália, e posteriormente para a Espanha. Casou-se com Gala Placídia, a irmã do imperador Honório, antes de ser assassinado em Barcelona, em 415.

Augusto: *princeps* ou primeiro cidadão, 27 a.C.-14 d.C., e, portanto, o primeiro imperador de Roma.

Aureliano: imperador, 270-275, general muito ativo que lutou uma guerra gótica, dentre muitas outras. A cidade de Roma foi fortificada por uma muralha "aureliânica" em seu reinado.

Aureliano (2): prefeito pretoriano do Oriente em 400, sucedeu a Eutrópio como poder maior na corte de Arcádio. Como Eutrópio, foi derrubado pelas revoltas de Tribigildo e Gainas.

Auréolo: general de Galieno, estava na campanha contra os godos, mas se rebelou em 268.

Auxônio: prefeito pretoriano do Oriente sob Valente e principal responsável por organizar os suprimentos para as guerras góticas de 367-369.

Bacúrio: tribuno da unidade de elite da *schola palatina*, os *sagitarii*, ele e Cássio iniciaram os combates na batalha de Adrianópolis em 378.

Basílio de Cesareia: *ver Glossário de Fontes Antigas*.

Bathouses: padre e mártir gótico do século IV cujas relíquias foram depositadas em Cízico pela nobre gótica Dulcila.

Bauto: general de Graciano que em 381 evitou que a revolta gótica na Trácia se espalhasse para as províncias ocidentais.

Bonitus: general franco de alta patente no exército de Constantino durante a guerra civil contra Licínio.

Botérico: general romano posicionado em Tessalônica em 390, em resposta à revolta dos Bálcãs. Seu assassinato levou ao massacre de civis no circo da cidade por ordem de Teodósio I.

Candac: líder bárbaro que contratou Paria, que foi avô de Jordanes, autor do século VI.

Cannobaudes rei gótico, talvez ficcional, supostamente derrotado por Aureliano.

Caracala: imperador, 211-217. Lançou a chamada Constituição Antonina, estendendo a cidadania romana a quase todos os habitantes do império em 212. Sua vitória contra a monarquia parta permitiu que a Dinastia Sassânida, sob comando de Ardacher, chegasse ao poder.

Carino: imperador 283-285, filho mais velho e coimperador de Caro. Derrotado por Diocleciano na batalha de Margus em 285, foi morto por seus próprios soldados.

Caro: imperador, 282-283, sucessor de Probo. Foi morto em campanha contra a Pérsia, preparando o caminho para a ascensão de Diocleciano.

Cássio: tribuno da unidade de elite da *schola palatina,* os *scutarii*, ele e Bacúrio iniciaram a luta na batalha de Adrianópolis em 378.

Cassiodoro: ver *Glossário de Fontes Antigas.*

Castálio: para quem foi dedicada a *Getica,* de Jordanes.

Cesário: prefeito pretoriano do Oriente, 400-403, após o colapso do regime de Aureliano (2). Sua relutância em negociar com bárbaros convenceu Alarico a deixar o Oriente e ir para a Itália.

Cláudio: imperador, 268-270, teve uma vitória dramática sobre os godos e por isso passou a ser conhecido como Cláudio "Gótico". O imperador Constantino I começou a proclamar sua (ficcional) ascendência de Cláudio depois de 310.

Cniva: rei gótico, entre 250-251, que derrotou o imperador Décio em Abrito.

Colias: comandante gótico de uma unidade regular no exército romano. Com Suérido, uniu-se à revolta de Fritigerno em 377, após uma disputa com a cúria de Adrianópolis.

Constâncio I: imperador, 293-306 (césar, 293-305; augusto, 305-306) e pai de Constantino I, foi general de Diocleciano e Maximiano, e tornou-se césar com Galério em 293, quando a tetrarquia foi criada.

Constâncio II: imperador, 337-361, filho do meio de Constantino, sobreviveu a seus irmãos Constantino e Constante e lutou muitas guerras no médio Danúbio, ao mesmo tempo que permitiu que os tervíngios se tornassem bastante poderosos.

Constâncio III: imperador, 419-421, pai de Valentiniano III. O general de Honório mais bem-sucedido após 408, orquestrou o assentamento gótico na Aquitânia em 418. Tornou-se coimperador com Honório depois de se casar com Gala Placídia.

Constante: filho mais novo de Constantino e imperador, 337-350. Derrotou e matou seu irmão mais velho, Constantino (filho), em uma batalha em 340, e depois governou a metade ocidental do império enquanto Constâncio II dirigia o Oriente. Foi morto na usurpação de Magnêncio em 350.

Constante (2): general do usurpador Prisco Átalo. Enviado por este para assegurar a África em 409, foi derrotado e morto pelo *comes Africae* Heracliano, que era leal a Honório.

Constantino I: ("O Grande") imperador, 306-337, aclamado imperador em York, em 306; em 312, era o único governante do Ocidente e cristão declarado. Derrotou seu rival Licínio em 316 e 324, e se tornou governante de todo o império, lutando em uma importante guerra gótica em 332.

Constantino II: filho de Constantino e augusto, 337-340. Como césar, comandou a campanha gótica de 332, de seu pai. Foi morto em uma guerra contra seu irmão mais novo, Constante, em 340.

Constantino III: usurpador no Ocidente, 407-411, elevado ao trono na Bretanha em 407 como resposta às invasões do Reno de 405/406, controlou a Bretanha, a Gália e a Espanha de 408 até sua derrota e morte em 411.

Crispo: filho mais velho de Constantino, deixado para supervisionar o Ocidente após 324. Morreu executado, em circunstâncias misteriosas, em 326.

Crocus: rei alamano e general romano, instrumental na proclamação de Constantino I em York, em 306.

Decébalo: rei dácio, 85-106, derrotado por Trajano em sua segunda guerra dácia, após a qual a província da Dácia foi criada.

Décio: imperador, 249-251, morto na batalha de Abrito pelos godos de Cniva.

Diocleciano: imperador, 284-305. Com Maximiano como coimperador a partir de 285, formou a tetrarquia em 293, apontando Constâncio e Galério como seus césares, e assim terminando o longo período de crise política do século III e estabilizando o império. Os tervíngios são mencionados pela primeira vez durante seu reinado.

Dulcila: filha da rainha gótica Gaatha do século IV, depositou muitas relíquias de mártires góticos em Cízico, na Ásia Menor.

Equítio: parente de Valente e tribuno, morto na batalha de Adrianópolis, em 378.

Erarico: rei gótico dos tervíngios derrotados por Constantino e Constâncio em 332. Foi forçado a dar seu filho como refém para ser criado em Constantinopla. Pode ter sido avô de Atanarico.

Eriulfo: general gótico rival de Fravita, que o matou em um banquete de Teodósio.

Ermanarico: rei gótico dos greutungos na década de 376 ou antes. Matou-se após várias derrotas contra os hunos. Sua história recebeu muitos floreios lendários por Jordanes, autor do século VI.

Estilicão: general romano e membro da família imperial, marido de Serena, sobrinha e filha adotiva de Teodósio, pai de Euquério, Maria e Termância. Foi regente em nome de Honório após a morte de Teodósio em 395, mas seu pedido por igual direito à regência sobre Arcádio, no Oriente, foi rejeitado pela corte oriental. A morte de Arcádio, em 408, causou um cisma final entre Estilicão e Honório, após o qual Estilicão foi morto.

Eudóxia: esposa de Arcádio e inimiga de Eutrópio.

Eugênio: usurpador no Ocidente, 392-394, um gramático escolhido por Arbogasto para ser imperador títere em sua rebelião. Foi executado após a derrota na batalha de Frígido em 394.

Euquério: filho de Estilicão e Serena, assassinado após a queda do governo de seu pai, em 408.

Eusébio de Nicomédia: bispo da Nicomédia, na Bitínia, até sua morte, *c.* 342. Era um adepto da doutrina da consubstanciação de Ário, e consagrou Úlfila.

Eusébio de Samósata: bispo de Samósata no século IV (*c*. 360-*c*. 380). Exilado na Trácia durante a revolta gótica e destinatário de uma importante carta de Basílio de Cesareia, relatando saques góticos nessa província.

Eutrópio: eunuco, camarista-chefe de Arcádio e principal oficial na corte oriental desde a morte de Rufino, em 395, até o golpe de Gainas, em 400.

Farnóbio: nobre gótico derrotado na Trácia por Frigerido, em 377. Depois disso, seus seguidores foram assentados na Itália como fazendeiros.

Fravita: general gótico a serviço do império e rival de Eriulfo, a quem matou na década de 380. Suprimiu a revolta de Gainas em 400.

Frigerido: general de Graciano, enviado aos Bálcãs com Richomeres, em 377, para ajudar os generais de Valente contra os godos.

Fritigerno: líder gótico dos tervíngios e, com Alavivo, um dos dois principais líderes responsáveis pela travessia do Danúbio em 376. Em Marcianópolis, em 377, assumiu o controle das tropas góticas e de outros rebeldes nos Bálcãs, vencendo por fim a batalha de Adrianópolis em 378.

Gaatha: rainha gótica no século IV, interessada em preservar a memória dos mártires cristãos após a perseguição de Atanarico na década de 370.

Gainas: general gótico a serviço do império, liderou o exército oriental de volta a Constantinopla em 395, onde organizou o assassinato de Rufino. Enviado para suprimir a rebelião de Tribigildo, em 399, rebelou-se contra o governo em 400, mas foi morto tentando fugir do império após sua derrota contra Fravita.

Gala Placídia: *c*. 390-450, princesa imperial, filha de Teodósio I e irmã de Honório, mãe de Valentiniano III. Capturada no cerco de Roma, casou-se com Ataulfo, sucessor de Alarico. Após o assassinato do marido, voltou para a corte imperial e se casou com Constâncio III.

Galério: imperador, 293-311 (césar, 293-305; augusto, 305-311), foi general de Diocleciano e Maximiano; tornou-se césar com Constâncio I em 293, quando a tetrarquia foi criada. Atrapalhou o plano de sucessão de Constantino I e Maxêncio em 305, causando uma década de guerra civil.

Galieno: imperador, 253-268, seu governo é geralmente retratado como um longo catálogo de catástrofes, dentre as quais os ataques góticos nas províncias orientais.

Galo: césar de Constâncio II, 351-354, e irmão mais velho de Juliano, foi executado por Constâncio em 354.

Gildo: aristocrata norte-africano, recebeu de Teodósio o título de *comes Africae* para assegurar sua lealdade durante a usurpação de Magno Máximo. Em 398, mudou sua aliança de Roma para Constantinopla, mas foi derrotado e executado por Estilicão.

Gouththikas: padre gótico com quem o mártir Saba pretendia passar a Páscoa de 372.

Graciano: imperador, 367-383. Filho de Valentiniano I, tornou-se governante do Império do Ocidente após a morte de seu pai, em 375. Aceitou a proclamação de Teodósio, em 379, em vez de exacerbar a crise no Oriente após Adrianópolis, mas foi derrubado e morto na usurpação de Magno Máximo em 383.

Guntérico: rei gótico em 249, invadiu as províncias orientais na companhia de Argait.

Gunthigis (Baza): general bárbaro a serviço do império, a quem o autor do século VI, Jordanes, serviu como secretário.

Heracliano: *comes Africae*, 408-413, que se recusou a reconhecer o regime de Prisco Átalo em 409 e cortou o fornecimento de grãos para Roma.

Honório: imperador, 393-423. Filho mais novo de Teodósio, nominalmente imperador do Ocidente após a morte de seu pai em 395, mas, na realidade, controlado por Estilicão, cujas filhas Maria e Termância ele desposou em sucessão. Após romper com Estilicão, em 408, e aprovando seu assassinato, não pôde controlar Alarico, enquanto as muitas usurpações de seu governo entre 407 e 413 só foram suprimidas por Constâncio III.

Ingenuus: usurpador contra Galieno em 260.

Jordanes: *ver Glossário de Fontes Antigas.*

Joviano: imperador, 363-364. Foi eleito pelos oficiais do exército para a retirada da Pérsia após a morte de Juliano. Fez a retirada por meio de concessões impopulares aos persas, morrendo após menos de um ano no trono.

Jovius: prefeito pretoriano da Itália e rival de Olímpio na corte de Honório depois da morte de Estilicão. Tentou negociar um tratado com Alarico em 409.

Juliano: imperador, 361-363. Sobrinho de Constantino e, em 354, o último parente homem ainda vivo de Constâncio II, que o nomeou césar em 355. Depois de se tornar o único imperador, em 361, tentou descristianizar o império, mas falhou por morrer prematuramente em campanha na Pérsia.

Júlio: *magister militum* do Oriente na época de Adrianópolis, evitou que a revolta gótica se espalhasse para a Ásia ao instigar um massacre de godos nas províncias orientais.

Junius Soranus: *dux Scythiae* em 373. Ordenou o recolhimemto das relíquias do mártir Saba, enviando-as à sua província nativa da Capadócia.

Justina: segunda esposa de Valentiniano I e mãe de Valentiniano II.

Justiniano: imperador, 527-565, que reconquistou os territórios do Ocidente Latino que haviam sido províncias do império, mas que foram reinos bárbaros por muitas décadas.

Licínio: imperador, 308-324, rival de Constantino pelo controle de todo o império após as guerras civis de 306-313.

Lupicinus: *comes rei militaris* na Trácia, em 376, e, com Máximo, um dos dois oficiais responsáveis por administrar a travessia do Danúbio pelos godos. Organizou o banquete em Marcianópolis que iniciou a rebelião gótica de 377.

Magnêncio: usurpador, 350-353. Derrubou, Constante em 350, mas foi derrotado por Constâncio II em 353, em uma guerra civil que enfraqueceu a fronteira do Reno.

Magno Máximo: usurpador, 383-388, derrubou Graciano e foi brevemente tolerado por Teodósio, até que sua invasão da Itália forçou Valentiniano II a fugir para o Oriente, provocando uma guerra civil com Teodósio.

Marco Aurélio: imperador, 161-180, suas guerras contra os marcomanos tomaram muito tempo de governo e abalaram as condições da fronteira do médio Danúbio.

Maria: filha mais velha de Estilicão e Serena, casou-se com Honório em 398.

Maxêncio: usurpador, 306-312. Filho do augusto Maximiano, foi proclamado augusto em Roma, mas nunca reconhecido como imperador legítimo. Morreu em batalha contra Constantino em 312.

Maximiano: imperador, 285-305. Coimperador de Diocleciano a partir de 285, e um dos dois augustos na tetrarquia formada em 293 pela indicação de Constâncio I e Galério como césares. Foi pai de Maxêncio, que se rebelou após a abdicação de Maximiano.

Máximo: *dux* romano da Mésia ou da Cítia em 376. Com Lupicinus, foi um dos dois oficiais responsáveis pela travessia do Danúbio pelos godos.

Modares: general gótico a serviço do império sob Teodósio, teve o primeiro sucesso contra os seguidores de Fritigerno em 379, um ano após Adrianópolis.

Nero: imperador, 54-68, e último membro da dinastia Julio-Claudiana.

Nicômaco Flaviano: aristocrata romano que se uniu à rebelião de Arbogasto em 392, dando legitimidade à usurpação de Eugênio. Ele se matou após a derrota na batalha de Frígido.

Olímpio: *magister officiorum* de Honório, opunha-se a qualquer comprometimento com Alarico. Instigou o assassinato de Estilicão e assumiu sua posição como figura mais poderosa na corte.

Paria: avô de Jordanes e secretário do líder bárbaro Candac.

Póstumo: usurpador, 260-269. Proclamado imperador após derrotar uma invasão bárbara, governou um "império gaulês" em separado, que só foi derrotado no governo de Aureliano.

Prisco Átalo: senador romano de origem grega que liderou uma embaixada de Roma, pedindo que Honório negociasse com Alarico. Nomeado prefeito urbano por Honório, tornou-se usurpador com o apoio de Alarico. Foi deposto por Alarico em 410, permanecendo com os godos até 415, quando Vália o entregou a Honório, que permitiu que Átalo fosse exilado na Ilha de Lipari.

Probo: imperador, 276-282. Seu reinado é pouco conhecido, mas lutou muitas guerras de fronteira contra diversos bárbaros, incluindo os godos.

Procópio: usurpador, 365-366, afirmava ser parente da dinastia de Constantino, rebelando-se contra Valente, mas foi derrotado em 366. O fato de alguns líderes tervíngios terem apoiado Procópio foi usado como desculpa para as guerras góticas de Valente de 367-369.

Profuturus: general de Valente, enviado para a Trácia com Trajano: em 377 para combater os godos, foi morto na batalha de Ad Salices.

Promotus: general de Teodósio enviado para suprimir a revolta balcânica em 391, morreu em uma emboscada e foi substituído por Estilicão.

Radagaiso: líder gótico que apareceu repentinamente em 405, liderando uma invasão através dos Alpes pela Récia até a Itália, sendo derrotado por Estilicão próximo de Florença em 406.

Rausímodo: rei sármata derrotado por Constantino em Campona, em 323.

Richomeres: *comes domesticorum* e general veterano de Graciano, enviado para os Bálcãs com Frigerido, em 377, para combater os godos e, em 378, líder da guarda avançada de Graciano antes de Adrianópolis. Sobrevivendo à batalha, depois evitou que a revolta gótica se alastrasse para o Ocidente.

Rothesteus: rei gótico e pai de Atarido, o nobre que comandou a morte de Saba, em 372.

Rufino: prefeito pretoriano do Oriente. Teodósio o deixou em Constantinopla para governar o Oriente durante a campanha imperial contra Eugênio. Morto em 395 pelas tropas orientais que voltavam sob o comando de Gainas.

Saba: cristão e mártir gótico sob o *iudex* Atanarico, morto por ordem do filho de Rothesteus, Atarido, em 12 de abril de 372.

Safraco: *dux* gótico e corregente com Alateo em nome do rei infante Viderico. Juntos lideraram os greutungos através do Danúbio em 376. Por fim, uniram-se aos tervíngios de Fritigerno na batalha de Adrianópolis em 378.

Sansalas: padre gótico da vila do mártir Saba.

Saro: general gótico a serviço do império a partir de 407, causou a quebra final das negociações entre Alarico e Honório. Foi morto em batalha por seu inimigo de longa data, Ataulfo, em 412.

Saturnino: *magister equitum* e general veterano de Valente, promovido para liderar a campanha na Trácia contra os godos de Fritigerno após o fracasso de Trajano e Profuturus. Após Adrianópolis, continuou a serviço de Teodósio e ajudou a negociar a paz gótica do imperador em 382.

Sebastiano: general ocidental aposentado. Promovido por Valente na primavera de 378 para comandar a guerra gótica, teve algumas vitórias, mas foi morto na batalha de Adrianópolis.

Septímio Severo: imperador, 193-211, norte-africano de origem púnica e pai de Caracala.

Serena: sobrinha e filha adotiva de Teodósio, esposa de Estilicão e mãe de Euquério, Maria e Termância. Foi assassinada durante o primeiro cerco de Roma de Alarico, com a aprovação de sua prima Gala Placídia.

Shapur I: rei persa sassânida, 240-272, e o mais perigoso inimigo de Roma nesse período.

Sigesário: padre gótico da doutrina da consubstanciação no grupo de Alarico e Ataulfo, que batizou Prisco Átalo.

Suérido: comandante gótico de uma unidade regular do exército romano. Junto com Colias, uniu-se à revolta de Fritigerno, em 377, após uma disputa com a cúria de Adrianópolis.

Tácito: imperador, 275-276, assassinado em uma campanha contra invasores góticos na Ásia.

Tácito (historiador): *ver Glossário de Fontes Antigas.*

Temístio: *ver Glossário de Fontes Antigas.*

Teodorico I: rei gótico, 418-451. Parente, por casamento, de Alarico, liderou os godos após o assentamento na Aquitânia em 418.

Teodorico ("o Grande"): rei ostrogodo da Itália, 489-526. A história perdida de Cassiodoro era dedicada a ele.

Teodósio I: imperador, 379-395. Proclamado imperador e reconhecido por Graciano pouco depois de retornar da aposentadoria, concluiu a guerra gótica nos Bálcãs em 382, enfrentando depois as usurpações de Magno Máximo e Eugênio, até sua morte prematura.

Teodósio, "o velho": pai de Teodósio I e o melhor general de Valentiniano I, executado em circunstâncias misteriosas após a morte deste, em 375.

Termância: filha mais nova de Estilicão e Serena, casou-se com Honório após a morte da primeira esposa dele, a irmã mais velha dela, Maria.

Trajano: general de Valente enviado para a Trácia com Profuturus, em 377, para lutar contra os godos. Foi morto em Adrianópolis.

Trajano: imperador, 98-117, lutou duas guerras dácias na fronteira do Danúbio e criou a província da Dácia.

Tribigildo: general gótico a serviço do império, rebelou-se em Nacoleia, na Ásia Menor, em 399.

Uldin: líder huno no Danúbio, em 400, que matou Gainas.

Úlfila: bispo "dos citas", indicado em 336 ou 341, evangelizou os godos além do Danúbio. Expulso da Gothia após oito anos, ele e seus seguidores se assentaram na Mésia. Inventou um alfabeto com o qual o gótico podia ser escrito e depois traduziu a Bíblia para a língua gótica.

Valente: imperador, 364-378. Nomeado imperador por seu irmão mais velho, Valentiniano I, em 364, tomou o controle do Oriente, mas logo foi desafiado pela usurpação de Procópio, o que causaria as guerras góticas de 367-369. Permitiu a entrada dos tervíngios no império em 376 para empregá-los como soldados na fronteira oriental. Quando a revolta gótica se tornou grave, em 377, fez a paz com a Pérsia e retornou para a Trácia, onde foi derrotado e morto em Adrianópolis, em 378.

Valentiniano I: imperador, 364-375. Eleito pelo exército após a morte de Joviano, dividiu o império com seu irmão mais novo, Valente, tomando o Ocidente para si e lutando muitas campanhas no Reno e no médio Danúbio antes de morrer em campanha contra os quados.

Valentiniano II: imperador, 375-392. Imperador após a morte do pai Valentiniano I, em 375, sempre foi dominado pelos outros, primeiro por sua mãe Justina e seu meio-irmão mais velho Graciano, depois por Teodósio I. Restaurado ao trono por Teodósio após ser expulso da Itália por Magno Máximo, foi deixado para trás na Gália como imperador títere sob supervisão de Arbogasto. Enforcou-se em 392.

Valentiniano III: imperador, 425-455, filho único de Gala Placídia e Constâncio III, governou o Império do Ocidente por 30 anos.

Valeriano: imperador, 253-260, pai de Galieno. Ativo principalmente no Oriente, foi capturado em campanha contra os persas e mantido preso até sua morte.

Vália: rei gótico, 415-418. Sucessor de Ataulfo, devolveu Gala Placídia e Prisco Átalo para Honório e lutou pelo governo imperial na Espanha.

Vespasiano: imperador, 69-79.

Viderico: rei dos greutungos e filho de Vithimir, tornou-se rei ainda criança sob a regência dos *duces* Alateo e Safraco.

Vithimir: rei dos greutungos e pai de Viderico, sucedeu Ermanarico, mas morreu em batalha contra os hunos.

Vítor: general de Valente que arranjou a paz com o *iudex* Atanarico em 369, e mais tarde negociou os termos da paz com os persas em 377.

Wereka: padre e mártir gótico, cujas relíquias foram depositadas em Cízico pela nobre gótica Dulcila.

Wigurico rei dos godos responsável pela morte de vários mártires góticos, cujas relíquias foram depositadas em Cízico pela nobre gótica Dulcila.

Leituras Complementares

As edições essenciais de autores gregos e latinos que cito estão listadas no início desta obra. Felizmente, para os iniciantes e o leitor em geral, já há traduções em inglês de quase todas as fontes primárias que tratam dos godos, o que permite que os leitores possam checar as bases de minhas conclusões, caso queiram fazê-lo. Entre os escritores latinos, nossa fonte principal é Amiano Marcelino, disponível em uma excelente, porém resumida, tradução de Walter Hamilton pela Penguin Classics, e a ocasionalmente enganadora, porém completa, versão de J. C. Rolfe pela Loeb Classical Library, que também inclui o texto de *Origo Constantini*. Para o período mais tardio, os poemas de Claudiano são indispensáveis, e podem ser lidos na tradução de dois volumes da Loeb de M. Platnauer, enquanto Rutílio Numaciano está incluído no *Minor Latin Poets* da Loeb, volume 2. *Deaths of the Persecutors*, de Lactâncio, foi traduzida para a edição de J. L. Creed (Oxford, 1984), e os panegíricos latinos foram traduzidos por Barbara Saylor Rodgers e

C. E. V. Nixon, em *In Praise of Later Roman Emperors* (Berkeley, 1995). *Seven Books against the Pagans,* de Orósio, está disponível em uma tradução da série Fathers of the Church por R. Deferrari (Washington DC, 1964). Jordanes deve ser lido por completo, mesmo que só para demonstrar o quão exagerada é a narrativa que cerca suas histórias migratórias, e a tradução de C. C. Mierow (Princeton, 1915) é boa, mesmo que levemente arcaica.

Entre as fontes gregas, *New History,* de Zósimo, pode ser lida na tradução de R. Ridley (Canberra, 1982). Os fragmentos de Eunápio e Olimpiodoro estão disponíveis na edição bilíngue *The Fragmentary Classicising Historians of Late Antiquity,* volume 2, de R. Blockley (Liverpool, 1983), acompanhada da versão em grego. A obra do imperador Juliano foi traduzida em uma edição de três volumes pela Loeb; as cartas de Basílio de Cesareia estão em quatro volumes da Loeb. Vários discursos de Temístio foram traduzidos no livro de Peter Heather e David Moncur, *Philosophy, Politics and Empire in the Fourth Century: Select Orations of Themistius* (Liverpool, 2001). Partes substanciais da obra de Libânio estão agora disponíveis, divididas entre quatro volumes da Loeb e dois volumes da Liverpool: A. F. Norman, *Antioch as a Centre of Hellenic Culture as Observed by Libanius* (2001), e Scott Bradbury, *Select Letters of Libanius* (2004). Gregório Taumaturgo e os documentos sobre Úlfila, na *Passio Sabae,* e outras martiriologias góticas estão traduzidas em uma excelente coleção de Peter Heather e John Matthews, *The Goths in the Fourth Century* (Liverpool, 1991). Os maiores historiadores gregos da Igreja, infelizmente, não são tão bem servidos em traduções para o inglês: Sócrates e Sozomenes estão disponíveis no *Nicene and Post-nicene Fathers* (segunda série, vol. 2), mas as traduções foram feitas de edições velhas e imprecisas, assim como a versão de Filostórgio na biblioteca Bohn (London, 1855).

Dentre as fontes secundárias, *Goths and Romans 332-489,* de Peter Heather (Oxford, 1991), é o melhor livro disponível sobre o assunto, mesmo que minha interpretação dos motivos e das causas na história gótica seja bastante diferente da dele. Infelizmente, os trabalhos mais recentes de Heather, *The Goths* (Oxford, 1996) e *The Fall of the Roman Empire* (Oxford, 2005), repetem os mesmos argumentos do primeiro livro e removem todas as *nuances*, propondo uma visão neorromântica das migrações dos povos germânicos livres. A ideia fixa de Heather, que os hunos foram responsáveis pela queda do Império Romano e o fim do mundo antigo, é simples, elegante e errada. A literatura sobre a etnogênese é vasta, mas *History of the Goths*, de Herwig Wolfram (1979; trad. para o inglês, Berkeley, 1988), é a mais difundida. Sua mistura de estranha especulação filológica, documentação deficiente e pronunciamento oracular permanece muito influente. Menos bizarros, mesmo que derivativos, são os relatos da etnogênese disponíveis nas obras dos apóstolos de língua inglesa de Wolfram: veja, especialmente, as contribuições de Patrick Geary em *Late Antiquity: A Guide to the Post-Classical World,* editado por Peter Brown, G. W. Bowersock e Oleg Grabar. Muito melhores são as obras de Walter Pohl, mas as principais não estão disponíveis em inglês; contudo, veja suas contribuições na série Transformation of the Roman World (em *Strategies of Distinction*, 1998; *Kingdoms of the Empire*, 1998; *Regna and Gentes*, 2003). Dentre a literatura inglesa mais antiga, a obra de E. A. Thompson deve ter um lugar reservado. Suas obras *History of Attila and the Huns* (Oxford, 1948), *Early Germans* (Oxford, 1965), *Visigoths in the Time of Ulfila* (Oxford, 1966) e *Goths in Spain* (Oxford, 1969) foram todas pioneiras, mesmo se sua mistura de empirismo rigoroso e dogma marxista seja estranha nos dias de hoje. "Gothia and Romania", de J. M. Wallace-Hadrill, reimpressa em *The Long-Haired Kings* (Oxford, 1962), também desbravou novos terrenos nos seus dias.

A maior parte das obras mais importantes sobre os godos foi feita em estudos do Império Romano tardio. *Later Roman Empire,* de J. B. Bury (London, 1923), ainda pode ser lido com muitos benefícios, e o enorme *Later Roman Empire, 284-602,* de A. H. M. Jones (Oxford, 1964), permanece como obra de referência básica. Vários artigos úteis aparecem na nova e revisada *Cambridge Ancient History* nos volumes 13 e 14. A única boa introdução para o século III em inglês é *The Roman Empire at Bay, AD 180-395* (London, 2004), de David S. Potter, mesmo que seu tratamento do século IV seja menos confiável. Sobre a tetrarquia, *Diocletian and the Roman Recovery* (London, 1985), de Stephen Williams, é, em geral, bom, mas o texto-chave é *Constantine and Eusebius* (Cambridge, MA, 1981), de T. D. Barnes. *Warfare in Roman Europe* (Oxford, 1996), de Hugh Elton, é informativo quanto à maneira como os romanos enfrentavam os bárbaros. Para o governo de Constâncio, o complexo e difícil *Athanasius and Constantius* (Cambridge, MA, 1993), de T. D. Barnes, dá-nos a única fonte confiável em inglês. Sobre Valente, agora temos *Failure of Empire* (Berkeley, 2002), de Noel Lenski; mesmo que muito generoso com Valente, Lenski nos dá um enfoque melhor para a história gótica que Heather em pontos como a conversão gótica. *Adrianopole AD 378* (New York, 2001), de Simon MacDowall, é excelente, mesmo com a especulativa reconstrução da batalha destinada ao leitor curioso. Não temos estudos confiáveis sobre Teodósio publicados em inglês.

Os interessados poderão tirar um maior proveito do estudo de fontes antigas quando já tiverem lido alguns estudos sobre elas. A literatura sobre Amiano em inglês ou outras línguas é vasta. São essenciais: *The Roman Empire of Ammianus* (London, 1989), de John Mattews, e *Ammianus and the Representation of Historical Reality* (Ithaca, 1998), de T. D. Barnes. Sobre Claudiano, *Claudian: Poetry and Propaganda at the Court of Honorius* (Oxford, 1970), de Alan Cameron, é insuperável. Zósimo ainda precisa atrair mais estudos em inglês, mas podemos consultar a introdução e os comentários da edição francesa de cinco volumes de François Paschoud (1979-1993). A literatura sobre Jordanes é grande e engajada, pelas razões discutidas ao longo do Capítulo III, e a fantasia germanista regularmente passa como fato. Duas alternativas mais sérias são: "Cassiodorus and the Getica of Jordanes", *Classical Philology* 82 (1987), p. 117-134, de Brian Croke, e "Jordanes' Getica and the disputed authenticity of Gothic origins from Scandinavia", *Speculum* 80 (2005), p. 379-398, de Walter Goffard. Para reações literárias a Adrianópolis, o estudo básico é "*Initium mali romano imperio*: contemporary reactions to the battle of Adrianople", *Transactions of the American Philological Association* 127 (1997), p. 129-168, de Noel Lenski. Quase nada existe em inglês sobre a cultura Sântana-de-Mureș/Černjachov fora dos sumários em Heather e Matthews, *Goths in the Fourth Century*, e *Goths*, de Heather. Ambos são precisos ao tratar das evidências conhecidas até o fim da década de 1980, mas não têm o rigor teórico em relatar evidências históricas e arqueológicas.

Índice Remissivo

A

Ablábio 73
Abrito 31, 44
Adriano 39
Adrianópolis
   batalha de 164
   cúria de 160
Ad Salices, batalha de 162
África, fornecimento de grãos da 22, 196, 204
alamanos 77, 102, 129
   origem dos 56, 86, 91
alanos 148, 199
Alanoviamuth 67
Alarico 17, 184, 213
   e Átalo 203
   e Eutrópio 194
   e Rufino 193
   início da carreira de 188
   morte de 209
   primeira revolta de 192
Alateo 150, 156, 178
   em Adrianópolis 166
Alavivo 153, 155
Aleksandrovka 114
Alexandre Severo 43
alfabeto gótico 133
Ambrósio de Milão 187
Amiano Marcelino 126
   Res Gestae de 127
   sobre Adrianópolis 165, 169, 171
   sobre os hunos 148
Antioquia 141, 153
Antonino 40
Apameia 34
Aquitânia 185, 212
árabes 171
Arbogasto 177, 189
Arcádio 190, 191, 193, 201
Ardacher 43
Argait 31, 73
Arianismo. *ver* cristianismo, consubstancialidade
Arinthaeus 141
Ário 131
Armênia 154, 161, 194, 196
Armínio 65
Arpulas 145
arqueologia. *ver* evidência material
Arriano 150
Ascólio 142
Ásia Menor
   góticos mortos na 171, 181
   revolta gótica na 196
Átalo, Prisco 203, 211

Atanarico 124
  ancestrais de 106
  derrotado pelos hunos 150, 156
  guerras romanas de 140
  morte de 182
  persegue os cristãos 140, 145
Atarido 144
Ataulfo 185, 204, 206, 210
Atenas 35
Ática 35
Átila 184
Augustae 47
Augusto 38, 57
Aureliano (imperador) 23, 35, 45
Aureliano (prefeito pretoriano) 197
Aurélio Vítor 46
Auréolo 35, 45
Auxêncio 131
Auxônio 139

B

Bacúrio 167
barbaricum 51
  comércio no 112
  conceito de 51
  cunhagem em 51, 53, 112
  influência romana 53
bárbaros. *ver também* exército romano
  conceito de 29, 37, 53, 74
  e a política imperial 53
Barcelona 211
Basílio de Cesareia 142, 153, 163
Bašmačka 114
Bathouses 145
Bauto 177
Baza. *ver* Gunthigis
Beroe 162
Bíblia Gótica 133
Bitínia 34
Bonitus 103
boradoi 35
boranoi 34
Botérico 187

Bracciolini, Poggio 62
Bretanha 199

C

Cabília 164
Calcedônia 197
Campona 102
Candac 67
Cannobaudes 36
Capadócia 37
Caracala 40, 42
Caracal, tesouro de 138
Carino 46
Caro 45
carpos 99, 104
Cássio 167
Cassiodoro 68. *ver também* Jordanes
Castálio 68
celtas 77
Cesário 197
Chipre 35
Cilícia 37
cimérios 77
citas
  alamanos como 77
  como godos 77, 172
  godos como 30, 65
Cítia
  circulação da moeda na 108
  dux Scythiae 142
  província da 104, 112, 133
  província de 155
Cízico 145
Claudiano 20, 187, 193
Cláudio 35, 45, 101
Cniva 31, 44
Colias 159
Consentia. *ver* Cosenza
Constâncio I 47, 97, 98
Constâncio II 126, 136
  campanhas danúbias de 128, 138
  cristianismo de 132
  cunhagem de 113

Constâncio III 210
Constante (general de Átalo) 204
Constante (imperador) 126
Constantino I 100, 124
　campanhas sarmácias de 124
　cristianismo de 130
　francos e 101, 102
　guerra com Licínio 102
　guerra góticas de 103, 104, 130
　morte de 124
Constantino III 199
Constantinopla 68, 193
　cerco de 172
　Gainas em 197
　Senado de 172
　Teodósio em 176
　Valente em 164
Constituição Antonina (*Constitutio Antoniniana*) 40, 51
Cosenza 209
costobócios 57
Crasso 42
Crispo 102
Crocus 100
Csörsz-árok 99, 105

D

Dácia, província de 57, 85, 151
　constantina 125
Dafne 104, 139
Dalmácia 203
Dančeny 113
Decébalo 56
Décio 31, 44
De rebus bellicis 139
Déxipo 35, 73, 77
dinastia Amal 68, 71, 188
Diocleciano 46, 96, 98
　e góticos 47, 98
　reformas de 96
Dulcila 145
Durostorum 154

E

enterros de armas 83, 117
Épiro, província de 195, 199
Equítio 168
Erarico 105
Eriulfo 184
Ermanarico 135, 148, 150
Estilicão 191
　e Alarico 198
　e Claudiano 188
　e Eutrópio 194
　e Rufino 193
　e Teodósio 188, 192
　morte de 201
Estrabão 84
etnicidade
　Arqueologia e 79
　vocabulário e 88
　vestimentas e 79, 87
etnografia
　vocabulário de 74
Etnografia Greco-Romana 74
Etrúria 22, 208
Eudóxia 197
Eugênio 179, 189
Eunápio 148, 154, 171, 194
　sobre Adrianópolis 166, 169
Euquério 191, 201
Eusébio de Cesareia 107, 125
Eusébio de Nicomédia 131
Eusébio de Samósata 163
Eutrópio 194
evidência material. *ver também* ritual funerário
　etnicidade e 79, 119
　migração e 80
　status social na 80, 119

F

Farnóbio 162
Filipópolis 31
Filologia, desenvolvimento da 64
Filostórgio 131

Flaviano, Nicômaco 190
Florença 200
fortificações
    nas fronteiras 47, 139, 151
    no *barbaricum* 99, 114
francos 47, 74, 118
    e Constantino 101
    origem dos 56, 86, 91
Fravita 184, 197
Frigerido 162
Frígido, batalha de 190, 192
Fritigerno 146, 153, 155, 156, 157, 177

G

Gaatha 124, 145
Gainas 184, 193
Gala Placídia 25, 211
Galério 97
    campanhas danúbias de 98
Gália Narbonense 39
Galieno 35, 44
Galo (césar) 129
gelonianos 77
Germania. ver Tácito (autor)
Getica. ver Jordanes, *getica* de
Gildo
    revolta de 196
godos
    como "citas" 30, 65, 77, 172
    de Alarico 184, 192, 202, 211
    no pensamento moderno 59, 72
    origem dos 56, 86, 87
Gorodok 114
Gothia 96
Gothi minores 181
Gotland 52
Gouththikas 144
governo imperial, inicio 39
Graciana 140
Graciano 138, 162, 189
    e Adrianópolis 163, 165
    e Teodósio 173, 174, 185
    morte de 186

Grécia, Alarico na
    Alarico na 194
Gregório de Nazianzo 184
Gregório de Nissa 172
Gregório Taumaturgo 34, 37
greutungos 78, 135, 148
    derrotados pelos hunos 150
    em Adrianópolis 166
    travessia do Danúbio dos 156, 183
guerras dácias 57
Guntérico 31, 73
Gunthigis 67
Guththa 53
Gutthiuda 96

H

Harã 42
Heracliano 204
Herder, Gottfried 64
Hermannsdenkmal 65
Heródoto 30, 149
Historia Augusta 31, 73
história "germânica" 62
Honório 18, 24, 188, 212
    ascenção de 191
    casamentos de 201
    e Estilicão 193, 200
hunos 135, 148, 181
    na Armênia 194

I

Iatrus 47, 129
iáziges 78
Ibéria 154
Ingenuus 44
Ístria 31
iudex, Tervingian 124
iutungos 44, 77

J

Jordanes 68
    romana de 69
Jordanes, *Getica* de 59, 61, 67
    Cassiodoro e 68

data de 68
valor histórico de 72, 106, 135, 188
Joviano 136
Jovius 202
Juliano 126, 130
   Caesares de 103
   na Pérsia 137
   na Renânia 129, 136
Júlio César 38, 70
Júlio (*magister militum*) 171
Junius Soranus 142
Justina 186, 189
Justiniano 68, 70

K

Kamenka-Ančekrak 115
Kholmskoě 108
Komarovo 112
Kossinna, Gustav 79, 84

L

Lactâncio 31
lei romana 40
Libânio 176
Licínio 100
   campanhas sármatas de 101
   Guerras de (com Constantino) 102
limes transalutanus 151
limigantes 129
língua gótica 96, 133
linguística germânica 65, 87
ludi sarmatici 102
Lupicinus 155

M

Macedônia, província de 177, 193
Magnêncio 126
Magno Máximo 179, 185
Mainz 199
Marcianópolis 154, 157
   batalha de 158
   século III 31, 73
Marco Aurélio 55

marcomanos 44, 56
Margus, batalha de 46
Maria 192, 201
mattiarii 168
Maxêncio 100
Maximiano 46, 96
Máximo (*dux*) 155
Mésia, província de 102, 104, 108, 162
   Úlfila e 133, 141, 155
Milão 191, 198
Modares 177, 183

N

Naissus 35, 45
Narbonne 211
Nárnia 25
Nero 38
Nicéia, Concílio de 131
Nicomédia 34, 46
Nicópolis 133
Niš. *ver* Naissus
Nórica, província de 138, 200
Notitia Dignitatum 176
Nova Cesareia 34
Noviodunum 140

O

Oescus 31, 47
   ponte em 104, 139
Olímpio 201, 210
Olimpiodoro 195, 204, 208
Orósio 207
ostrogodos 68, 135
Ostrovany 116

P

Pacato 174, 178
Palanca 114
Panônia 137, 177
   Alarico na 199
Paria 67
partas 42
Pávia, motim de 201

Paz de 332 105
Paz de 382 178
Peloponeso 194
Pérsia 36, 43, 125, 127, 154
Peutinger, Conrad 67
Pietroasele, tesouro de 116
Plínio, o Velho 84
Pollentia, batalha de 198
Ponto 34
Portus 22, 24, 202
Póstumo 45
Probo 45
Procópio (usurpador) 138
    apoio gótico a 107, 138
Profuturus 161
Promotus 189
protector domesticus 127
Prusa 34
Przeworsk, cultura 83, 85
Ptisunda 34

Q

quados 46, 84, 129
quadriburgia 104, 140

R

Radagaiso 199
Ranke, Leopold von 64
Rausímodo 102
Ravenna 18, 201
Rebrin 116
Reggio di Calabria 209
reiks tervíngio 124
Richomeres 162
Rimini 18, 202, 204
ripa gothica 96, 104
ritual funerário 116
Rodes 35
Roma 17
    fornecimento de comida a 22, 24, 196
    saque a 25, 201
    Senado de 23, 128, 190
Romantismo 63

Rothesteus 143
roxolanos 57
Rufino 190, 193
Rutílio Numaciano 23, 208

S

Saba
    Paixão de 152, 182
Safraco 150, 156, 178
    em Adrianópolis 166
sagitarii 167
Sansalas 144
Sântana-de-Mureș/Černjachov, cultura 81, 109, 182
    cemitérios da 116, 118
    economia da 108, 109, 111, 112, 114, 140
    origens da 86, 109, 121
    tesouros da 114
Santo Agostinho 208
sármatas 46, 57, 78, 99, 120, 125
    Constâncio e 129
    Constantino e 102, 104
    Licínio e 101
Saro 206, 210
sassânidas. *ver também* Pérsia
Saturnino 163, 168
scutarii 167
Sebastiano 164, 168
Septímio Severo 40, 55
Serdica 102
Serena 25, 191, 202
Shapur I 43, 53
Sicília 209
Siedlungsarchäologie 79
Sigesário 211
Sinésio 178
Sírmio 102, 171, 177
Sobari 114
Sócrates 142, 146
Sozomenes 133, 208
Strásza 116
Sucidava, ponte em 104, 139
Suérido 159

Índice Remissivo

suevos 78, 199, 212
Szilágysolmlyó 116

T

Tácito (autor) 38, 48
    Germania de 62
Tácito (imperador) 45
taifalos 47
Taráclia 108
Temístio 139, 141, 154
    sobre Adrianópolis 168
    sobre Teodósio 174, 178
Teodereto de Ciro 174
Teodorico I 212
Teodorico II 212
Teodorico (rei ostrogodo) 68, 71, 189
Teodósio
    ascensão de 173
    cristianismo de 24
    e Atanarico 182
    e Estilicão 191
    e motim nos Bálcãs 186
    guerra civil 186, 189
    guerra gótica de 176
    início da carreira de 173
    morte de 192
    paz gótica de 171, 178
Teodósio (filho de Plácida) 211
Teoria da Difusão 83
Termância 201
Termópilas 194
tervíngios 47, 98
    Constantino e 104
    Contâncio e 129
    paz de 332 e 106
    reino 124
    tetrarquia e 98
    travessia de Danúbio 152
    Valente e 140
Tessália, província de 177, 193
Tessalônica 35, 176
    revoltas em 187
tetrarquia 97
    e godos 98

thiudans, tervíngio 124
Ticinum. *ver* pávia
Tomis 35, 133, 162
Trajano 161
Transmarisca 104
Trebizonda 34
Tribigildo 181, 196
Trier 101, 129

U

Uldin 181
Úlfila 130, 181
    carreira de 130
    e a Bíblia gótica 133

V

Valea Strîmbă, tesouro de 116
Valência 140
Valenciniana 140
Valente 130, 132, 136, 152
    cunhagem de 113
    e Adrianópolis 161
    guerras góticas de 139
    morte de 168
Valentiniano I 130, 136
    cunhagem de 113
Valentiniano II 138, 186, 189, 200
Valentiniano III 212
Valeriano 44
Valéria, província de 102, 138
Vália 212
vândalos 79, 191, 212
Vânio 84
Verona, batalha de 198
Vespasiano 38
Virgílio 75
visigodos 135
Vithimir 150
Vítor 140, 161, 165
vitória imperial
    retórica da 41
    títulos de 36, 97, 102, 125
Volk 64, 83

W

Wereka 145
Wielbark, cultura 83, 85
Wigurico 145

Z

Zósimo 35, 69, 148, 172, 176, 187, 195

MADRAS® Editora — CADASTRO/MALA DIRETA

Envie este cadastro preenchido e passará a receber informações dos nossos lançamentos, nas áreas que determinar.

Nome _____
RG _____ CPF _____
Endereço Residencial _____
Bairro _____ Cidade _____ Estado _____
CEP _____ Fone _____
E-mail _____
Sexo ❏ Fem. ❏ Masc.   Nascimento _____
Profissão _____ Escolaridade (Nível/Curso) _____

Você compra livros:
❏ livrarias   ❏ feiras   ❏ telefone   ❏ Sedex livro (reembolso postal mais rápido)
❏ outros: _____

Quais os tipos de literatura que você lê:
❏ Jurídicos   ❏ Pedagogia   ❏ Business   ❏ Romances/espíritas
❏ Esoterismo   ❏ Psicologia   ❏ Saúde   ❏ Espíritas/doutrinas
❏ Bruxaria   ❏ Auto-ajuda   ❏ Maçonaria   ❏ Outros:

Qual a sua opinião a respeito dessa obra? _____
_____

Indique amigos que gostariam de receber MALA DIRETA:
Nome _____
Endereço Residencial _____
Bairro _____ Cidade _____ CEP _____

Nome do livro adquirido: **_Guerras Góticas de Roma_**

Para receber catálogos, lista de preços e outras informações, escreva para:

MADRAS EDITORA LTDA.
Rua Paulo Gonçalves, 88 – Santana – 02403-020 – São Paulo/SP
Caixa Postal 12299 – CEP 02013-970 – SP
Tel.: (11) 2281-5555 – Fax.:(11) 2959-3090
www.madras.com.br

Este livro foi composto em Times New Roman, corpo11/12.
Papel Offset 75g
Impressão e Acabamento
Sumago Gráfica Editorial Ltda – Rua Itauna, 789 – Vl. Maria – São Paulo/SP
Tel.: (011) 2955-5636 – e-mail: sumago@terra.com.br